Teach you
to read
analects

教你讀論語

張石山
——著

序一

黃永厚

前不久美國有人鬧過一陣抵制孔子學院的事，還沒等我私下裡作出反應它倒平復了。估計八成是發現孔子書裡塞不進什麼意識形態。其實意識形態的生長對土壤特挑剔，這都是常識了；美國佬這次有了覺悟便志氣陡長，不再害怕十三億中國納稅人慷慨解囊給他們上門送識字教育了。

北京也鬧過孔子，比美國早了好幾個月。在天安門廣場的博物館大門口曾經立過一尊特大號的銅像，沒過多久卻莫名奇妙地給誰弄走了，走了好，不走，哪天與他對門的毛潤之老先生撞個滿懷，能一笑泯恩仇？總是麻煩。

孔子死去兩千年了，拿他說事的從來沒人肯歇嘴。皇上把它做幌子；革命拿它做靶子；學問家一起勁就跟他玩「問孔」，追究他歷史和文化上的責任，簡直成了秋後算帳，年復年啊，誰受得了？還有個「黑修養」因為引了《論語》「己所不欲，勿施於人」，自己不想倒楣，也不去做讓別人倒楣的事，使作者的上司很不信邪，許多年後終於做了個套，把他當赫魯雪夫辦了。想想都荒唐，你拿孔夫子的仁話去教訓信奉鬥爭哲學的鬥士，這對哪方都褻瀆。上好的人生智慧全在底線上越界，回頭失路，能不浩歎。

張石山先生只說孔子是個好老師，這個評分不多也不少，還打算幫他補辦一個教師證。這個意思張石山沒說，是我從前面兩章裡讀出來的，我覺得張先生很誠懇，活脫夫子現身，決定把他這本《教你讀論語》讀下去，成績如何，我還是不預報為妙。

序二

韓羽

「切闌尾，沒切淨，尚有可為；腸子五臟統統切掉，要不得。烤餅子，不太熟，加火可也；烤焦了，變成炭，何以堪。」寥寥數語，不亦「過猶不及」之別解？可補前人詮釋之闕。《論語》，隻言片語之錄，「言詞簡略，詞義含混」。拘泥章句，難免死於句下。斷章取義，無異削足適履。張石山先生《教你讀論語》，量影以測竿，彼此而互證，以生活之常理，尋摸古人之本真。譬之遊山，橫則成嶺，側則成峰。橫看之復側看之，更復迴環而看之。於峰中見嶺，於嶺中見峰，渾然一體之勢，嶺峰互變之妙，為人未見之壯之雄，巍然畢現矣，此謂之善遊。李卓吾云：蓋道理有正言之不解、反言之而解者，有詳言之不解、略言之而解者。此謂之善讀。善遊善讀，本同一理，要之，唯在會心。會心處，解語何妨片解時。

教你讀論語／目次

序一……3
序二……5
「學而時習之」，憑什麼「不亦說乎」……13
「有朋自遠方來」，樂乎？說乎？……18
「人不知而不慍」，是不知，還是不智？……21
有子立論的致命偏頗……25
曾參犖然也「三乎」……30
「賢賢易色」，究竟何義？……35
「慎終追遠」，民德如何歸厚……40
「禮之用」，何為貴？……44
可與言詩誇子貢……48
「為政以德」居其所……53
被百年詬病的孝道……57

遠離宗教的祭祀……63
詩禮文明的自信……67
君臣關係的規範……71
超時代的批判……75
天下己任何嘗擇居處……79
與世俗追求的決裂……83
仁者如何能惡人？……87
「禮讓為國」可行否……91
豈止「忠恕」而已……96
「你是個東西」的幽默……101
一椿睡午覺的公案……106
一壺醋的辯證法……110
「乘桴浮於海」的困惑……115
夫子志向切忌曲解……120
顏淵：求道派的典範……124

閔子騫：不合作的前驅……128
冉雍：卑賤者的榜樣……131
君子跳井之辯……135
「子見南子」可對天……140
癡人說夢見周公……144
收受束脩又如何……148
夫子何嘗想稱王……152
宣導普通話的聖哲……155
天命所歸乃從容……158
軸心期的無神論……161
同姓不婚的天才禁忌……164
耳提面命上位者……168
曾子為什麼戰戰兢兢……173
孔子並不曾搞愚民政策……177
孔子「無道則隱」乎……181

「子罕言利」辯 …… 184
執鞭趕車樂融融 …… 187
才藝者鄙事而已 …… 190
「逝者如斯」的緊迫感 …… 194
死不違禮仍從容 …… 198
「苗而不秀」待後生 …… 202
「食不厭精，膾不厭細」辯 …… 206
「翔而後集」的深意 …… 209
先進的野人 …… 212
夫子為顏淵有槨 …… 216
子路問難子不語 …… 220
「鳴鼓而攻」的震怒 …… 224
「善人之道」探討 …… 228
「克己復禮」說 …… 232
問政子貢明白否 …… 236

片言折獄是片面斷案嗎？……241
有子到底是不是幫兇……244
「成人之美」的現身說法……250
樊遲學稼的易位思考……253
「三年有成」的構想……257
父子相隱，大哉人倫……261
小人素描一幅……265
君子如何可有不仁……269
「危行言孫」何以稱勇……273
夫子的寂寞……276
「以直報怨」歸來兮……279
擊磬於衛末之難……282
「三年不言」可信否……286
「一以貫之」者何也……289
「有馬借人」說……292

謀道、憂道思慮深……295
「仁也甚於水火」析……301
不憂不懼何來三畏……306
「生而知之」有之乎……311
「其斯之謂」說景公……315
「問一得三」何足喜……318
子如不言，小子何述……322
上智下愚不移……325
「割雞焉用牛刀」之戲……329
子欲往何必之之……333
守孝三年的錯位討論……338
女子小人誰難養……343
鳳不與鳥獸同群……347
「遇丈人」的批評與反批評……353
「無可無不可」的夫子……358

三仁三黜孔子行……361
文武之道，未墜於地……365
「諸」解……369
「攻乎異端」，止於「也已」……373
「不足徵也」，何能言之……377
禘之不知指其掌……380
「不知所以裁之」的無頭案……383
人之生存靠正直乎……387
「人而不仁」，不可疾之耶？……390
「空空如也」知乎哉……393
「惡夫佞者」佞者誰……396
原憲問恥恥為何……399
為有為亡何所之……402
後記　文武之道，未墜於地……406

「學而時習之」，憑什麼「不亦說乎」

子曰：「學而時習之，不亦說乎？有朋自遠方來，不亦樂乎？人不知，而不慍，不亦君子乎？」

——學而篇・第一章

子曰：「志於道，據於德，依於仁，游於藝。」

——述而篇・第六章

子以四教：文，行，忠，信。

——述而篇・第二十五章

《論語》二十篇，在第一篇第一章的位置上，是國人耳熟能詳的「學而」章。這一章文字，接連「三乎」，三句話，三個疑問句。

順理成章，筆者的《教你讀論語》，也是首先對「三乎」做一點自己的闡釋，捧出屬於個人的一點心得。

學而時習之，不亦說乎？這句話，原本就明白如話。常見的注釋是這樣的：「學了，然後按時實習，不也是很高興的嗎？」說了等於沒說。同義反覆罷了。當然，通常意義上的翻譯注釋也只能是這樣。

正因為明白如話，耳熟能詳，讀者往往就人云亦云起來。隨口一念、隨意一聽，不再深究。如果就在這一句打住，靜下心來想想，我們或者會生出一點疑問：學而時習之，憑什麼一定就是喜悅快樂的？孔夫子這句話，究竟能不能成立？對此，有所深究，應該是必要的，也是可能的。

首先，我的理解，孔子的這句話，如同他的許多語錄一樣，儘管具有格言的性質，但並不具有「放之四海而皆準」的普遍真理性。這句話，應該有具體的語境，並且多半是針對了特定的對象。孔夫子開風氣之先，興辦私學，有教無類，功高千古。那麼，上面的話，非常可能是在孔子興辦的私家學院，是夫子尋常對門下學子們講的一句話。

其次，我們都知道，兒童多有厭學的傾向。即便孔子招收的學生，是自願前來求學的成人，我們還是要發問：成人對於枯燥的學習，就會那麼喜歡嗎？所以接下來，我們需要做一點探討：

在孔府學院，學子們具體學習一些什麼功課？作為師長的孔子又是採取什麼樣的教學方法？這樣，我們才能找到大家「快樂學習」的原因。

《論語・述而》篇第二十五章：子以四教：文，行，忠，信。我們由此得知，孔夫子用以上四種內容，或曰從四個方面來教育學生。但這說的還不是具體功課。那麼，在老先生創辦的學校裡，弟子們到底具體學習一些什麼功課？整部《論語》，對此卻是語焉不詳。

爬梳整部《論語》，根據字裡行間透露的資訊，後人通常認為：孔子興辦的私家學校，如同官辦學府，他的門下，除了讀《尚書》、講《詩經》之外，至少還開設了六門功課，即古來所謂六藝：禮、樂、射、御、書、數。

射箭，是一種作戰技能。當然，其中更看重的是禮儀訓練。

駕馭車輛包括戰車，也是必不可少的教程。

《論語・子罕》篇第六章，孔子說：吾少也賤，故多能鄙事。從生活艱難中生成的孔子，學到了底層人物才有的許多本領。當達巷黨人議論孔子沒有以某種專長成名，夫子還幽默了一把：我來駕車呢？還是射箭呢？我就專門駕車好啦！

除了射御，以下是書數。

書，該是書法。無論是寫簡還是刻簡。夫子「述而不作」，記述、敘述，都是需要書刻技能的。

數，至少是數學。而最有可能是八卦易學的籌策推演。

而排在六藝前列的重要課程，則是禮樂。

《論語‧憲問》篇第三十九章記載：子擊磬於衛。《論語‧先進》篇第二十六章，即著名的「子路、曾皙、冉有、公西華侍坐」章，記錄了曾參的父親曾點擅長鼓瑟。其演奏水準應該相當不錯，極具章法。孔門弟子，除了學習演奏各種樂器的技能之外，大家應該還有合奏演練。特別是對各種樂曲樂舞的禮法功能，更其要知曉。

禮與樂，互為表裡。弦歌、舞樂，正是學禮必不可少的途徑之一。

由此，我們可以知道，孔子門下的學子，其學習的具體課程，豐富多彩。課程科目，具有競技性、遊藝性、多樣性和娛樂性，大家並不是整天死讀書、讀死書。

除了課程本身的豐富多彩，作為偉大的教育家，孔子的教學方法也是極為高明的。孔子得天獨厚，肩擔傳承上古文明的重任。孔子的學問，是要經世致用。通過詩書和六藝的教學，孔子培養的是文武全才、治國人才。尤其是要培養造就完善的君子人格。為了這一宏偉目標，孔子宣導實施的，是一種快樂教育。他天才地懂得寓教於樂。通讀整部《論語》，我們可以客觀地得出下面的結論：孔子對學生的教育，最重言傳身教；循循善誘，誨人不倦；注意運用啟發式教學，與學生們如切如磋、如琢如磨，達到教學相長的良好效果。

如果我們翻看到《論語‧述而》篇第六章，應該能夠發現這兒透露出的寶貴資訊。子曰：「志於道，據於德，依於仁，游於藝。」孔子所言四端，楊伯峻先生的白話翻譯簡單明瞭：「目標在道，根據在德，依靠在仁，而游憩於禮、樂、射、御、書、數六藝之中。」

對於六門技藝，為什麼孔子特別要強調「遊憩」，要大家游於藝呢？楊伯峻先生另外添加了注釋，引用《禮記・學記》來解游於藝，解得好：「不興其藝，不能樂學。」安排六種課程、學習六種技藝，不僅學到這些具體本領是必要的，其學習的過程首先是快樂的。學而樂、樂而學，無此無彼、亦此亦彼。

對於學生而言，追隨夫子，投身孔子門下，這兒的課程豐富多彩而有趣，學習的過程生動活潑而快樂。然後，君子之人格漸漸確立，大家的學習逐步走上自覺，而始終能夠樂在其中。

在孔子學院，大家求仁得仁。學子們人人明白，大家游於藝而志於道，將要肩負傳承文明的大任。

學而時習之，不亦說乎？其必曰：君子者，無往而不說也。況學而時習之乎？

學而時習之，不亦說乎？——學習的時候，經常游憩於禮、樂、射、御、書、數六藝之中，不也是很快樂的嗎？

「有朋自遠方來」，樂乎？說乎？

子曰：「學而時習之，不亦說乎？有朋自遠方來，不亦樂乎？人不知，而不慍，不亦君子乎？」

——學而篇．第一章

中國漢字，同音字特別多。

如果是閱讀文章，一看便得明白。閱讀到「閱讀」，自然清楚二字的含義。如果是聽說話，聽到「閱讀」，也多半能會意。但假設原話是說某人「月讀」十本書，單單是耳聞其音，則可能與「閱讀」混淆。書面認讀，這個「月讀」才不會生出歧義。

中國漢字，同音字而外，破音字也不在少數。

比如「樂」字，就是一個典型的破音字。快樂之「樂」，讀如「le」；音樂之「樂」，讀如「yue」。方言，更讀為「luo、lao、yao、ye」等等。因其多音，而生多義；或者，為了表述不同的詞義，而有了不同的讀音。對於破音字，即便是書面認讀，也會出現讀得正確與否的問題。

有朋自遠方來，不亦樂乎？是《論語》開篇三乎的第二乎。

這兒的樂字，正是上面所說的破音字。關於這句話中的這個字，我們稍加思索，仍然能夠提出幾個「為什麼」。

首先，這個破音字「樂」，其詞義一般注釋都當「快樂」來講。約定俗成的讀音，也是快樂之「樂」：「le」。面對約定俗成，我們仍然可以發出一點疑問：這個字在這兒的讀音，就一定是「le」而不可能是「yue」嗎？這個字在此的字義，就僅僅是「快樂」嗎？

其次，按孔子這句話的原意，如果「樂」字讀如「yue」，弟子們記錄成「有朋自遠方來，不亦說乎」，也完全可以達意。那麼，弟子們為什麼偏偏要用這個易生歧義的破音字、一定要記錄為不亦樂乎呢？或曰，孔子當初把這個字就是讀如「le」，弟子們循音求義，準確記錄下了孔子的話語。那麼，孔子講這句話，為什麼要說「不亦樂乎」而非「不亦說乎」呢？這中間有什麼深意呢？

原本，形容愉悅快樂，有了「悅」字；使用通假，有了「說」字；怎麼又有了一個幾乎同義的「樂」字呢？也許我們可以這樣推斷：音樂帶給人的愉悅畢竟是相對獨特的。於是，形容這種獨特的愉悅，要使用「樂」這個獨特字眼。那麼，可以猜想，最早這個字眼的讀音非常可能還是音樂之「樂」。讀音的區別分離，「樂」字讀如快樂之「樂」，究竟在什麼時代，或有學者考證，未之見也。

《論語》是弟子們記錄下來的孔子說過的話。有朋自遠方來，不亦樂乎？無論孔子把這兒的「樂」字讀如「le」、還是讀如「yue」，事實上，弟子們的文字記錄都是「樂」、而不是「說」。於是，我們能夠推導出另一種結論。即便孔子當初把「樂」讀如「悅」之「yue」，但學生們非常清楚，夫子在這兒講的愉悅，恰恰是音樂帶給聽者的愉悅，而不是其他。

孔子所處的時代，已然禮崩樂壞；相對而言，魯國是一個禮樂之邦，比較完整地保存了西周的文化傳統。而孔子自幼受到禮樂文化的薰陶，成年之後又以好禮、知禮聞名天下。孔夫子開壇講學，重點課程就是禮樂。有朋友遠道而來，幹什麼來了？其中定然不乏前來參研禮樂、學習禮樂的志同道合者。作為當時最負盛名的私家學院，志在傳道，將會向來賓演示富含禮儀內容的音樂歌舞。如此設想，應非異想天開。

那麼，有朋自遠方來，不亦樂乎？這兒的「樂」字，即使是當作快樂來講，這種快樂也一定與音樂有關、與禮樂有關。

——在教授傳習六藝的孔子學院，在快樂教學的地方，當有志同道合的朋友遠道而來，主人自然非常高興；接著給朋友們演示學子們學到的歌舞禮儀，進行音樂演奏，「與人樂樂」，賓主都非常愉悅快樂。

「人不知而不慍」，是不知，還是不智？

子曰：「學而時習之，不亦說乎？有朋自遠方來，不亦樂乎？人不知而不慍，不亦君子乎？」

——學而篇・第一章

子曰：「不患人之不己知，患不知人也。」

——學而篇・第十六章

子曰：「君子病無能焉，不病人之不己知也。」

——衛靈公篇・第十九章

《論語・學而》開篇第一章，接連「三乎」，都是疑問句、反問句。第三乎，是這樣一句：人不知，而不慍，不亦君子乎？

這兒的「知」，又是一個通假字，可以當「智」來使用。

習慣的一貫的注釋，「知」都是按本義作非通假的理解：別人不知道、不瞭解自己，自己並不生氣怨恨，不也是君子嗎？

這樣講，當然也解釋得通。但在意味上，覺得比較淡薄。別人不瞭解自己，自己並沒有生氣，這算得上是君子的人格條件嗎？值得放置在《論語》開宗明義的開篇「三乎」中來大聲疾呼嗎？

《論語・學而》篇第十六章，孔子這樣說：不患人之不己知，患不知人也。《論語・衛靈公》篇第十九章，子曰：「君子病無能焉，不病人之不己知也。」孔子這兩段語錄，說得極其明白。作為君子，只會慚愧自己能力不夠，從來不害怕、也不會怨恨別人不知道自己。「人不知」，君子原本就應該「不慍」，何足道哉！

而且，上述兩例，說到「別人不知道自己」，都是倒裝句法「不己知」。如果按照通常的解釋，把「人不知」解為「別人不知道自己」，那麼，《論語・學而》篇原文第三乎就應該是這樣的：人不己知，而不慍，不亦君子乎？

於是，我認為人不知而不慍，「知」在這兒極其可能是通假用法。這句話中的「不知」，就是不智。「人不智」，說的當然不是自己，倒恰恰說的是別人。

《論語‧述而》篇第三十八章，弟子們對老夫子的一致評價曰：子溫而厲，威而不猛，恭而安。孔子溫和而嚴厲，有威儀而不兇猛，莊重而安詳。

《論語‧子罕》篇第十一章，在顏淵眼中：夫子循循然善誘人，博我以文，約我以禮，欲罷不能。老師善於有步驟地引導我，用各種文獻來豐富我的知識，又用相應的禮節來約束我的行為，使我想停止學習都不可能。

孔夫子自己歸納出的教學方法，在《論語‧述而》篇第八章中這樣表述：不憤不啟、不悱不發。教導學生，不到他想求明白而不得的時候，不去開導他；不到他想說出來卻說不出的時候，不去啟發他。

猜想孔子當年講學講話的口氣，應該不是疾言厲色，不是居高臨下，不是質問的口氣。不是我們的御用批評家慣用的，「難道不是這樣的嗎」的霸道句式。而是溫文爾雅的、啟迪心智的、循循善誘的態度和口氣。老人家開創的是啟發式教學的萬古先河。

所以，《論語‧學而》篇第一章的第三乎，也完全可以這樣解讀：前來求學的人不夠聰明、學問不足，我們不急不躁、不慍不怒，這不正是君子應該具備的風範嗎？

如前所述，《論語》二十篇，是一個有機整體。那麼，《論語‧學而》篇第一章，就更應該看作一個整體。三句話，三乎，三個疑問句，內在精神是統一的，意思也是連貫的。人不知，而不慍，這兒的「知」，通假而用，當「智」來講，第三乎就有了上述另外的解釋；而唯其如此，三句話的連貫性方更加顯豁。

在「學而時習之」的孔子學府，眾多學子游憩於六藝，學習過程其樂融融。有朋自遠方來，大家共同參悟學問、研習禮樂的氛圍和諧而愉悅。學生中，包括訪客中，有人不知，也就是不智，知識不夠、學問不深，是再正常不過的事情了。這個時候，因為別人有所不足，值得慍怒嗎？課程稍稍深一點，研習瀕臨失傳的古典禮樂，多數人對此不甚了了，又何足為奇。即便有些學生，有些遠客，屬於下愚，水準相當差，夫子也總是要循循善誘。學而不厭、誨人不倦，那不就是我們夫子一貫奉行的嗎？面對不智，不慍不怒，不正是君子應該具備的風範嗎？

有子立論的致命偏頗

有子曰：「其為人也孝弟，而好犯上者，鮮矣；不好犯上，而好作亂者，未之有也。君子務本，本立而道生。孝弟也者，其為仁之本與！」

——學而篇・第二章

子曰：「巧言令色，鮮矣仁！」

——學而篇・第三章

子路問事君。子曰：「勿欺也，而犯之。」

——憲問篇・第二十二章

孔子述而不作。好在有弟子和再傳弟子們，記錄下來老先生的許多精彩言論和行狀，而有偉乎其大的《論語》傳世。但在《論語》中，主要記錄孔子的言行之外，還夾雜記錄了若干弟子們的言行。於是，在編輯體例上，就給人某種「攤破」的感覺。

《論語》第一篇「學而篇」，共十六章。第一章，是著名的「子曰：學而時習之，不亦說乎」等三乎。第二章，高居如此顯要的位置，便是孔子弟子有若的一條語錄。

自古以來的《論語》傳本，述及孔子的弟子一般都稱字；只有對有若和曾參二人尊稱為「子」，稱作「有子」和「曾子」。而且，書中記錄兩人言行的條目也相對是最多的。據此，後人判斷，《論語》一書，主要是有若和曾參二人門下的弟子纂述輯錄而成的。此說，應該有道理。

《史記．仲尼弟子列傳》記載：「孔子既沒，弟子思慕，有若狀似孔子，弟子相與共立為師，師之如夫子時也。」有若其人，長相接近孔子。當孔子逝世後，弟子們非常思念夫子，一度時期把有若當作老師，就像尊敬孔子一樣尊敬有若。有若在《論語》中被尊稱為「有子」，肯定還有上述這一相對特殊的緣由。

這位有子，在整部《論語》的第一篇第二章，在這樣顯要的位置，說了點什麼呢？

有子曰：「其為人也孝弟，而好犯上者，鮮矣；不好犯上，而好作亂者，未之有也。君子務本，本立而道生。孝弟也者，其為仁之本與！」

這段文字，明白如話。楊伯峻先生的譯文，就更加通俗易懂。

有子說：「他的為人，孝順爹娘、敬愛兄長，卻喜歡觸犯上級，這種人是很少的；不喜歡觸犯上級，卻喜歡造反，這種人從來沒有過。君子專心致力於基礎工作，基礎建立了，『道』就會產生。孝順爹娘、敬愛兄長，這就是『仁』的基礎吧！」

閱讀原文、參看譯文，有子的這段言論，看上去層次分明、說理嚴謹。但是，如果我們稍加思考，就會發現其立論的致命偏頗。

有子宣導孝悌，推之為仁的根本。這或者也無不可。但有子的邏輯推論，分明是說：孝悌是仁的根本基礎；做到孝悌、建立了這樣的基礎之後，「道」就產生了。這樣的人，很少犯上；不好犯上，因而也就不會作亂。他的立論，其顯然的指向，是將孝悌這種人的道德養成，變成了人的枷鎖；以便「本立而道生」之後，大家不要犯上、更不要作亂。

設問：有子的邏輯推理，其立論的顯然指向是孔子的思想嗎？

孔子的仁學，可謂博大精深。究竟什麼是仁，何為仁之本？孔子從來沒有過一個斷然而簡易的概念說法。我們可以肯定的是：第一，孔子提倡孝悌，但從來沒有作過「孝悌為仁之本」這樣的結論；第二，孔子宣導仁學，弘揚仁道，但孔子的仁學從來沒有過「不要犯上作亂」這樣的精神導向。

固然，個人修養，完善人格，追求仁、進而逐步達於仁，無疑是孔子仁學的重大內容。但事情到這兒並沒有結束。這決不是仁學的全部。學而為仁，成長建造為理想的君子人格之後，大家要幹什麼？學以致用，這才是關鍵中的關鍵。儒生們，君子們，要以天下為己任。大家要改變世界，要為建立他們理想中的世界秩序而奮鬥。

孔子，生逢禮崩樂壞的春秋時代。老先生不僅智慧權變，尤其剛猛精進。他畢生鼓吹的儒學，充滿反抗暴虐、抗擊不義的精神。而且，孔子以身作則，對權臣、暴君等居上位者，屢屢抨擊不義、指斥非仁，從來都不憚於「犯上」。儒學推崇奉行的仁道，天然地成為暴君暴政的死敵。

《論語・憲問》篇第二十二章，子路問事君。子曰：「勿欺也，而犯之。」子路問怎樣服事人君，孔子回答，不要陽奉陰違欺騙他，而應該犯顏直諫、當面觸犯他。對於子路這樣一位剛猛暴烈易衝動的弟子，其他情況下，孔子多是給予約束和羈勒；恰恰是在面對君上這一命題，孔子教導子路不憚於犯上。

通讀整部《論語》，我們不難看出：孔子固然沒有鼓動過無端作亂，卻從不反對犯上，倒是在積極履踐犯上、宣導犯上。

回到《論語・學而》篇第二章，有子要人們一味孝悌，無條件地杜絕「犯上作亂」，不幸遠遠背離了孔子的思想。簡直是適得其反，無異於南轅北轍。

或者能為有子一辯。春秋時代，禮崩樂壞，亂臣賊子紛紛犯上作亂。有子的上述言論，莫不是針對這種現實、針對亂臣賊子的？這種辯解，可惜並不能成立。規勸暴君惡魔向善，簡直是與虎謀皮。爾等紛紛弒父戮兄，對他們還能奢談什麼孝悌！可以這樣說，有子宣導孝悌的立論指向，有子的循循善誘，恰恰只會讓善良的人們，包括書生氣十足的儒生，只知孝悌、一味孝悌；結果是自戴枷鎖、自囚牢籠，徹底放棄對暴君暴政的抨擊批判和正義反抗。

有若其人僅僅在長相上貌似孔子，畢竟不是「本立而道生」。孔子的眾多弟子們，以及再傳弟子們，一定看出了有子的真正學術水準。對於尊其如師，後來或者有一個理性的糾偏。《論語》的編輯、成書，包括留傳，有一個時間的檢驗沙汰過程。畢竟不是有子門下的學子們可以獨攬大權，獨擅其事。所以，在《論語》的纂述輯錄的整個過程中，透露出了若許消息。

有子的言論，高標《論語‧學而》篇的第二章，且看緊隨其後的第三章。子曰：「巧言令色，鮮矣仁！」花言巧語，偽善的面貌，這種人，仁德不會多。這樣的編輯理念，是偶然的嗎？是全然無心的嗎？這樣的編輯，含而不露，意在言外。有子狀似孔子、言似孔子，對孔子的仁學理解卻走上了偏離的道路。這是斷然不能允許的。我覺得，巧言令色，鮮矣仁，簡直就是針對有子的直接描述。

認識一個人，孔子宣導「聽其言而觀其行」。關於有子，在《論語‧顏淵》篇的第九章，還有哀公問有若的著名故事。哀公用度不足，向有若求教；有若竟然出謀劃策，奉勸哀公向民眾橫徵暴斂。那兒，有若背叛士君子的立場，不惟不敢犯上、抑且為虎作倀的面目，可謂暴露無遺。

聽其言而觀其行，有若果然是巧言令色，鮮矣仁！

曾參犖然也「三乎」

曾子曰：「吾日三省吾身——為人謀而不忠乎？與朋友交而不信乎？傳不習乎？」

——學而篇・第四章

子曰：「道千乘之國，敬事而信，節用而愛人，使民以時。」

——學而篇・第五章

子曰：「弟子，入則孝，出則悌，謹而信，泛愛衆，而親仁。行有餘力，則以學文。」

——學而篇・第六章

子曰：「君子不重，則不威；學則不固。主忠信。無友不如己者。過，則勿憚改。」

——學而篇・第八章

作為孔子的入室弟子，曾參在孔子辭世後，上承孔學道統、下開思孟學派。後世尊稱曾子。到元朝，曾子更被尊奉為「宗聖」。

然而最早，如同有若被尊稱「有子」，曾參在《論語》中也已經被尊稱為「曾子」。曾參的父親曾皙，同樣是孔夫子的入室弟子，而且頗受孔子喜歡。《論語・先進》篇第二十六章，即著名的「子路、曾皙、冉有、公西華侍坐」章，當最後聽到曾皙講述自己的志向時，夫子喟然歎曰：「吾與點也！」表示了高度的贊同與首肯。

同在《論語・先進》篇的第十八章，孔子則有過參也魯這樣的評價。曾參比較遲鈍，《論語》如實載錄了孔子對早期曾參的評價。但曾參畢竟親炙過夫子的教誨，又有家學傳承，更加上個人不懈的努力追求，曾經相對遲鈍的曾參，終於成長為承繼孔學的犖然大家。

《論語》第一篇第二章，極其顯要的位置上，率先刊載了有子的言論。往下第四章，同樣是極其顯要的位置，赫然是曾子的言論。曾子在孔門後學心目中的學術地位毋庸置疑。

如果我們認可常說，《論語》主要是有子、曾子的弟子們編輯而成的，那麼，弟子們會最先推出老師的核心理論。

《論語》第一篇第四章，全文如下。曾子曰：「吾日三省吾身——為人謀而不忠乎？與朋友交而不信乎？傳不習乎？」曾子說：「我每天要多次自我反省：替別人謀劃事情是否盡心竭力了呢？與朋友交往是否誠實信用呢？老師傳授的學業是否認真複習了呢？」

犖然「三乎」，與開篇第一章孔夫子著名的「三乎」遙相呼應，隱隱然有比附之意。

曾子對如此三乎，應該是頗為自得的；或曰，是尋常掛在口頭，用以教導弟子的。他名下的弟子們也是非常服膺曾子的如此三乎，乃至引以為豪的。

程顥兄弟從《禮記》中萃取出《大學》，朱熹刊定四書。《三字經》扼要介紹道：作大學，乃曾子；自修齊，至平治。

修身齊家，爾後才能治國平天下。修身的重要性，當先而首要。

為了修身而天天反省自我，為人謀而忠，與人交而信，複習老師傳授的學業，三省而做到這樣三條，有何不可、有何不好呢？

但我們至少能提出幾點疑問來：修齊治平，究竟是對誰的要求？是對普通學子讀書人的要求嗎？一般學子儒生，即便修身再好、齊家出色，就可以治國平天下嗎？

讀書後學在這兒陷入了巨大的誤會，並且誤會了上千年。

質言之，修齊治平，是自命為帝王師的大儒們，首先對君王、對為政者提出的要求。耳提面命，諄諄教誨。

孺子可教，則擇主而事；鳥能擇木，木豈能擇鳥乎？

天下有道則見，無道則隱。合則留，不合則去。

當然，儒生士君子，要做帝王師，自己必須有極高的修養。修身齊家，做出榜樣。先行其言，而後從之。

在這樣的意義上，君子自我修身，是必須的。

然而，這會帶來某種可能的危險。學子們斤斤於每日三省吾身，極有可能變成謹小慎微的庸人，所謂的庸儒。

所以，在緊接下來的《論語・學而》篇第五章，《論語》的無名編輯們即刻擺上了孔夫子的言論。子曰：「道千乘之國，敬事而信，節用而愛人，使民以時。」

夫子教導說，我們讀書修身、建造自我之後要幹什麼？至少要志在引導治理一個千輛兵車的國家。如何引導治理？也是三條。嚴肅而有信用；節約用度愛民；使役民眾不違農時。

至此，《論語》編輯們的良苦用心，已是顯而易見。

既尊重了有子曾子，滿足了二子門下的強烈呼聲；又堅持了孔子所有言論凸顯出的本意，提前設防，盡量防止那些可能出現的對夫子學問精神的曲解和誤導。

《論語・學而》篇第六章，子曰：「弟子，入則孝，出則弟，謹而信，泛愛眾，而親仁。行有餘力，則以學文。」

我們可以看出、至少可以這樣理解：這一章節推出的夫子的言論，不僅是針對曾子的，同時還是針對有子的。有子講「孝悌」，曾子講「忠信」，其實呢，「孝悌忠信」，我們的夫子早就說過啦！

正如弟子顏淵所言，孔子「仰之彌高，鑽之彌堅」；生前死後，都是弟子們永遠的先生夫子。

「賢賢易色」，究竟何義？

子夏曰：「賢賢易色；事父母，能竭其力；事君，能致其身；與朋友交，言而有信。雖曰未學，吾必謂之學矣。」

——學而篇・第七章

《論語・學而》篇共分十六章。第二章是有子的語錄，第四章是曾子的語錄。到第七章，推出了子夏的語錄。

子夏儘管不曾被尊稱為「子」，但僅從《論語》文本的編輯上，也可以看出子夏在孔門弟子中的地位。事實上，子夏位居所謂孔門十哲之中，屬於文學科，是孔夫子最得意最欣賞的弟子之一。孔子辭世後，子夏成為繼孔子後系統傳授經典的主要人物。後世譽之為傳經之鼻祖。

《論語・學而》篇第七章，全文如下。子夏曰：「賢賢易色；事父母，能竭其力；事君，能致其身；與朋友交，言而有信。雖曰未學，吾必謂之學矣。」

子夏這段語錄，劈頭是「賢賢易色」四個字。關於這四個字，後世解說紛紜，令人莫衷一是。舉其數端，或可知其大概。

解說之一，把「賢賢易色」四字，分作兩段來解。賢賢，尊重賢良之輩。易色，看輕容色外貌。賢賢兩字連用，第二字做名詞用，第一字做動詞用。

解說之二，「賢賢易色」四字作整體解釋。用尊重賢良優秀品德之心，來交換（置換、變易、取易）愛好美色的心。

解說之三，把「賢賢易色」四字和下文作連貫解釋。我本的是中華書局出版的楊伯峻先生的《論語譯注》本。楊先生參照了若干古人的解說之後認為：下文三句既然分說「事父母、事君、交朋友」，各指一定的人事關係，那麼「賢賢易色」也應該是指某一種人事關係而言。夫妻關係是「人倫之始」和「王化之基」，那麼子夏這兒談到的就應該是夫妻關係。於是，對「賢賢易色」楊先生就作了這樣的注釋：對妻子，重品德，不重容貌。

對楊先生的上述注釋，我雖盡力反覆體會，終究難以苟同。

第一，對於原意不明的文句，連貫前後文意加以索解，概無不可。甚或就是解經的法門之一。但面對子夏這段語錄，只因後文分說幾種人事關係，由此推定前文也定然是說人事關係，畢竟相當牽強。

第二，「仁者二人」，夫妻關係牽扯到兩個異性家族乃至兩個部族，自然關乎人倫之始和王化之基。但整部《論語》中，所有孔夫子的言論，恰恰沒有涉及夫妻關係這一話題。即便是子夏，在他的言論中也再沒有涉及這一話題。

所以，認定「賢賢易色」四字說的就是夫妻關係，沒有說服力。顯得武斷而粗率。子夏的原意並不是這個，楊伯峻先生的注釋屬於一種強解，甚或就是一種臆測。充其量，只可以算做是一家之言。

「賢賢易色」四字，當然和子夏的整段語錄有所關聯。不妨認為，這四個字確有某種提綱挈領的作用。那麼，這四個字，我們可以作以下解釋：尊重敬仰那些賢者賢良吧，如同人性之好色一樣追求道德吧！

那麼，我們在「事父母、事君、交朋友」等諸多方面，就會做得很好。雖曰未學，吾必謂之學矣。

退一步講，即便我們同意楊伯峻先生的分析，認為「賢賢易色」說的是一種人事關係，它說的也不是夫妻關係。與「事父母、事君、交朋友」這三種人事關係相並列，它說的也是人們與賢者、賢哲的關係。「賢賢易色」：追慕效法賢者，要改容易色。

——在通讀《論語》的過程中，特別是在閱讀《論語・學而》篇的過程中，筆者有這樣一種強烈的感受：《論語》的編纂色彩，充滿意在言外的意味；《論語》的無名編輯，有著極高的編輯智慧。

《論語‧學而》篇第四章，曾子倡言吾日三省吾身，強調個人修養。為預防學子專意修身而忘卻肩負的天下大任，編輯緊接著擺上的第五章，就給予了及時糾偏。

同樣，子夏在第七章倡言「賢賢易色」，也是強調學子的自我約束，以適應諸多人際關係的。這也有可能造成人格的拘謹，乃至丟失自我。而且，子夏在這段語錄的最後，竟然說「雖曰未學，吾必謂之學矣」，這也可能造成「只重實踐、輕忽學習」的偏差。所以，緊接其下的第八章，子曰：「君子不重，則不威；學則不固。主忠信。無友不如己者。過，則勿憚改。」編輯們緊接著擺上這一章，也有糾偏輔正的意味。

是啊，「賢賢易色」固然好，但君子應該莊重而威嚴，不可矮化自身、喪失自我。要不斷地學習，不然，學到的也不會鞏固。比方「事君」，可以不選擇對象，一味「能致其身」豁出性命效忠嗎？就說交朋友，僅僅是自己單方面「言而有信」就可以了嗎？當然不可以。鳥能擇木、木豈能擇鳥？君子者，應該擇主而事。即便是交朋友，擇友也應該在交友之先。擇友而交，選擇比自己強的人為朋友，才是你說的「賢賢」吶！

對於親傳以及再傳弟子們來說，夫子雖然身已逝，而夫子生前的教誨，言猶在耳、文猶在目。無論是曾子，還是子夏，言論有偏頗、有不足、有過失，都要「過則勿憚改」。

如果我們相信，《論語》是孔門眾多後學弟子編纂而成，那麼我們應該看到其中高超的編輯智慧，應該高度讚揚這樣的集體智慧。

——我個人認定：《論語》的編纂，確實存在不著痕跡的編輯智慧。

但願這並不全然屬於臆測，希望這至少應該算是一家之言。

「慎終追遠」，民德如何歸厚

曾子曰：「慎終，追遠，民德歸厚矣。」

——學而篇・第九章

子曰：「父在，觀其志；父沒，觀其行；三年無改於父之道，可謂孝矣。」

——學而篇・第十一章

季康子問：「使民敬、忠以勸，如之何？」子曰：「臨之以莊，則敬；孝慈，則忠；舉善而教不能，則勸。」

——為政篇・第二十章

《論語・學而》篇第九章，是曾子的又一條語錄。

曾子曰：「慎終，追遠，民德歸厚矣。」

這條語錄不長。儘管歷代注釋有些歧義，單就字面理解，並不特別繁複。一般的白話注釋如下：謹慎地對待父母的死亡，追念遠代祖先，自然會導致老百姓歸於忠厚老實了。

歷代譯注產生歧義，主要在「慎終追遠」四個字上。

比如在《論語別裁》中，作者南懷瑾先生就不同意古來譯注。南先生認為：終，是終了結果的意思；遠，有遠因遠由的意思。做人行事，欲慎其終，莫如先追其遠。他還引用了佛學的概念進一步界說，「菩薩畏因，凡夫畏果」。用通俗點的話來說，想要求得最終好的結果，應該從最初的動因著手。這樣，大家行事做人，注意慎終追遠，整個社會風氣也就歸於厚道之德行了。

南先生一時之大家，並不因循前人，而能別開生面。但這樣的譯注，同時帶來了一個問題：語焉不詳的古語，或者無有定解的古語，後人隨意給予解釋，極其可能突破譯介的傳統規範。比方這兒的「慎終追遠」四字，可能變成隨意裝入物事的口袋。

而且，按照南先生的解釋，文理邏輯不易擺順。做人行事，慎其終而追其遠，注重個人之修為、處世之慎重，如何可以聯繫到「民德」社會風氣方面？這樣解釋，恐怕難免失之牽強了。

那麼，「慎終追遠」，究竟應該怎樣解釋？

對此，我覺著還是遵從慣常的解釋較為合理。「慎終追遠」，說的就是「慎對父母喪事、追懷遠祖功德」。我認為：慣常的解釋，有合理的支撐。有著什麼樣的合理支撐？答案就在《論語》中。

《論語》的各章文字，雖然各自獨立成章，但上下承接的章節，往往多有內在的聯繫。《論語・學而》篇第十一章，子曰：「父在，觀其志；父沒，觀其行；三年無改於父之道，可謂孝矣。」編輯者在這兒放置孔子談論孝道的語錄，不啻是在呼應曾子的「慎終追遠」。

慎對父母死亡、追懷遠代先祖，關乎孝道。「慎終追遠」，說的就是孝道。孝道，是孔子仁學的核心構成之一；孝道，確實又關乎民德，關乎到整個社會風氣。這樣解釋，相對比較順理成章。

當然，曾子的這條語錄惜乎太簡，有言簡意賅的優點，卻也容易讓人產生疑問。按慣常解釋，「慎終追遠」四字是「慎對父母之死、追念先祖」的意思；那麼，讀者首先就會發問：這樣做了，如何就能導向民德歸厚？其間有什麼必然性？

社會道德、社會風氣，當然應該注重。關於這個問題，人們常常會陷入一種過於理想化的思維模式：經由宣傳部門的宣導，每個人都爭做好人，尊奉仁義道德，那麼，整個社會不就變成一個君子國了嗎？

但在事實上，事情遠沒有那樣簡單。社會道德狀況，總是處於一種不均衡的狀態。對此，我們至少可以發問：社會道德風氣的主導因素在哪兒？民德歸厚的根子在何處？

且看《論語・學而》篇中緊接下來的第十章。子禽問於子貢，先是一個肯定句式，夫子至於是邦也，必聞其政。我們的老師到了某一邦國，必定先要知道該國該地的行政狀況。無論在任何邦國，統治者的為政狀況、其言行道德，往往決定著整個社會的道德風尚。夫子每到一國，必聞其政，關注的正是這個重心。

對於這一重心，孔夫子曾經多次言及，對居上位者提出了嚴格的要求。

《論語・為政》篇第二十章，孔子告誡季康子應該如何臨民：臨之以莊則敬；孝慈，則忠；舉善而教不能，則勸。如果說，整個社會風氣之良化，在於民德歸厚；那麼，期望民德歸厚，居上位的當政者必須以身作則。當政者莊重，民眾就會敬順；當政者孝順、慈愛，民眾就會忠誠；舉拔好人、教育能力不足者，民眾就會勤勉。

假如居上位者在弒父戮兄、八佾舞於庭，乃至橫徵暴斂，僅僅指靠普通民眾的慎終追遠，怎麼能匡救整個社會的道德風尚？

孝道，是仁的重要內容。在整部《論語》中，孔子曾多次言及。但孔子提倡孝道，從來也沒有忘記強調：孝道，不是為政者僅僅針對民眾提出的要求，它首先應該是為政者必須恪守的起碼道德。

所以，曾子提出的「慎終追遠」，固然沒錯，卻惜乎過簡。他沒有指出這一行為的主體。「慎終追遠」，首先應該是對為政者的要求。當為政者、居上位者做到了，才可能行為世範，影響推行於整個社會，民德才可能歸厚。唯此而已，豈有他哉！

「禮之用」，何為貴？

有子曰：「禮之用，和為貴。先王之道，斯為美；小大由之。有所不行，知和而和，不以禮節之，亦不可行也。」

——學而篇・第十二章

《論語・學而》篇第十二章，是有子的第二條語錄。在整部論語中，率先談到了禮。

有子曰：「禮之用，和為貴。先王之道，斯為美；小大由之。有所不行，知和而和，不以禮節之，亦不可行也。」

有子的話，楊伯峻先生的翻譯全文如下：「禮的作用，以遇事都做得恰當為可貴。過去聖明君王的治理國家，可寶貴的地方就在這裡；他們小事大事都做得恰當。但是，如有行不通的地方，便為恰當而求恰當，不用一定的規矩制度來加以節制，也是不可行的。」

楊先生的白話翻譯，做到了通俗。但筆者雖盡力反覆理解，在文義上卻難以通達。愈讀，反而愈不明白。

我們先來談第一句。禮之用，和為貴。楊伯峻先生翻譯道：「禮的作用，以遇事都做得恰當為可貴。」關於「和」字，楊先生在注釋中舉出了《禮記・中庸》、《論語疏證》以及《說文》來解釋，定為「中節、適合、恰當」的意思。對於單獨的「和」字，古典的解釋當然不能說錯。但在這兒，楊先生借用這樣的解釋，立即會讓人提出疑問。

《論語・顏淵》篇第一章，子曰：「克己復禮為仁。一日克己復禮，天下歸仁焉。」

禮，是那樣重要。它本身便是規範，不違中和。所謂禮節，禮原本就是中節的。禮本身便是規矩，就是使人遇事做到恰當的。換言之，合於禮，就是和。「禮的作用，以遇事都做得恰當為可貴」，按照楊先生的解釋，我們依循禮來行事，還不算「和」，還不能遇事做到恰當。為了遇事做到恰當，依禮行事還不夠，還可能達不到「和」，還必須有一個另外的規範、另外的更高觀念來加以調節制約嗎？

把「和」字作上述解釋，接著造成了下面譯注的巨大困難。

知和而和，不以禮節之，亦不可行也。楊伯峻譯為「為恰當而求恰當，不用一定的規矩制度來加以節制，也是不可行的」，相當費解。既然「禮之用，和為貴」，遇事做到恰當為可貴；後面又說，為恰當而求恰當，是不可行的。這不是自相矛盾是什麼？禮與和，難道是這樣扞格衝突嗎？

「不用一定的規矩制度來加以節制」，那麼前面的求恰當，是依循什麼規矩制度來求取到的呢？是想當然隨意胡來的嗎？不以禮節之，何來恰當呢？既然已經以禮求取到了恰當，為什麼還要以禮來進行節制？

我認為：這樣的自相矛盾，這樣的扞格衝突，不是有子的原話有問題，而是楊伯峻的理解造成的。楊先生的翻譯，把「和」字做「中節、適當、恰當」來解，在這兒是不合適的。好在，「和」字尚有其他多重解釋。《說文》講：「龢，調也。樂調謂之龢。盉，調味也。味調謂之盉。事之調適者謂之和，其義一也。」

我認為：所謂禮樂，禮而節、樂而和。本章的禮之用，和為貴，「和」字在此應該講的是音樂的調和作用。禮的實用、使用、運用，輔之以音樂調和，才是最好的。

行禮執禮的時候，有音樂調和，於是，先王之道，斯為美。

這樣解說，我們前面談到的種種不解，自相矛盾之處，才可能豁然開朗。

禮的作用，如果有樂來調和，是為可貴。先王之道，以這個為美。但所謂禮樂，有著表裡關係。樂為其表，禮為其裡。因為知道音樂調和是美的，不按禮的規矩來節制，小大由之，那也是不可行的。

《論語・八佾》篇第一章，孔子嚴厲抨擊季氏：八佾舞於庭，是可忍也，孰不可忍也？第二章，仲孫、叔孫、季孫三家，僭用天子禮，唱著天子祭祀的詩篇《雍》來撤除祭品，遭到了夫子的強烈非議。

季氏三家，正是知和而和。他們在行禮執禮當中，知道音樂歌舞斯為美，但他們首先違背了禮制，絕不可以。僭禮、越禮，輔之以音樂伴奏、載歌載舞，這是違反禮制的重大事件。

禮之用，和為貴，本身道理絲毫不錯。莊嚴的樂舞，悅耳的音樂以及美妙的歌舞，用來調和禮儀，這叫「知和而和」；而一但脫離違背了禮的規範制約，這是破壞禮制，當然不可行。

禮之用，何為貴？當然是和為貴。但「和」字，在此應該作音樂調和來解。片解乎？正解乎？願就教於方家。

可與言詩誇子貢

子禽問於子貢曰：「夫子至於是邦也，必聞其政，求之與？抑與之與？」子貢曰：「夫子溫、良、恭、儉、讓以得之。夫子之求之也，其諸異乎人之求之與？」

——學而篇・第十章

子貢曰：「貧而無諂，富而無驕，何如？」子曰：「可也；未若貧而樂，富而好禮者也。」

子貢曰：「《詩》云：『如切如磋！如琢如磨』，其斯之謂與？」子曰：「賜也，始可與言《詩》已矣，告諸往而知來者。」

——學而篇・第十五章

子曰：「誦《詩》三百，授之以政，不達；使於四方，不能專對；雖多，亦奚以為？」

——子路篇・第五章

除了有子和曾子之外，在整部《論語》中率先出場的孔門高第，第一人是子夏，第二人是子貢。

子貢，即端木賜，是孔子得意弟子之一。在《論語・先進》篇第三章中，列入所謂「四科十哲」之間，與宰我兩人歸在「言語」科。

據說，孔門弟子三千，賢者七十二人。能夠在賢者中居於前列，成為榜上有名的十哲之一，子貢的學業成就可想而知。當然，子貢被列在言語科，並不是說他只擅言語，而是強調其言語方面的突出特長。孔門的賢弟子，個個德才兼備、通曉六藝，應該說都是通才。

子貢，這樣一位孔門高第，在《論語・學而》第一篇中出現就不是偶然的了。

《論語・學而》篇第十章，子禽問於子貢曰：「夫子至於是邦也，必聞其政，求之與？抑與之與？」子貢曰：「夫子溫、良、恭、儉、讓以得之。夫子之求之也，其諸異乎人之求之與？」

子禽問子貢說：「老人家到了哪個邦國，必定會聽到那裡的政事狀況；那是求來的呢？抑或是別人主動告知的呢？」子貢道：「他老人家是靠溫和、善良、嚴肅、節儉、謙遜來取得的。老人家獲得的方法，和別人獲得的方法，不相同吧？」

這是整部《論語》中第一次對孔子的側面描述。這次描述，是率先由子貢來完成的。子貢用五個字溫良恭儉讓，簡捷準確地歸納出了孔夫子的人格風範和精神風貌。

《論語・學而》篇第十五章，則記錄了子貢與尊師孔子研討學問、達到舉一反三效果的一段對話。

子貢曰：「貧而無諂，富而無驕，何如？」子曰：「可也；未若貧而樂，富而好禮者也。」子貢曰：「《詩》云：『如切如磋，如琢如磨』，其斯之謂與？」子曰：「賜也，始可與言《詩》已矣，告諸往而知來者。」

這是一段精彩的對話。聰明好學的子貢，受到夫子的慷慨獎掖。這段對話，可以說集中體現出了孔子教學的諸多特色。這是一場師生之間的平等交流。自由切磋、輕鬆活潑；思維跳躍、脈絡清晰。甚至，會話者當時的語氣、情緒，躍然紙上。

首先，作為一名優秀學生，當領會到了「貧窮而不巴結奉承，有錢卻不驕傲自大」的做人道理，子貢請示夫子說「何如」，這樣做怎麼樣啊？子貢當時講話的語氣中，幾分顯見的得意溢於言表。孔子對子貢的學有所得給予肯定，但又給學生指出了進一步提高的方向。「你說的還可以吧。但是還不如『雖貧窮卻樂於道，縱有錢卻謙虛好禮』那個樣子的吶。」

接下來，子貢受教。自己對人生追求的做人道理有所初步體悟，夫子卻有著更高的境界。如切如磋，如琢如磨，師徒之間，這樣探討學問，不就是一種切磋嗎？夫子教導弟子，不也正像良工巨匠琢磨璞玉嗎？這是多好的學習教授過程啊！但子貢回頭描述這種過程，沒有直說，而是思維跳蕩，機敏地借用《詩經》中的成語來加以表述。

夫子對學生的跳躍性思維、對其活用經典的良好表現，即刻有一種理解的默契。於是慨然誇獎道：賜呀，現在可以同你討論《詩經》了，告訴你一點，你能夠有所發揮、舉一反三了呀！

這段文字，可以看做是孔子啟發式教學的範例，也是孔子奉行「快樂教學」的明證。師徒之間這樣的教學相長，不啻正是學而時習之，不亦說乎的真切寫照。

——誠然，在學習詩書的過程中，敏捷穎悟，活學活用，只是第一步。孔子宣導的、更為看重的，是學以致用。

請看《論語．子路》篇第五章。子曰：「誦《詩》三百，授之以政，不達；使於四方，不能專對；雖多，亦奚以為？」熟讀《詩經》三百篇，交給他從政的任務，卻辦不通；令他出使四方，又不能獨立地談判酬酢；縱然讀書再多，有什麼用？

讀書而不能致用，讀書再多，也不過是一匹馱經的驢子罷了。

而子貢正是學而不厭，做到了學以致用。事實證明，子貢大有為政能力，抑且是外交方面的能手，具有專對之能力。

《史記・孔子世家》敘述：孔子一行厄於陳蔡之際，情況極其危急。正是派出子貢突圍使楚，楚昭王被說動，興師迎孔子，夫子一行方才得免脫困。子貢的外交遊說能力，莫可懷疑。子貢位居「十哲」之中，列在言語科，應該說當之無愧。

「為政以德」居其所

子曰：「為政以德，譬如北辰居其所而衆星共之。」

——為政篇・第一章

子曰：「導之以政，齊之以刑，民免而無恥；導之以德，齊之以禮，有恥且格。」

——為政篇・第三章

《論語》第二篇，篇名「為政」。論語各篇的篇名，一般只是選取本篇第一章開端幾個字以名之。比如第三篇名為「八佾」，只是這一篇的第一章講到八佾，並非整篇都說八佾——但為政篇，恰巧是通篇來講為政的。

《論語‧為政》篇第一章，子曰：「為政以德，譬如北辰居其所而眾星共之。」

儘管是古文，這樣的句子其實是明白如話。楊伯峻先生的《論語譯注》簡體字版，為方便今人讀古典，對整部《論語》又都做了盡可能通俗的白話翻譯。他的譯文是這樣的：

孔子說：「用道德來治理國家，自己便會像北極星一樣，在一定的位置上，別的星辰都環繞著它。」

「居其所」三字，楊先生譯作「在一定的位置上」。我覺得，翻譯得不很好。作為商榷，我覺得應該這樣譯：「處在它本來應該在的位置」，才更加準確、扣題。邦國領導者、決策人，為政以德，才是其正確所在，才能「譬如北辰」，居其正位而得眾星之環繞。

為政篇，當先隆重推出了孔夫子為政以德的思想。

為政以德，主張德政德治，建立道德社會，是孔子終身為之奮鬥的最高理想。如何才能為政以德？孔子面對不同情況，針對不同對象，有過若干具體教導。

《論語‧為政》篇第三章，子曰：「導之以政，齊之以刑，民免而無恥；導之以德，齊之以禮，有恥且格。」用政法來誘導，用刑罰來整頓，人民只是暫時免於罪過，卻沒有廉恥之心。如果用道德來引導，用禮教來整頓，人民不但有廉恥之心，而且人心歸服。

引導一個國家，立國的大政方針，究竟是依賴政法刑罰、還是宣導德治德政禮教？在孔子看來，這是根本原則問題，無可規避。孔夫子率先提出的，儒學後進士子千百年來宣導的，始終是德治德政。嚴刑峻法的統治，或能得逞一時，雖然老百姓因為恐懼而不得不服從，社會道德風氣卻敗壞無恥。專制統治，刑罰恐嚇，以勢壓人，為孔子不取。

唯有德政禮教，才能人心歸服。《論語・為政》篇第十九章，哀公問曰：「何為則民服？」孔子對曰：「舉直錯諸枉，則民服；舉枉錯諸直，則民不服。」把正直的人提拔起來，錯（措置）在邪曲的人之上，民眾就會心服。否則，民眾決不會心服。這兒，面對魯哀公問政，孔夫子身體力行做了一回帝王師。

《論語・為政》篇第二十章，季康子問：「使民敬、忠以勸，如之何？」子曰：「臨之以莊，則敬；孝慈，則忠；舉善而教不能，則勸。」季康子，是魯哀公時代的正卿，屬於有權勢、居上位的執政者。他希望人民恭敬、忠誠並且勤勉，向孔子請教應該怎麼辦。孔子說：「當政者對待百姓莊重，百姓就會敬順；對待父母孝順，百姓就會忠誠；提拔好人，教導能力不足之人，百姓就會勤勉。」孔夫子給他的回答，分門別類，但原則為一：政治道德、廟堂道德，是整個社會道德的主導。統治者只有身為表率，為政以德，民眾才會服從。

為政以德的思想，究竟是一種什麼樣的思想？這樣的思想對於當代中國、當代世界，還有沒有現實意義？這一點，值得我們認真思考。

和詆毀漢字漢語同步，批孔家們激烈批孔，已有百年。他們批判孔夫子的要點之一，說孔子以及儒學是替統治者出謀劃策的，甚至就是統治者的幫兇。

事情到底是不是這樣？我們可以不讀《論語》，就追隨批孔家的論調人云亦云嗎？反覆讀過《論語》，我的結論正好相反。有《論語》白紙黑字在，以孔子為首的天下己任的士子，堅持道統，他們自稱帝王師，恰恰是對帝王提出了最嚴格的要求。為政以德，正是孔子對統治者提出的要求之一。就算是出謀劃策，孔子出具的謀策堂堂正正，有何不可？莫非，讓孔子勸導統治者拋棄德政，施行暴政、殘酷鎮壓民眾，批孔家們才會承認孔子不是幫兇的嗎？莫非，孔子必須服膺「造反有理」的所謂革命思想，號召人民揭竿而起，武裝奪取政權，才能讓批孔家們滿意嗎？

我相信，為政以德，這樣的道理，歷代暴君聽不進去，批孔家也聽不進去。為政以德，只是孔子的理想。對於批孔家、馬屁家，孔子和我們都在浪費筆墨、白費口舌。

毋庸諱言，歷史上的暴政連綿不絕。秦始皇們只相信暴力暴政，勸其向善，屬於與虎謀皮。或曰，正因為暴君暴政的真實存在，孔子倡言的為政以德才更加具備了恆久的普遍意義。

在孔子的時代，他不可能提出「民主政治」的當代理念。但孔子宣導的士子精神，與當代知識分子尊奉的「社會良心」並無過分扞格。孔子提出的為政以德的理念，其精神指向並不過時；孔子所希望建立的道德社會，並不排斥當代民主制度。

在這樣的意義上，孔子的思想超越了時代。猶如北辰，亙古照耀。

被百年詬病的孝道

孟懿子問孝。子曰：「無違。」

樊遲御，子告之曰：「孟孫問孝於我，我對曰，無違。」樊遲曰：「何謂也？」子曰：「生，事之以禮；死，葬之以禮，祭之以禮。」

——為政篇・第五章

孟武伯問孝。子曰：「父母唯其疾之憂。」

——為政篇・第六章

子游問孝。子曰：「今之孝者，是謂能養。至於犬馬，皆能有養；不敬，何以別乎？」

——為政篇・第七章

子夏問孝。子曰：「色難。有事，弟子服其勞；有酒食，先生饌，曾是以為孝乎？」

——為政篇・第八章

或謂孔子曰：「子奚不為政？」子曰：「《書》云：『孝乎惟孝，友於兄弟，施於有政。』是亦為政，奚其為為政。」

——為政篇・第二十一章

《論語・為政》篇，不少章節專講孝道。

什麼是孝？何為孝道？古往今來的概念定義解釋界說很多。最普通的老百姓的理解，孝，就是敬養父母。再擴充一點，還應該敬奉追念祖先。如此而已。孝，基於人的血緣傳承，發乎人的道德本能。古代聖哲提倡孝道，把人的天性本能提高到了倫理的和文化的高度。在整個社會，宣導什麼，養成怎樣的社會風氣，無疑是為政的重大內容。

在該篇中，有幾人分別向孔子問孝，孔子一一給予回答。這些問答，可以想見多半不是同時發生的，是《論語》的編輯將其集束擺放在這兒。從第五章到第八章，有孟懿子、孟武伯父子問孝，有子游、子夏兩個學生問孝。儘管幾人都是問孝，但針對不同對象，孔子的回答也各不相同。可以說，孔子這些不同的回答，從多層次、多側面，引領人們能夠更理性地理解孝道。

對此，我有一點個人的閱讀體會。如果我們將閱讀次序變化一下，這將是關於孝道的一個由淺及深的理解過程。

先看第七章，孔子的學生子游問孝。子曰：「今之孝者，是謂能養。至於犬馬，皆能有養；不敬，何以別乎？」犬馬能養，古來解說紛紜。一說，犬馬也能養活人；一說，犬馬也能養活它們的父母。那麼，人僅僅做到養活父母，等同於犬馬而已。這兩種解說，都不如慣常的解釋通達。按慣常解說，人連犬馬都能飼養，養活父母而不能存心敬順，那和飼養動物有什麼區別呢？

這兒，孔子措辭嚴厲，提出孝不能缺少敬順的道理。

第八章，另一名學生子夏問孝。子曰：「色難。有事，弟子服其勞；有酒食，先生饌，曾是以為孝乎？」這裡，孔子提出了「色難」的概念。侍奉父母，保持愉悅而發乎由衷的容色，確實是件難事。有事情，弟子效勞，有酒食，先請長輩吃喝，應該算是有敬順之意了，但還稱不得恪行孝道。孝，應該做到發乎內心，成為衷心愉悅之事。

這兒，孔子對孝的界定，又推進了一步。

回到第六章，孟武伯問孝。子曰：「父母唯其疾之憂。」對孔子的這句話，解釋也是向來不一。

一種解釋說：孝子各方面敬順，只是最擔心父母生病。這樣解釋，在文理和語法上，都不通，相當勉強。

一種解釋說：父母只擔心孩子生病——孝子如果已經在各方面都做得很好，無須令父母擔心，這當然就是孝了。這樣解釋，在語法上不錯，但破折號後面的意思，屬於一種強解。

當然，我們還可以有別樣的解釋：「唯其疾之憂」，是人發自本心的情感。想想父母在我們疾病時揪心擔憂的樣子，想想我們做了父母，自己在孩子疾病時的拳拳之心，自己該如何回報父母呢？

離開當初的具體語境，古聖賢的經典話語有時確實難以盡解。但人心是相通的，我們能夠體察到孔子原話的意味，這就夠了。孟懿子、孟武伯，父子二人都曾先後是魯國大夫。身為地位尊榮的高官，孟武伯對父母，不存在養活與否的問題。作為世家子弟，敬順父母的教養也是有的。那麼，孔子在這裡，事實上對孟武伯提出的是更高的要求。你應該在各方面、特別是在為政方面要做得很好；做到令你的父母什麼都不擔心，只掛念你的身體。做到這個，是你應該奉行的孝道吧！

最後，我們再看該篇第五章。

孟懿子問孝。子曰：「無違。」

樊遲御，子告之曰：「孟孫問孝於我，我對曰，無違。」樊遲曰：「何謂也？」子曰：「生，事之以禮；死，葬之以禮，祭之以禮。」

這段話的關鍵字是「無違」。這兩個字，孔子給學生樊遲作了詳解。對於孟懿子，他應該做到「孝不違禮」。父母活著，依規定的禮節侍奉；父母死了，依規定的禮節埋葬、祭祀。

孟懿子貴為大夫，他不懂得孝嗎？所以，夫子對其所問不必囉嗦，針對他的身分地位，回答只有兩個字無違，極為簡捷。作為問孝的孟懿子，應該也是已然明白。所以，他也沒有進一步詢問。

有趣的是，夫子不厭其煩，卻給趕車的學生樊遲細說了一番。這首先是孔子誨人不倦，在對弟子進行隨時隨地的教導。當然，其中還有要把自己和孟懿子的問答公諸於世的意思。以孟懿子的地位，在孝道方面應該給社會、給民眾做出什麼榜樣？他會不會違禮僭禮越禮？這兒，孔子面對居上位者，把孝道提到了禮制的高度。上有所好，下必效之。奉行孝道而不違禮，無違，關乎禮法，關乎社會風氣，正是為政的一個重要方面。

第二十一章，或謂孔子曰：「子奚不為政？」子曰：「《書》云：『孝乎惟孝，友於兄弟，施於有政。』是亦為政，奚其為為政？」

有人問孔子，你為什麼不參與政治？孔子引用《尚書》上的話說：孝順父母，友愛兄弟，使這種風氣影響到政治上去。這也就是參與政治。何必定要做官才算參政呢？孔子的回答，可以看做是對前面談及的為政之道和孝道的呼應。遵行孝悌之道，進而努力去影響社會風氣，孔子將之提高到「庶民參政」的高度來認識。

一百年來，批孔家竭力批孔，傳統孝道也遭到株連，被瘋狂攻擊詬病。前幾十年，批孔家中以魯迅最為激烈。他舉出二十四孝中的「郭巨埋兒」和「老萊娛親」大張撻伐。古人提倡孝道，舉例或有極端傾向。上述兩例，自有可詬病處。但因之從根本上否定孝道，摧毀人的發乎內心的美好情感，進而泯滅人性，這個就太過分了。

後幾十年，批孔風氣越來越盛獗。數不清的政治運動，摧毀著人的道德本能。運動之來，打倒某人，某人的妻子必須劃清界限趕快離婚、某人的子女只有起而揭發其父，才算靠攏組織，才算忠於領袖，才能免於株連而自保。

當猖獗批孔終於成為過去，我們欣慰地看到，是千家萬戶的老百姓，人自為戰，艱苦卓絕地捍衛堅守了我們的傳統道德底線。

孔子提倡的孝道，合乎天道人倫；孝道光復，順應天心民意。

這是孔子的勝利，這是民意人心的勝利。

遠離宗教的祭祀

子曰：「非其鬼而祭之，諂也。見義不為，無勇也。」

——為政篇．第二十四章

祭如在，祭神如神在。子曰：「吾不與祭，如不祭。」

——八佾篇．第十二章

季路問事鬼神。子曰：「未能事人，焉能事鬼？」曰：「敢問死。」曰：「未知生，焉知死？」

——先進篇．第十二章

《論語・為政》篇結末的第二十四章。子曰：「非其鬼而祭之，諂也。見義不為，無勇也。」這裡，出現了「鬼」字。關於鬼，楊伯峻先生在譯文之外加了注釋：古代人死後都叫「鬼」，一般稱已死的祖先而言。

《論語・八佾》篇第十二章，則出現了「神」字。

祭如在，祭神如神在。子曰：「吾不與祭，如不祭。」

這一章，楊伯峻先生的譯文如下：孔子祭祀祖先的時候，便好像祖先真在那裡；祭神的時候，便好像神真在那裡。孔子又說：「我若是不能親自參加祭祀，是不請別人代理的。」

我認為：楊先生的譯文，不夠準確嚴謹。讓讀者相當費解。

我們先看第一句。祭如在，祭神如神在，這句話本身沒有主語。它彷彿是孔子所處時代的成語俗語，通行語、流行語。楊伯峻先生的注釋，不僅添加了主語，認定其為孔子，而且進一步認定孔子是在祭祀祖先。這樣認定，不知楊先生有何依據。在習慣上，在人們的心理上，神與鬼，一般是有些區別的。祭神，只是祭拜天地山川草木之神。祭鬼，才是祭祀先祖和死去的人。所以，如果原話說的是兩重意思，既有祭祖、也有祭神，原話就應該是：祭鬼如鬼在，祭神如神在。

原話只是祭如在，祭神如神在，沒有主語。所以，我認為這句話說的並不是孔子的個體行為狀態，而是一種普遍行為狀態。祭祀是莊嚴的，如同祭祀的對象在場一樣。祭神，如同神真在那兒一樣。

我們再來看第二句。孔子說的吾不與祭，如不祭。楊先生的譯文是這樣的：「我若是不能親自參加祭祀，是不請別人代理的。」這一句的翻譯，問題更大些。在感覺上，非常不通。勉強，牽強。原文如不祭，字面翻譯只能是如同不祭、有如不祭，即便是意譯，如何能有「不請別人代理」的意思呢？

孔子這句話，歷來也有不同解釋。吾不與祭，如不祭，是一般慣常的句讀。「與」字，在這兒是參與、參加的意思。朱熹的注釋就是按此句讀的。孔子有事，不能參加祭祀，或就請別人代祭；但別人代祭，總不如自己在場那樣虔誠。楊伯峻先生的所謂意譯，或者就是從此而來。

別樣的解釋，則是採用了別樣句讀：吾不與，祭如不祭。這兒的「與」字，當贊同來解。那麼，採用別樣句讀，其譯文就是：「我不同意的祭禮，祭了同沒祭一樣。」

但按照這樣句讀而來的解釋，在義理上也有所不通。非其鬼而祭之，諂也。孔子不同意的祭禮，孔子是不會違心參加的。如果只是孔子沒有違心參與祭祀，那麼，也不好否認別人所參與的祭祀就是等於不祭。

兩種解釋，都不能通達。問題到底在哪兒呢？其實，整個第十二章，意思是貫通的。說的都是「祭如在」的問題。祭祀祖先神靈，祭祀者的心理是否虔誠？是否在狀態？是否感覺鬼神就如同在場享受祭祀一般？如果沒有把自己擺進去，心理缺乏虔誠，那樣的狀態就不能叫做祭如在。缺乏虔誠、不在狀態，即便形式上參加了祭祀，實際上屬於吾不與祭，那麼祭祀了也等於沒有祭祀。

——聯想到一點題外的話。

就本章文字來看，孔子並不反對祭祀鬼神。而且，認為祭祀應該是虔誠的。但在別的章節，孔子卻又表達了別樣的思想。《論語・雍也》篇第二十二章，孔子說過敬鬼神而遠之的話。《論語・先進》篇第十二章，季路問事鬼神。子曰：「未能事人，焉能事鬼？」曰：「敢問死。」曰：「未知生，焉知死？」孔子關注人生，強調入世，拒絕回答敬事鬼神的問題，也拒絕談論人死後的話題。不臆造什麼「天堂」，不妄說什麼「來世」，這中間確實有一種清醒而偉大的理性。

祭祀活動，中國式的祭祀神靈祖先，祭祀者多半會有一點類乎宗教的情感。但中國人的敬神祭鬼，作為文化或習俗數千載傳承，卻確實沒有演變成嚴格意義上的宗教。這方面，我們不能不承認孔子的言論，起到了理性引導的作用。

中國沒有宗教，沒有神學，沒有你死我活的宗教戰爭。在蒙昧的遠古，孔子的理性像一道閃電，劃破了黑暗的夜空。是這樣清醒的理性，引導後世避開了歐洲歷史上那樣的「黑暗的中世紀」。

當然，孔子宣導人的理性，子不語怪力亂神，但孔子並不一般地反對祭祀鬼神。在追念先祖、緬懷先烈、敬畏自然的意義上，祭祀鬼神有什麼不可以呢？這不是宗教迷狂，這是一種類似宗教的情懷，這是遠離宗教的祭祀。

詩禮文明的自信

子曰：「夷狄之有君，不如諸夏之亡也。」

——八佾篇・第五章

《論語・八佾》篇第五章，講到了「夷狄」這個詞語。

子曰：「夷狄之有君，不如諸夏之亡也。」

這句話，歷來有不同注釋。

一種是按照字面直解，不須拗口繞彎子。文化落後的邊鄙國家，即便有君主，還不如中國沒有君主哩！

一種是繞彎子。彎彎曲曲，進行曲解。夷狄之有君，把這兒的夷狄，實指為楚國、吳國；君主，說成是楚莊王、吳王闔閭等。結果就是這樣來翻譯：楚國、吳國這樣的夷狄落後之國，尚且有楚莊王、吳王闔閭這樣的賢明君主，不像中原諸國，都沒有合格君主啦！

後一解，儘管也勉強說得通，卻並非孔子本意。近代以來，凡講到用到古代名詞「夷狄」，彷彿就貶低了當今的兄弟民族，有所避忌起來。於是曲意回護，不顧學術之嚴謹了。好像我們還處在清朝，處在異族統治者大興文字獄的時代。孔夫子時代，稱謂周邊國家民族，就是通行使用「夷狄」這樣的詞彙字眼。如果其中或有貶抑的含義，把「夷狄」說成是楚國、吳國，就合適嗎？平心而論，「夷狄」，只是曾經的名詞存在，今人實在不好強求當年的孔夫子，讓他高唱「五十六個民族五十六朵花」。

孔子的這段話，非常直率，抑且斷然。那是對當時中原文明、中華文明的強烈自信。

孔子所處的時代，是謂禮崩樂壞。季氏八佾舞於庭，僭用了八八六十四人舞樂的天子之禮。只有天子和諸侯才有資格祭祀名山大川，季氏「旅於泰山」，同樣是僭禮。唱著《雍》的詩篇來撤除祭品，是天子的禮儀；仲孫、叔孫、季孫三家祭祖後，撤除祭品竟然以《雍》徹，無疑還是僭禮。這些行為都在本篇遭到孔子的批判抨擊。這在客觀上證實：當時，諸侯邦國無視周天子、卿士氏族架空諸侯，早已是一派「君不君、臣不臣」的禮崩樂壞的景象。那麼，中原諸夏已經君而不君，孔夫子何以還能發出上述那樣自信的宣言呢？

質言之，孔子正是看到了詩禮文化的存在，而有了關於華夏文明的強烈自信。

殷商取代了夏朝；周朝取代了殷商。朝代更迭，這是歷史曾經的真實。但這只是所謂法統的變更。整個民族的文明，也就是道統，並沒有斷絕消亡。詩書禮樂還在，道統就在。這更是歷史的真實。

《論語・為政》篇第二十三章。子張問：「十世可知也？」子曰：「殷因於夏禮，所損益，可知也；周因於殷禮，所損益，可知也。其或繼周者，雖百世，可知也。」商湯伐夏，推翻殘暴的夏桀，但殷商因襲的是夏朝的禮儀制度。武王誅紂，周朝取代了殷商，因襲的仍然是殷商的禮儀制度。其間禮儀制度有所損益，都是可以知曉的。即便往後會有繼承取代周朝而當政者，莫說十世，便是百世，會採用什麼禮儀制度，也是可以預先知曉的。

有古來傳承下來的詩書禮樂、典章制度，這正是文明的寶貴成果。

而且，孔子已經主動擔起傳承文明的大任。

五百年而有聖人出。從周公到孔子，五百年。中華民族葆育的文明成果，代有傳人。

歷史選擇了叫做孔丘的這名魯國人，孔子當仁不讓。

孔子設帳授徒，教習古典；老人家帶領弟子們周遊列國，傳播建立道德社會的理想，知不可為而為之，欲要挽狂瀾於既倒。

晚年的孔子，仍不放棄文明的重托。耗盡餘生，刪《詩》、《書》，定《禮》、《樂》，贊《周易》，修《春秋》，整理保存了中國古代輝煌的典籍。

歷史演進到兩千年之下，當代中國果然沒有了君主。而先秦諸子的典籍尚在，歷史文化巨人的思想尚在。傳承百代，不絕如縷。

華夏文明不會斷絕。雖百世，可知也！

君臣關係的規範

定公問：「君使臣，臣事君，如之何？」孔子對曰：「君使臣以禮，臣事君以忠。」

——八佾篇・第十九章

定公問：「君使臣，臣事君，如之何？」孔子對曰：「君使臣以禮，臣事君以忠。」

上列《論語・八佾》篇第十九章，記錄了一次魯定公和孔子之間的問答會話。在整部《論語》中，這是首次談到君臣關係。而且，我們知道，孔子一生曾經有過短期仕任為官的經歷，就發生在魯定公時代。那麼，這是一次君臣之間面對面的談話，談話的內容又正是君臣關係。這次對話的現實性和嚴肅性，可想而知。

君使臣，臣事君，是分屬不同行為主體的兩件事。君主指使臣下，該是怎樣的？臣子服事用事於君上，又該是怎樣的？在孔子看來，這兩件事是有關聯的，甚至是有因果關係的。君主以禮來使用臣子，非但應該，而且必須，這成為臣子忠心服事君主的前提條件。

《論語》的這一章節，行文中有個細節首先會引發我們的注意。這兒出現了「孔子對曰」，而不是通常的「子曰」。凡臣下對答君上，一定要用「對曰」，這正是《論語》的行文體例。這樣的行文體例可以充分說明：不僅在實際生活的層面，包括著書立說文字記錄的層面，儒家都在嚴格遵循禮儀規範。

但就在本章文字的前一章，第十八章，孔子卻說：事君盡禮，人以為諂也。事君盡禮，按照禮儀規範行事，究竟出現了什麼問題？人們為什麼會以為是臣下諂媚君上呢？難道面對君上，事君盡禮錯了嗎？孔夫子的話裡，一定另有深意。

我認為，在這兒的事君盡禮，並不是泛指一般情況，非常可能是夫子自道；人以為諂也，是孔子遭遇到的現實情況。在孔子時代的魯國，季氏等三家專權，魯君已經幾乎被架空。三家紛紛僭禮，肆無忌憚。這時的魯國，已經君而不君。面對這樣的嚴峻現實，孔子並不趨炎附勢去靠攏三家，恰恰是對三家提出了激烈的批評。而且，即便魯君失勢，孔子依然堅持對魯君給予尊奉和禮敬。那麼，人，有人，便會認為孔子的事君盡禮就是諂。

那麼，孔子有沒有諂媚君上的嫌疑？在這裡，我們可以為孔子一辯。魯君，魯定公，曾經任用、甚至是重用過孔子。當其時也，如果魯定公對待孔子、使用孔子，是禮賢下士、合乎禮儀的，那麼孔子的忠於職守、敬奉君上，就是正當的。這中間，沒有趨炎附勢、諂媚君上的問題。恰恰是有人看到魯君失勢，三家專權，去投靠什麼季氏，在那兒事「君」盡禮，那才是諂媚吶！

當然，我們深入一步來思考，孔子和定公的會話，除了所指，還有能指。除了指向現實層面，同時還指向形而上的虛擬層面。

在虛擬的情況裡，在普遍的意義上，君使臣，有符合禮儀的情況，一定還有違背禮儀的情況。如果君而不君，君上自身沒有君上的樣子，並不能夠使臣以禮，那麼，這個時候臣下還是事君盡禮，出問題的就是臣下了。

《論語・為政》篇第二十四章，孔子講過：非其鬼而祭之，諂也。這裡，「諂」字初次出現。在《論語・八佾》篇第十八章，孔子說，事君盡禮，人以為諂也。「諂」字再次出現。孔夫子總是微言大義，「諂」字的接連出現，決不是偶然的。其中，有著顯見的內在關聯。我們把兩章文字聯繫起來看，只能得出一種解釋：非其君而事之、禮之，猶如非其鬼而祭之敬之，都是諂。

孔子所處的時代，士文化已經覺醒，對抗制約著獨裁的帝王文化。士君子如果仕任，參與為政，他們希望能夠達成君臣共治天下的局面。孔子，對此有著深刻的思考。孔子在本篇本章，在與魯定公的對話當場，首先談到問題的一個方面。君上如果使臣以禮，臣下就會事君以忠。孔子的回答禮貌而嚴正。沒有絲毫奴顏媚骨。

《論語》行文至此，孔子還沒有談到問題的另一方面：如果君上不仁，君而不君，並不使臣以禮，臣下怎麼辦？這樣嚴重的情況，這樣的巨大可能性，難道孔夫子沒有考慮嗎？

事實上，在別處，在另外的場合，孔子談到了。

《論語・述而》篇第十一章，孔子和學生顏淵的談話中，講到了用之則行、捨之則藏的話題。當政者用我呢，就幹起來；不用我呢，就躲開他。用捨由他，行藏在我。面對高高在上的君王，孔子從來沒有迷失自我。

《論語・泰伯》篇第十三章，孔子又講出了天下有道則見、無道則隱的鏗鏘話語。士人君子的事君以忠，從來不是無條件的。君上不能使臣以禮，天下無道，士君子就會拂袖而去。

事實上，孔子是這麼說的，也是這麼做的。當魯國三家專權，已經君而不君，當把持政局的季氏，不能為政以德，違背禮制不能禮遇孔子，孔子毅然決然，拂袖而去。富貴，視之如浮雲；官位，棄之如敝屣。

士君子的畢生追求，是道；君臣關係的規範，是禮。

在孔子構想的世界裡，沒有對強權的屈從，沒有對君王的愚忠。

這兒，有的是獨立的人格，有的是桀驁的精神。

超時代的批判

子曰：「周監於二代，郁郁乎文哉！吾從周。」

——八佾篇・第十四章

子謂《韶》，「盡美矣，又盡善也」。謂《武》，「盡美矣，未盡善也」。

——八佾篇・第二十五章

《論語・八佾》篇第十四章，記錄了孔子對周代禮儀制度由衷崇奉的讚歎。子曰：「周監於二代，郁郁乎文哉！吾從周。」

周朝的禮儀制度以夏商兩朝為鏡鑒，然後制定，那是多麼豐富多彩的人文文化啊！我師從周朝的。

制定禮樂的周公，是孔子心目中最崇敬的聖賢之一。在《論語・述而》篇第五章，甚至有這樣的記錄：因為許久不復夢見周公，孔子極為懊喪，甚矣吾衰也！浩歎自己衰老得太厲害啦！當然，因夢不到周公而興浩歎，多半要折射傳達的是孔子對禮崩樂壞的現實憂慮。或者不妨認為，這正是一種先天下之憂而憂的博大情懷。

心憂天下，而有擔當。《論語・子罕》篇第五章，記錄孔子在匡地被拘禁，在那樣的困窘境地，發出了極其自信豪邁的宣言：

文王既沒，文不在茲乎？

周文王死去之後，一切文化遺產不都在我這兒嗎？從文王周公開創的輝煌禮樂文明，到春秋時期開始衰微。是孔子，毅然決然肩起了文明傳承的大任，義不容辭，當仁不讓。

歷史，選擇了孔子；孔子，不負歷史的重託。

孔子「祖述堯舜，憲章文武」，推崇周禮，聲稱「吾從周」。但在整部《論語》中，我們可以看出，孔子對周朝、對周禮，包括對周武王，並非無條件全盤推崇。

請看《論語・八佾》篇第二十一章。哀公問社於宰我。宰我對曰：「夏后氏以松，殷人以柏，周人以栗，曰，使民戰慄。」子聞之，曰：「成事不說，遂事不諫，既往不咎。」哀公問宰予，作社用什麼木。宰我答道：「夏代用松木，殷代用柏木，周代用栗木，意思是使人民戰慄。」孔子聽到這話，（責備宰我）說：「已經做了的事不便再解釋了，已經完成的事不便再挽救了，已經過去的事不便再追究了。」

土地大神是為社。立一個木製牌位是為社主，以供祭祀。那麼立社主，該用什麼木料呢？關乎民族文化、關乎國家精神。這是極其嚴肅的。相應於夏后氏以松、殷人以柏，對「周人以栗」，孔子是有看法的。文王、武王、周公，再好也有缺點。比方這個社主用木，用的是栗木，有「使民戰慄」的用意。為什麼要讓民眾戰慄呢？

當然，孔子對之儘管有看法，只是給予了婉轉的評說。既往不咎。對既成的事實、曾經的存在，不作苛求了。但老先生的言語中，對學生宰我的批評意味是顯然的。你說那麼詳盡幹嗎？哀公之輩、諸侯國君，要「使民戰慄」，極有可能以此為托詞，而認為是有所取法。周朝，國朝，就是這麼幹的嘛！

如果說，談到立社用木的話題，孔子只是小有微詞，那麼，到該篇第二十五章，孔子對實施推翻商紂統治、創立周朝的周武王，發出了劃時代的批判。

子謂《韶》，「盡美矣，又盡善也」。謂《武》，「盡美矣，未盡善也」。

《韶》樂，是舜時代的樂曲；而舜的天子之位是由堯禪讓而來。《韶》樂，可謂盡善盡美。

《武》樂，是武王時代的樂曲；武王伐紂而有天下。孔子認為，討伐商紂，儘管是正義的，但畢竟是使用了武力、暴力。未能盡善。這不是孔子理想中的至仁至善。

武王伐紂，伯夷、叔齊曾經叩馬而諫。其後雙雙餓死首陽山。除此而外，伯夷、叔齊有什麼驚天動地的業績？但孔子對伯夷、叔齊極力推崇；五百年後司馬遷著《史記》，將《伯夷叔齊列傳》推崇為七十列傳之首。這是為什麼？

暴力革命，以暴易暴，即便如何聲稱符合天經地義，孔子都不能完全贊成。大砍大殺，血流漂櫓，武力奪取政權，就是那麼光榮的業績？崇信武力，甚至暴力至上，開了什麼樣的歷史先河？孔子的思考，是極為深刻的。孔子站在歷史的制高點，洞見到了迷信暴力帶給人類的災難性後果。後世的王朝更替，敢問哪個武力奪取政權者，不是冠冕地聲稱說效法了周武王？兩千多年前的孔子，可以說早已托舉出了「非暴力、不合作」的非凡思想。

今天的人們應該都記得，在許多電影和電視劇的畫面中，日本侵略軍的各級指揮所，往往都要在牆上張掛的布幅上書四個漢字：武運長久。我相信，這個畫面、這幾個字，給中國人的印象難以磨滅。

迷信暴力，推崇暴力，只會導向暴政，導向不義，導向侵略，導向軍國主義。

孔子對武王的批判，跨越千古烽煙，堪稱超時代的批判。

天下己任何嘗擇居處

子曰：「里仁為美。擇不處仁，焉得知？」

——里仁篇・第一章

《論語・里仁》篇第一章，非常簡短。關鍵字就是「里仁」。

子曰：「里仁為美。擇不處仁，焉得知？」

楊伯峻先生的注譯本是這樣譯的：住的地方，要有仁德才好。選擇住處，沒有仁德，怎麼能是聰明呢？

在譯文之下，楊先生特別對「里」字另外加了注釋。說「里」字在這兒可以看為動詞，當居住來解。這當然不錯。那麼，「里仁」就應該譯作「居於仁」才是。但楊先生在具體的翻譯中，偏偏卻把動詞「里」當做了名詞，譯作「住的地方」。這樣翻譯，恐怕是把「里」當做「居里、里居」，在字面上望文生義了。

於是，連同下面的翻譯，把擇不處仁中的「擇處」，也實解為選擇住處。這樣翻譯，恐怕是不妥當的。孔子這段話，說的應該是擇仁而處。楊先生的「擇居」之解，確實違背了原文的本旨。

擇居，擇鄰而居，最有惑人之處。古來有孟母三遷的傳說，影響甚廣。人們在兒童時代、少年時代，選擇什麼樣的居住環境、包括接觸什麼樣的鄰居，近朱近墨，當然極其重要。那麼，孔子的這段語錄，莫非是專門教導家長們的了？為了孩子的健康成長，所以要注意選擇住處。孔子的意思是這樣的嗎？

或者，孔子的意思是說，已經有了自主能力的青壯年，就要選擇仁義之地去居住？這樣講，可惜也不能通達。

假定天下果然有這樣的一些地方，有仁人集中居處的「仁義里」，那麼事情看似簡單了，具體實踐則會變得異常複雜起來。凡聽信了夫子教導的人，都湧向「仁義里」，這兒能容得下無數的集附者嗎？這兒的地價豈不騰漲？況且，別的地方怎麼辦？那些地方沒有了人煙，還是只剩下壞人、不仁者來居住？天無私覆、地無私載、日月無私照，又該如何作解？

里仁，究竟何解？擇而處仁，到底什麼意思？《論語．述而》篇第六章，或可幫助我們來解惑。

子曰：「志於道，據於德，依於仁，游於藝。」

君子們，目標志向在道，依居應在仁德。

故爾，里仁章不可拘泥定解為擇居。孔子的原意，不是提供一個選擇住處來擺放身體的住房指南，而是指導士子追求仁道以安放心靈的圭臬。

居於仁，是最美好的。當有了選擇人生志向的理性，準備安放自我心靈，擇仁而居，才是聰明智慧的。

孔子周遊列國，是要選擇仁德之地嗎？恰恰不是。他看到禮崩樂壞，知不可為而為之，欲要力挽狂瀾、扶大廈之將傾。篳路藍縷，餐風飲露，艱辛備嚐而矢志不渝。孔子還曾經欲居九夷，有人說那些地方落後簡陋，如之何？孔子岸然曰：君子居之，何陋之有？

所以，里仁，擇仁而居，不是選擇住處和鄰里。應該是選擇仁德來作為立身的依傍和精神之寄託。

那麼，人們可能會進一步發問：里仁，擇仁而居，這樣抉擇如何就是美的、並且是明智的？

當《論語》編輯行文至此，夫子還沒有展開他的界說。

仁者，人也。仁者，二人也。人與人之間，部族之間，國家之間，應該以仁相處。仁者無敵，不是武功蓋世沒有敵手；恰恰是仁者原本就沒有敵人。人與人之間的和諧，國族之間的和諧，人與自然環境的和諧，對誰都好。

的、愉悅的、美好的。

為了這樣的理想境界，自己首先選擇仁德吧！做出這樣選擇的仁人志士，精神上將是強大的、愉悅的、美好的。

——或者還有一問：擇仁而居，伯夷、叔齊卻是餓死了；孔子自己，一輩子都混得不怎麼樣；這又如何說？其實，這正是志士仁人的高潔之處。

該篇第八章，子曰：「朝聞道，夕死可矣。」早晨得知真理，當晚死去，都可以。仁者仁人，為了心目中的理想，矢志不渝、之死靡它。

該篇第九章，子曰：「士志於道，而恥惡衣惡食者，未足與議也。」說是有志於道，而又恥於穿破衣吃粗糧，不能安於清貧，大家原本就不是一類人。對之，夫子實在沒有什麼好說的。

不能擇仁而處，焉能體會到里仁為美！

與世俗追求的決裂

子曰：「富與貴，是人之所欲也；不以其道得之，不處也。貧與賤，是人之所惡也；不以其道得之，不去也。君子去仁，惡乎成名？君子無終食之間違仁，造次必於是，顛沛必於是。」

——里仁篇・第五章

子曰：「朝聞道，夕死可矣。」

——里仁篇・第八章

子曰：「士志於道，而恥惡衣惡食者，未足與議也。」

——里仁篇・第九章

《論語・里仁》篇第五章，可以看做是孔子對士君子的期待，也可以看成是夫子自道。是與世俗追求決裂的正大宣言。

子曰：「富與貴，是人之所欲也；不以其道得之，不處也。貧與賤，是人之所惡也；不以其道得之，不去也。君子去仁，惡乎成名？君子無終食之間違仁，造次必於是，顛沛必於是。」

富貴，發財當官，人人盼望；不用正當方法得到，君子不接受。貧窮下賤，人人厭惡；不用正當方法拋掉，君子不擺脫。君子拋棄仁德，怎樣成就他的名聲呢？君子不會有一頓飯的時間離開仁德，在倉促匆忙的時候、在顛沛流離的時候，也一定和仁德同在。

總括而言，就是矢志於道、擇仁而處，放棄世俗人生的物質享受、名利追逐、富貴期許。富貴不能淫，貧賤不能移。

兩千年之下，讀書至此，不能不令人掩卷深思、感慨繫之。

矢志於道、擇仁而處，不好嗎？多數人，多數讀書人，都會說，這當然好。莫非還有人會公然聲稱「拒絕道義、棄善從惡」嗎？這樣的人，即便有，也一定是少數。但是，假如我們把問題稍許深入一步：矢志於道、擇仁而處，容易嗎？回答起來就不會那麼簡單了。

仁，仁道，從來不是登龍術，不是求田問舍的康莊大道。

擇仁而處，實在不僅是一種理論上的思辯推導、攀援認知，更是一種艱難的踐行和強韌的堅守。選擇仁道，擇仁而處，你就必須時刻準備抵禦世俗人生的種種誘惑。孔子誠實地告訴人們，選擇仁，志於道，這決不是一件輕鬆的事兒。你必須甘於清貧，你必須時刻準備放棄種種世俗人生的期許。即便面對高官厚祿，取卿相如探囊，假如違背道義，也要棄而不取。

第五章之下，孔夫子又在多章文字中對這一命題給予了闡釋。

該篇第九章，子曰：「士志於道，而恥惡衣惡食者，未足與議也。」士子既然志於道，就應該像顏淵一樣，一簞食、一瓢飲，居於陋巷，不改其樂。你有這樣的思想準備嗎？沒有嗎？那麼對不起，你不是道中人。未足與議，沒什麼好講。

第十章，子曰：「君子之於天下也，無適也，無莫也，義之與比。」

君子胸懷天下。對於天下事，決不強調對自己合適與否；只要合於道義，應該無條件趨之赴之。天下己任，是君子應有的博大情懷。

第十一章，子曰：「君子懷德，小人懷土；君子懷刑，小人懷惠。」

君子胸懷的是德行，是法度；小人念念於土地，個人利惠。

小人的追求，世俗人生，人之所欲，或也並不是那麼不可饒恕。孔子強調的，是以天下為己任的君子應有的道德追求。

《論語・述而》篇第十六章中，孔子說過：不義而富且貴，於我如浮雲。這方面，孔夫子首先身體力行，行為世範，給弟子們做出了表率。針對具體統治者，孔子宣導合則留、不合則去，從來沒有貪戀富貴而降志辱身。

孔子儘管說過「天下有道則見，無道則隱」這樣的話，但對於天下，孔子在事實上卻是不隱不退，篳路藍縷、顛躓奔波，從來沒有放棄過擔當、放棄過大任。

求道擇仁，是那樣不容易；而道義的呼喚、人格魅力的吸引，孔子周圍終於聚集起來三千門徒。我們欣喜地看到，在人類文明的所謂軸心期，中國歷史上出現了那樣一個人、那樣一批人、那樣一些人。孔子和他的忠實門徒，以仁為己任，尊奉出世離塵的精神，卻又始終踐行著入世救世的事業。他們幾乎捨棄了一切，堅守葆育了華夏上古文明的核心價值。

孔子追求仁德，矢志不移；求仁得仁，無怨無悔；天下己任，舍我其誰？孔子倡言與世俗追求決裂，這位老人家自己始終在身體力行。

道，仁道，成為他畢生的追求和信念。真正做到了生死以之，之死靡它。

孔子的人格風範，與追名逐利之徒，是那樣格格不入。孔子的存在，照出了那些人的小丑嘴臉。

懷著求仁得仁的欣然，夫子發出了矢志不渝的呼喊：

子曰：「朝聞道，夕死可矣。」

——穿越兩千多年的時空，孔子的形象愈加清晰。當霓虹的色彩隱去，人們仰望星空，他在那裡，光輝熠熠。

仁者如何能惡人？

子曰：「唯仁者能好人，能惡人。」

——里仁篇・第三章

子曰：「苟志於仁矣，無惡也。」

——里仁篇・第四章

子曰：「我未見好仁者，惡不仁者。好仁者，無以尚之；惡不仁者，其為仁矣，不使不仁者加乎其身。有能一日用其力於仁矣乎？我未見力不足者。蓋有之矣，我未之見也。」

——里仁篇・第六章

《論語・里仁》篇第三章，子曰：「唯仁者能好人，能惡人。」

一般的翻譯大多是這樣的：只有仁人能夠喜愛某人，厭惡某人。這樣僅就字面的解釋不能說錯，但等於沒有說。

楊伯峻先生在譯文之後另外加了注釋，引出史上曾有的解釋一種：「貴仁者所好惡，得其中也。」「中」，又該如何界定？我們極有可能陷入眾多概念名詞之中，把自己繞到頭暈。

簡捷的古代經典，要而不繁的聖賢語錄，多屬微言大義。我們讀到這樣簡捷而微言大義的句子，往往有透過字面而求深解的願望。如果能夠盡量用心體味，多少得其要旨，正是後學應該追求的標的。

我們不妨對上述語錄作更為寬泛的理解：仁者應該能夠正確對待人，能夠正確處置慣常面對的不同人際關係，能夠正確把握處身其中的態度。這樣理解，或庶幾近之。

夫子在該篇第二章，首先提出了「不仁者」的概念。子曰：不仁者不可以久處約，不可以長處樂。仁者安仁，知者利仁。相對仁者，定有不仁者。不仁者，這樣的人，不能長久安於困窘，甚至也不能正確地長久居處安樂。而仁者安於仁，奉行仁德而心安；真正聰明智慧者懂得利用仁，他的言行多半總是利於仁。

那麼，仁者將如何面對他的對立面不仁者呢？

請看該篇第四章，子曰：「苟志於仁矣，無惡也。」

楊伯峻先生的譯文如下：「假如立定志向實行仁德，總沒有壞處。」這樣翻譯「無惡」二字，我感覺太字面化，恐怕遠離了孔子思想的精髓。孔子的話，有沒有一些更深的內涵？下面，我們不妨試著給予一點深解。

作為仁者，作為志於仁德的君子，他欲要廣濟天下、教化眾生，在他眼裡，沒有惡人，只有眾生。他有著這樣廣博的大眾情懷。厭惡不仁者，乃是常人的常情常理。但仁者認為沒有天生惡人，對芸芸眾生，不生厭惡心。是為無惡。無惡，才是「能惡人」的根本答案。

在《論語・里仁》篇第六章，孔子對此有進一步的發揮詳解。

子曰：「我未見好仁者，惡不仁者。好仁者，無以尚之；惡不仁者，其為仁矣，不使不仁者加乎其身。有能一日用其力於仁矣乎？我未見力不足者。蓋有之矣，我未之見也。」

對上面原文的第一句，楊伯峻先生這樣翻譯：「我不曾見到過愛好仁德的人，和厭惡不仁德的人。」孔夫子四十已然不惑，五十而知天命，閱盡了天下各色人等。怎麼能說他沒有見過「愛好仁德的人，和厭惡不仁德的人」呢？楊伯峻在這兒，句讀恐怕已經錯了。原文應該是：我未見好仁者惡不仁者。翻作白話則應該是這樣的：我沒有見過愛好仁德的人是厭惡不仁者的。孔子在這兒闡述的，還是仁者「無惡」的意思。

仁者為什麼能夠這樣？他怎樣做到這一點？緊接上文，孔子下面的話，正是扣題的解釋。好仁者，無以尚之；惡不仁者，其為仁矣，不使不仁者加乎其身。愛好仁德的人，那是再好也沒有的了；他的「惡不仁」嘛，仁者的做法依然是合乎仁的，能夠不讓不仁者及其不仁的影響加諸其身。

這章文字的最後，是孔子的一點感歎。有能一日用其力於仁矣乎？我未見力不足者。蓋有之矣，我未之見也。有誰能夠在某一天使用他的力量加諸仁德呢？我從來沒有見過力量不夠的。（總是有不仁者把他們的不仁施加於仁者身上，他們何嘗沒有竭盡全力？但這對於仁者總是徒勞的）或者有過這樣的情況，（不仁之力，加乎仁者之身而得逞）只是我沒有見過罷了。

有志於做一個仁者，真正喜好仁德，他最終能夠達到無以尚之的境界。

這時，我們可以很好地回答本篇文字開頭提出的問題了——

仁者如何能惡人？

苟志於仁矣，無惡也。

正所謂「仁者無敵」，仁者並不惡人，是為惡人，是能惡人也。

「禮讓為國」可行否

子曰：「能以禮讓為國乎？何有？不能以禮讓為國，如禮何？」

——里仁篇・第十三章

子曰：「不患無位，患所以立。不患莫己知，求為可知也。」

——里仁篇・第十四章

子曰：「能以禮讓為國乎？何有？不能以禮讓為國，如禮何？」《論語・里仁》篇第十三章，說到了「禮讓為國」的重大話題。

這兒的行文中出現了「何有」一詞。何有，古來的解釋都是「不難，有何困難」的意思。那麼，設問是否能用禮讓來立國治國，孔子說「何有」，就是認為這沒有什麼困難。楊伯峻的注釋本，就是這樣依循古例翻譯的：能夠用禮讓來治理國家嗎？這有什麼困難呢？如果不能用禮讓來治理國家，又怎樣來對待禮儀呢？

但「何有」一詞的解釋，不好一概而論。即便在《論語》中，也有別解。比如《論語・述而》篇第二章，子曰：「默而識之，學而不厭，誨人不倦，何有於我哉？」做到上述三項，孔子會說對我「沒有什麼困難」嗎？那不符合夫子謙遜的為人品格。這兒的「何有」，恰恰是相反的用法。孔子的原意該是「我到底做到了哪一些呢？」

那麼，說到禮讓為國，我認為孔子在這兒所用的「何有」二字，其原意也應該是後者。禮讓為國，談何容易。非但不易，恰恰是非常難。事實上，縱觀整部中國史，有幾人有幾例真正做到禮讓為國了呢？

孔子所處的春秋時代，早已禮崩樂壞。為政為國者，根本不能禮讓為國，有的多是僭禮越禮；等而下之者，乃至弒父戮兄，取而代之。稍好一點的，也僅是拘守禮儀形式。諸侯國君，為政為國，或有形式上的差異，實質上統統不能夠以禮讓為國。

所以我認為，能以禮讓為國乎？何有？正確的翻譯應該是：能以禮讓來治理國家嗎？哪裡有人做到這個了呢？

不能以禮讓為國，如禮何？因之，孔子隨後繼續發問：不能禮讓為國，拿禮來幹什麼呢？把禮讓禮法禮儀置於何地了呢？

鑒於二代的周禮，郁郁乎文哉；那樣的禮儀制度，孔子認定有著禮讓為國的本質。孔子宣導禮讓治國，導之以德，齊之以禮（為政篇第二章），而不是導之以政，齊之以刑（同上）。老夫子希望建立道德社會，終生矢志不移。他不是一般地反對嚴刑峻法，而是在立國之本的高度，推崇仁道禮讓，否定過分依賴刑罰的觀念。

一個國家，一個政權，迷信暴力，實行暴政，或能得逞於一時，卻絕對不利於長治久安。秦國自商鞅變法，就被稱做虎狼之國。一味崇法反儒，刑罰繁苛，苛政猛於虎。儘管到秦始皇以武力暴政一統天下，卻忽忽然二世而亡。秦亡何其速，而且絕沒有一個秦國人起來恢復秦國。暴政的不得人心，昭然若揭。到劉邦入關，法不過三條：殺人者死，傷人及盜抵罪。秦民大悅。後人而復後人，實在應該從中推導出一點覺悟來。

那麼在孔子的時代，應該怎樣推行禮讓為國呢？

請看該篇第十四章。子曰：「不患無位，患所以立。不患莫己知，求為可知也。」

孔子說：「不發愁沒有職位，只發愁沒有任職的本領。不怕沒有人知道自己，去追求足以使別人知道自己的本領好了。」立與位，古來通用。以上楊伯峻先生的翻譯注釋是不錯的，只是太拘泥字面了。

我認為，孔子這段話，不是泛泛而談，應該有所指。所指所說的正是上面的禮讓為國。不患無位，患所以立。傳統的禮儀制度，相當完備，這個無須擔憂；擔心發愁的，是這一制度能否成為立國之本。

下面，不患莫己知，求為可知也。於是也可以得到進一步的深解。孔子才不會斤斤於別人是否知道自己，去追求別人知曉自己、追求足以讓人知道自己的本領。這兒，孔子講的是：不必擔心發愁，人們不知道我們宣導禮讓為國；我們去宣傳、去遊說，讓他們知道就是了。

孔子是這樣說的，也是這樣做的。道在魯國不行，孔子就毅然離去，不惜顛沛流離周遊列國。甚至聲言要乘桴浮於海。知不可而為之，正是夫子光輝處。

質言之，中國歷史悠悠數千載，禮讓為國只是一個理想。呼籲統治者為政以德，也只是呼籲而已。但有理想和沒有理想，大有不同。客觀看待，但凡歷史上的盛世，總是與統治者施行相對的仁政有關。孔夫子的宣導，士君子的追求呼籲堅持，老百姓的希望，畢竟多少制約了王權的獨裁統治。

歷史上，在皇權絕對統治下，甚至在暴政橫行的時候，有地方官在他管理的地面施行仁政；有骨鯁之臣在朝廷面折廷爭。孔子的理想，立言，成為士君子尊奉的圭臬、理論武器。

歷史上，位居九五之尊的歷代君主，哪怕在表面上，也得尊奉孔子；口是心非吧，也得聲言願意施行仁政。

歷史發展到當今，人間換了新天。我們應該看到，中國的士文化的傳統，依然寶貴。天下己任的士子精神，與知識分子充任的「社會良心」並不衝突。孔子宣導禮讓為國，希望建立的道德社會，並不排斥民主制度。斷然無視乃至全部拋棄我們的傳統，實屬不智。

把孔夫子當年面對的問題放置到今天，我們或者能給出一個不同的答案。

豈止「忠恕」而已

子曰：「參乎！吾道一以貫之。」曾子曰：「唯。」子出，門人問曰：「何謂也？」曾子曰：「夫子之道，忠恕而已矣。」

——里仁篇・第十五章

子曰：「其恕乎！己所不欲，勿施於人。」

——衛靈公篇・第二十四章

或曰：「以德報怨，何如？」子曰：「何以報德？以直報怨，以德報德。」

——憲問篇・第三十四章

子曰：「參乎！吾道一以貫之。」曾子曰：「唯。」

子出，門人問曰：「何謂也？」曾子曰：「夫子之道，忠恕而已矣。」

以上《論語・里仁》篇第十五章，記錄了孔子與他的學生曾參的一次會話。曾參比孔子小四十六歲，孔子在世時，曾參最大超不過二十七歲。而年輕的曾參相當自信，概括夫子的大道，說是不過忠恕而已矣。

忠道，恕道，自然是孔子學說的極重要構成。但孔子的學說精髓，所謂大道，僅僅是忠道、恕道就可以涵蓋了的嗎？

關於忠恕，楊伯峻在譯文之後加了注釋。

「恕」，楊先生引用了孔子在《論語・衛靈公》篇第二十四章中自己下的定義：其恕乎！己所不欲，勿施於人——這個解釋應該沒有問題。

「忠」，楊先生認為該是恕道的積極面，用孔子自己的話來說，應該是：己欲立而立人，己欲達而達人——這個解釋，不知楊先生有何依憑。

說到立人、達人，我們還是先來看孔子的原話。《論語・雍也》篇第三十章，孔子說：夫仁者，己欲立而立人，己欲達而達人。這兒，孔子說的分明是「仁」，而不是「忠」。關於「達」，在《論語・顏淵》篇第二十章，孔子將「聞」、「達」對解，還有過更為詳盡的論述。參看一回，「達」和「忠」，實在扯不上多少干係。

那麼，「忠」字到底該如何講？整部《論語》，多次提到「忠」。第一次提到是在《論語・學而》篇第四章。我們前面介紹過，曾子的「三乎」，其第一乎為人謀而不忠乎，核心字眼就是「忠」字。對這兒率先出現的「忠」字，楊伯峻先生的注釋這樣講：替別人辦事「是否盡心竭力」。這樣的解釋，「忠」字哪裡有「己達而達人」的意思呢？按照這樣的解釋，忠道如何就能成了「恕道的積極面」呢？

如果我們一定要強調「恕道的積極面」，我的理解它也不是「忠道」，而是「直道」。孔子不同意以德報怨，《論語・憲問》篇第三十四章，或曰：「以德報怨，何如？」子曰：「何以報德？以直報怨，以德報德。」拿德行去報答怨恨，怎麼樣？孔子對此斷然提出反問：那麼你拿什麼去報答德行呢？孔子提出「以直報怨」，不贊成一味寬容忍讓。一味寬忍，只會助長惡行與不義。對於不義，就是要直。正直，直接，直道，讓不義受到應得的懲罰。直道，才是恕道的補充，或曰「恕道的積極面」。

我不是專門踩楊伯峻先生的腳後跟，而是楊先生身為大家，在對《論語》經典的注釋中，對特定詞彙、字眼的翻譯中，比如對「忠」字的翻譯注釋，確實前後矛盾、有欠嚴謹，容易給後學之輩造成困惑。

讓我們回到《論語・里仁》篇第十五章。這兒的「忠」，我們不可作偏狹的理解，認為就是臣下忠於君上、部下忠於上峰。理解為對朋友、對事業、對信義、對仁道的忠誠、忠實，應該不能算錯。曾子修身嚴謹，或者既能奉行忠道，「為人謀而忠」，又能奉行恕道，己所不欲，勿施於人。如果曾子這樣理解孔子的道，並且實踐之奉行之，有何不可。

但是，曾子斷然說：夫子之道，忠恕而已矣，僅僅以「忠恕」二字來總括夫子之道，或有不足，至少是不夠全面。說得嚴重些，乃至有把夫子之道低矮化、狹窄化的嫌疑。

《論語・述而》篇第二十五章，子以四教：文，行，忠，信。

該篇第六章，子曰：「志於道，據於德，依於仁，游於藝。」

《論語・學而》篇第十章，子貢介紹孔子，說：夫子溫、良、恭、儉、讓。

《論語・陽貨》篇第六章，孔子教導子張，仁人應該具備五種品德：恭、寬、信、敏、惠。

多不勝舉的例子，指不勝屈、言不勝道，應該能夠說明：夫子之道，決不僅僅是忠恕而已。夫子之道，孔子奉行的大道，該是仁道。仁道，可謂博大精深。

夫子之道，究竟是什麼？如何界說？無疑是困難的。那是一種參詳和體悟的功夫，不是概念化的簡單注釋與理解。對之，曾參的師兄顏淵、子貢等人，深有體會。在《史記・孔子世家》中，顏淵和子貢都認為：夫子之道至大，故天下莫能容。曾子對夫子之道的概括，如果說並不曾偏離的話，至少是失之於偏狹了。

作為傳承孔子學說大道的大師，曾子是偉大的。但在曾子年輕的時代，在他成長的過程中，他對孔子學說的理解，可能是偏狹的、不夠全面的。

我們不應該苛求青年時代的曾子。對之不必求全責備，應該有一點恕道。但我們也大可不必「為尊者諱」。君子之過，如日月之食；過也，人皆見之。看見了，硬要假裝沒看見，那我們就太不君子了。即便是偉大的曾子，我們也應當指出他的錯失。這樣，才會有利於我們更好地更全面地把握孔夫子的學說精髓。

這是我們應該奉行的忠直之道。

「你是個東西」的幽默

子曰：「君子不器。」

——為政篇・第十二章

子貢問曰：「賜也何如？」子曰：「女，器也。」曰：「何器也？」曰：「瑚璉也。」

——公冶長篇・第四章

《論語・為政》篇第十二章，子曰：「君子不器。」意思是說，君子不應該像器皿一樣，局限於一定的用途。

器，原本是名詞，指器具、器皿。但在這兒，可以當形容詞來用。好比「鐵」字，本來是名詞，說兩人關係很鐵，就又當成了形容詞。

某些漢字的一詞多義，在實際使用的過程中常常容易造成一語雙關的奇特效果。比方「器」字在《論語》中的使用。既然孔子認為「君子不器」，那麼他說某人「器」，應該是指某人像器皿一樣，尚有局限，還達不到君子的水準。但由於器字原本當器皿來講，說某人「器」，就可能造成誤解。等於說某人是個器皿、是個東西。說某人「不是東西」，等於是在罵某人；說某人「是個東西」，某人也不會高興。這中間就有一點幽默了。在《論語・公冶長》篇第四章，記錄孔子和學生子貢的一次對話中，便搞了一回不小的幽默。

通觀整部《論語》，孔子對弟子們的要求非常嚴格，對大家的期望值相當高。但孔子對於弟子們的良好品格、優點特長，包括各方面的進步，從來都不吝於鼓勵表彰。正是孔子的大力表彰，包括評價推介，在《論語》這部經典中頻繁出現，他的許多學生才得以名彪史冊。

這一點，在《論語・公冶長》篇中顯得尤為突出。本篇多章文字都是孔子表彰獎掖弟子的語錄。

第一章，孔子表彰了弟子公冶長。儘管公冶長曾經被關押在監獄裡，但孔子認為並不是他的罪過。充分肯定了公冶長的品格，乃至把自己的女兒嫁給了他。

第二章，孔子表彰了另一名弟子南宮適。國家政治清明，南宮適能夠出仕而不被廢棄；國家政治黑暗呢，又不致遭到刑戮。於是替兄長孟皮主婚，把自己的侄女嫁給了他。

第三章，說到學生宓子賤，孔子當眾誇讚君子哉若人，說這人是個君子呀！

君子人格的養成，何其難；君子人格的標準，何其高。孔子對宓子賤的評價，可以說是足夠慷慨的了。即便如此，宓子賤都不曾列入孔門高第「四科十哲」之中。換言之，位列四科十哲的弟子們，該是更加才藝多端、品格高拔。

然而，在緊接下來的第四章，說到心愛的學生子貢，孔子的評價卻意外地有些吝嗇起來。言語間有幾分誇許，彷彿又帶著一些批評。這就讓後人而復後人有些困惑。

子貢問曰：「賜也何如？」子曰：「女，器也。」曰：「何器也？」曰：「瑚璉也。」子貢詢問：我這個人怎麼樣啊？孔子回答：你呀，就像是個器皿。那我是個什麼器皿呢？是個瑚璉。

孔子講過君子不器的話。上古君子、孔門弟子，往往多才多藝，號稱「一事之不知，儒者之恥」；所以君子不能像器皿一樣，只有一樣固定的用途。我的理解，君子不器這句話，還有別樣的意思：君子不拘。君子應該不拘一格，不僅要有禮儀之嚴謹，還應該有易數之變通。當然，我們還可以引申出有關器量的含義。君子應該雅量高致，而不應該器宇偏狹。

那麼，既然孔子強調君子不器，怎麼又說子貢「器也」呢？孔子這樣講話，莫非是對子貢的批評嗎？我們知道，子貢是孔子最心愛的得意弟子之一，對這樣一名學生，孔子為什麼要說他是個「器」呢？這兒的器，還是君子不器的那個「器」嗎？如果不是，那麼孔子的話裡還有什麼別的意味呢？

如前所述，在孔子講壇，教學過程一定是充滿了快樂。在孔子講學的過程中，包括師生之間的會話，不乏思辯，更不短缺幽默。所以，孔子和學生子貢的這場當眾會話，我們可以看做是一次幽默的會話。活躍著講壇氣氛，體現著寓教於樂。

讓我們回到上述第四章。這一章，是對話體。我們不妨類比一下當時對話的情境。在大庭廣眾之下，在眾多弟子面前，甚或就是在講學的課堂上，孔夫子情緒很好，接連獎掖表彰了幾名弟子。這時，少年氣盛又一向表現出眾的子貢，按捺不住，自個兒起而發問了。

子貢問曰：「賜也何如？」我說夫子啊，你看弟子我這個人怎麼樣啊？

子曰：「女，器也。」孔子回答道，你呀，就好比是個器皿呀！

子貢的問話，是問我「怎麼樣」，並沒有問我「像個什麼」。孔子的回答卻是說，你像個器皿。孔子的話，一語雙關，同時帶有幾分幽默。一方面，說子貢像個器皿，就好比說「你像個什麼東西」，本身有些調侃的幽默。同時暗指，或曰夫子的本意，是說子貢還有些「器」，你在學識上未免還有點拘泥局限吧。

子貢繼續發問，曰：「何器也？」那請老師您說說，我像個什麼器皿？

說子貢「器也」，孔子的本意，多半是說子貢還有點局限，「器」字用做形容詞。這其間的意味，子貢應該是明白的。但子貢在當場，顯出幾分淘氣，偏偏把「器」字按名詞來理解。老師您說我像個器皿、像個東西，一語雙關批評我，那您得給我說清楚了：我到底像個什麼東西？

孔子當即回答，曰：「瑚璉也。」你呀，像個瑚璉吶。

夫子既然用了「器」這一多義而可能偏解的詞語，所以將錯就錯，說子貢像是一隻瑚璉。瑚璉，是宗廟祭祀中盛黍稷的容器。歷來解釋，都說瑚璉屬於一種豪華的禮器，具有「高、貴、清」的品質。

說你像是一隻器皿，但你像是瑚璉那樣的高貴器皿，這對你到底是一種相當豪華的褒揚啦。當然，老師我褒揚你，說你是瑚璉，但它畢竟只是一隻器皿。你聰明過於常人，這中間的意味還不明白嗎？

是啊，君子不器。這是夫子婉轉而語重心長的批評教誨啊。

子貢受教。不再糾纏。

一椿睡午覺的公案

宰予晝寢。子曰：「朽木不可雕也，糞土之牆不可杇也；於予與何誅？」子曰：「始吾於人也，聽其言而信其行；今吾於人也，聽其言而觀其行。於予與改是。」

——公冶長篇．第十章

我們前面說過，《論語．公冶長》篇，不少章節都是評價、表彰弟子們的。但孔子評價弟子們，準確而有分寸。即或表彰獎掖，也多半不曾把話說滿了。

該篇第八章，孔子回答孟武伯的詢問，集中說到子路、冉求和公西赤三個弟子。子路的性格最是剛猛率真，夫子對之評價相當高，認為可以給千輛兵車的大國負責軍政事務。冉求可以給千戶人口的私邑當長官、可以給百輛兵車的大夫封地作宰臣。公西赤，可以穿起禮服，立於朝廷之上，讓他接待外賓、辦理外交。

幾個弟子是這樣的治國人才，夫子卻一概都說不知其仁也。對仁德的追求，是士君子終身的目標，乃至是終極目的。誰人敢說已經達到了仁的境界呢？孔子這樣講話，可以看做是對弟子們的嚴格要求吧。

儘管不知其仁，但夫子對幾名學生的肯定和舉薦，是顯而易見的。彷彿知子莫若父，夫子對弟子們的那種關愛之情，躍然紙上。

然而，到了第十章，似乎兜頭一轉，出現了異樣的聲音。

《論語・公冶長》篇第十章，宰予晝寢。子曰：「朽木不可雕也，糞土之牆不可杇也；於予與何誅？」子曰：「始吾於人也，聽其言而信其行；今吾於人也，聽其言而觀其行。於予與改是。」

這段話的完整譯文如下：宰予在白天睡覺。孔子說：「腐爛了的木頭雕刻不得，糞土似的牆壁粉刷不得；對於宰予，有什麼可責備的呢？」孔子又說：「最初，我對人們，聽到他的話，便相信他的行為；如今，我對人們嘛，聽到他的話，卻要考察他的行為。從宰予的事情上，我改變了態度。」

這是兩段話。第二段話，也是孔子針對宰予晝寢發出的。或曰，是《論語》的編纂者，即孔子的再傳弟子們認為，後一段夫子的話也是針對宰予晝寢的。

不言第二段，單是第一段，按慣常的理解，孔子對宰予的評判也足夠嚴厲。朽木不可雕也，甚至成為人們批評不可造就者的一句經典話語。

宰予果然是那樣不可造就嗎？「晝寢」，如果只是字面上的「白天睡覺」、而不是「白晝宣淫」，是那樣不可饒恕嗎？孔子對別的學生關愛有加，何以對宰予這樣嚴厲苛刻呢？對此，我們有必要進行一點探討，尋根究底一回。

假設，在孔子學院，沒有午休制度；前來求學的弟子，不可以白天睡覺。那麼，宰予白天睡覺，就是違反學校紀律，當然不能允許。可是，我們要問，宰予違紀，是初犯還是屢犯？

如果他只是初犯，孔子何至於那樣過激批評？近乎詛咒？

如果宰予竟然是屢犯，那麼孔子學院的教育功能何在？或曰，宰予屬於屢教不改，天生不可救藥，何不開除之、將其逐出門牆？而事實上，宰予是孔子的及門弟子，追隨夫子到底，並且位列「孔門十哲」之中。

而且，孔子下面的話也頗費解。於予與何誅？對於宰予有什麼值得責備的呢？前面是嚴厲的責備，後面又說不值得責備。這到底又是怎麼回事？

質言之，非常可能的是，對孔子的原話，隔代弟子的理解已經走偏了。他們認為孔子是在批評宰予，所以又添加上了本來不相干的後一段話。這樣一來，彷彿宰予成了一個反面典型。

按照常情推斷，寬厚溫良的孔子，不會那樣過激批評一個列於門牆的學子。如果宰予屬於朽木不雕、糞土之牆，則孺子不可教，宰予怎樣可能列於孔門十哲之中呢？

參研不少關於《論語》的注釋解說，就「宰予晝寢」的疑問，南懷瑾先生在他的《論語別裁》中有非常新穎的一種解說。南先生認為，非常可能的是：宰予晝寢，不是品德問題，而是身體原因。宰予不應該那樣頑劣懶惰，只是身體不好而在白天不得不休息假寐。他的身體狀況，相當差，如同朽木爛牆一樣。對於這樣身體的宰予，有什麼可多加責備的呢？

始吾於人也，聽其言而信其行。宰予一定表示過，要努力讀書、苦學六藝，開始孔子對此並不懷疑。今吾於人也，聽其言而觀其行。不僅要聽他的言辭表白，還要看他的實際表現情況。於予與改是。正是人的特殊性，夫子看到宰予的個體情況，改變了自己的固有思維方式。

這樣理解，大概才是孔子的原意。這才是夫子之仁。

一壺醋的辯證法

子在陳，曰：「歸與！歸與！吾黨之小子狂簡，斐然成章，不知所以裁之。」

——公冶長篇・第二十二章

子曰：「孰謂微生高直？或乞醯焉，乞諸其鄰而與之。」

——公冶長篇・第二十四章

《論語・公冶長》篇第二十四章，孔夫子鄭重其事談到有關一壺醋的事兒。事兒雖然不大，牽扯到孔子對人的品格評價，牽扯到後人對孔子這段話的一些爭議。筆者覺得有必要費些筆墨說說這壺醋。

《論語・公冶長》篇，可以看做是集中了孔子評價、臧否人物的一篇文字。除了評價自己的多名學生，孔子還評價了歷史上的和同時代的若干人物。

從該篇第十五章到二十一章，孔夫子議論到孔文子、子產、晏子、臧文仲、令尹子文、陳文子、季文子、甯武子這些人。從二十三章到二十五章，接著議論到伯夷、叔齊、微生高、左丘明這些人。

在上述篇章中間的第二十二章，南懷瑾先生認為是一個關鍵點。

楊伯峻先生的譯文如下：回去吧！回去吧！我們那裡的學生們志向高大得很，文采又都斐然可觀，我不知道怎樣去指導他們。

楊先生的譯文，我感覺最後一句譯得不通。孔子要回魯國，卻不知道如何去指導那裡的學生，這能講得通嗎？

正確的翻譯，不知所以裁之，應該是承上文「吾黨小子」。通篇的意思，多數翻譯家認為是這樣的：孔子周遊列國，大道不行，夫子決心回到魯國從事教育，寄希望於文明的傳承。魯國跟從孔子的學生們，不僅志向高大，而且文采斐然。他們人格的狂放、文采的高揚，固然是優點，但他們畢竟年輕，缺少磨練，還不懂得如何剪裁、節制哩！

南懷瑾先生認為：夫子要回魯國，他始終關注著魯國的政局，魯國當政者其實也不會無視孔子的歸來。本篇文字所以連連臧否人物，這是孔子給魯國當局當政者們發出的信號。此說應該不無道理。

該篇第二十一章，子曰：「甯武子，邦有道，則知；邦無道，則愚。其知可及也，其愚不可及也。」甯武子其人，國家清明有道，就聰明任事；國家誤導昏暗，就裝傻不幹事。他的聰明，人們趕得上；那種裝傻，人們怕是趕不上。評說甯武子，或許就是夫子自道：我改變不了你們的無道狀態，我裝傻。我回去閉門搞教育，我專心傳道。

第二十三章，子曰：「伯夷、叔齊不念舊惡，怨是用希。」伯夷叔齊這兩位前代賢人，不記已經過去的仇怨，別人對他們的仇怨也就沒那麼多了。南懷瑾先生認為，這也是孔子借評價古代賢哲向魯國當政者發出的信號。孔某這就要回魯國了，希望大家都能不提當年過節，消除積怨，相安無事。

第二十四章，就講到關於一壺醋的故事。一壺醋，多大的事兒呢？孔夫子卻當回事兒來講了，《論語》的編輯也當回事兒來鄭重記載了。於是，我們也有必要詳解一回，看看這壺醋到底是不是一回事兒。

子曰：「孰謂微生高直？或乞醯焉，乞諸其鄰而與之。」誰說微生高這個人直爽？有人向他討點醋（他沒有卻不說），到鄰人那兒轉討一點給人。

士不可以不弘毅。夫子提倡直道。宣稱以德報德，以直報怨。

如果僅就字面來理解這段《論語》，孔子確乎是就此認為，微生高其人不直。有就是有，沒有就是沒有；自家沒有醋，何不直說呢？微生高找鄰居轉討一點來，這不是兜圈子、繞彎子嗎？

孔夫子這樣評價微生高，是否合乎情理？有人討一點醋，微生高恰好沒有；找鄰居轉借一點，給了討要者。這是人之常情，一般百姓或許也會這樣做。孔夫子就此評價微生高不直，莫不是有些小題大做了？說得嚴重些，孔夫子是否有點不近人情了呢？

後世解經家，朱熹、二程，從來不敢多少懷疑孔聖人。他們甚至進一步貶斥微生高，向鄰居轉討一點醋來給人，屬於「掠美示恩」。按他們的評價，微生高不僅不直，簡直就是虛偽奸詐之徒。

孔子高大，高不過天理人情；或曰，孔子所以高大，正因為他推崇天理人情。讓我們回到這段原話，回到孔子講這句話的具體語境，不必姑息朱熹、二程等解經家的陳說，關於這壺醋的題解，或許能別開生面。

孰謂微生高直？或乞醯焉，乞諸其鄰而與之。誰說微生高其人只是一味的直呢？有人向他討點醋，他不說自家沒有，到鄰家轉討一點滿足了來人。

事實上，關於微生高和一壺醋的事情，孔子原話只是一種客觀的敘述，並沒有特別顯見的褒貶。顯見的褒貶之義，都是後人的強解。

夫子要回國講學，不再堅持繼續周遊列國，這是直、還是不直？他希望為歸國投身教育創建良好的環境，準備像晏子一樣「善與人交」，像伯夷、叔齊一樣「不念舊惡」，這是直、還是不直？

夫子舉出微生高的例子，應該是說君子懂得權變。正道直行而又能權變，才是君子之道。

這裡有一點辯證法。這是一壺醋的故事所包含的一點辯證法。

「乘桴浮於海」的困惑

子曰：「道不行，乘桴浮於海。從我者，其由與？」子路聞之喜。子曰：「由也好勇過我，無所取材。」

——公冶長篇・第七章

子路有聞，未之能行，唯恐有聞。

——公冶長篇・第十四章

《論語》中的許多篇章，記錄的是孔子和他的弟子們的會話，包括孔子對若干弟子的評價。這些篇章，彷彿一幅幅人物素描，勾畫出了眾多的人物形象。使後來的讀者「如聞其聲，如見其人」。

忠實追隨夫子的弟子們，猶如眾星捧月，托舉著我們偉大的聖賢；而偉人聖哲的耀眼光芒，也無私地照亮了眾多弟子。

顏淵、子貢、子夏、子路等等，這些孔門弟子，各有人格建樹、功業建樹。但他們沒有任何著述傳世，也沒有再傳弟子記錄他們的行狀。如果沒有孔子對他們的大力舉薦表彰，沒有《論語》對此的忠實記錄，他們也許就會永遠湮沒在歷史的暗影中。是聖人孔子，不藏人善，真正己欲立而立人、己欲達而達人。恰恰是大家的師尊，師尊的語錄，使學生們的言行形象留駐於偉大的經典之中。

子路，幾乎可以說是其中最生動的形象。仲由，字子路，小於孔子九歲，卞人。卞地故城在今山東平邑縣東北的仲村。這條山東漢子，幾乎是讀者感到最可親的一位兩千多年前的好兄弟。

在集中評價表彰弟子們的《論語・公冶長》篇裡，毫不意外，孔夫子果然談到了子路。該篇第七章。子曰：「道不行，乘桴浮於海。從我者，其由與？」子路聞之喜。子曰：「由也好勇過我，無所取材。」

楊伯峻先生的譯文如下：孔子道：「主張行不通了，我想坐個木簰到海外去，跟隨我的恐怕只有仲由吧！」子路聽到這話，高興得很。孔子說：「仲由這個人太好勇了，好勇的精神大大超過了我，這就沒有什麼可取的呀！」

按照楊先生的譯文來理解，孔子不像是表彰子路，倒像是批評子路了。我認為，這樣的翻譯並不準確。恐怕違背了孔子的原意。下面，讓我們試著詳解一回，爭取能夠盡量接近孔夫子的原意。

首先，孔子說的道不行，乘桴浮於海，這是孔子的一個假定。古來的解經家也大多是這樣認為的。事實上，儘管大道不行，孔子並沒有到海外去；而且，即便在語言的層面，「乘桴浮於海」也是一種假定。孔子終生，推行仁道不遺餘力；而道之不行，已是殘酷的現實。面對嚴酷的現實，聲稱乘桴浮於海，充其量只是聖人如同常人的一點情緒宣洩。

接下來，夫子說：從我者，其由與？這是基於前面假定情況的另一個假定。我認為：這後一個假定，才是孔子整句話的重心。如果我要「乘桴浮於海」，追隨我的，恐怕只有仲由吧？在這一由疑問句表達的假定中，其實是一種毫無疑問的肯定。即便是窮途末路，即便要面對可想而知的坎坷艱險，追隨我的，哪怕剩下一個人，這個人也會是子路。

這是怎樣的充分信任？這是怎樣的褒揚和獎掖？

子路聞之喜。聽到夫子幾乎是獨一無二的表彰，子路是喜悅的。設想換成任何別的一位弟子，也會有同樣的表現吧。

看到子路這樣高興喜悅，於是孔子有接下來的一句話。

由也好勇過我，無所取材。

對於夫子這句話，後人而復後人都認定：這是孔子在批評子路。對於這樣的認定，我以為是可以展開討論的。

楊伯峻的翻譯說，孔子認為子路「好勇的精神大大超過了我，這就沒有什麼可取」。子路是勇武的、勇敢的，乃至是勇於擔當的。即便他的好勇精神超過了孔子，就定然不可取嗎？孔子把自身的勇氣多寡，當做衡量他人勇氣的量化標準了嗎？

在《論語集注》中，程子則這樣認為：孔子並不真的要乘桴浮於海，子路卻認了真。所以，孔子說他好勇過我，是夫子美其勇；孔子又說他無所取材，夫子譏其不能裁度事理。這同樣是認定孔子在批評子路。我們可以設問：子路真的那麼蠢，真個以為夫子要乘桴浮於海嗎？子路聞之喜，是為要到海外旅遊高興起來的嗎？子路所高興者，分明是基於夫子對自己的無上信任和真誠獎掖。

所以，慣常的翻譯注釋，都不準確。沒有體察孔子的原話原意，被「無所取材」四個字搞糊塗了。預先認定、先入為主，認定這四個字是孔子批評子路的話，然後再來翻譯注釋，還能有什麼結果。所謂「差之毫釐、謬以千里」是也。

我認為，這段論語的整體精神，是孔子正面評價、由衷獎掖子路的。由也好勇過我，無所取材。孔子這句話的意思是：子路真是個勇者，好勇的精神大大超過我（他的這股勁氣，簡直拿他沒辦法）；誰都無法給他取掉、剪裁下來一截子吶！

在我們的印象中，子路是勇武剛猛的，率性天真的，有時還是易於衝動的。但他決不是一個莽漢，並不盲動躁動。在該篇第十四章，《論語》的編纂者不惜筆墨，又擺上來關於子路的一條記錄：

子路有聞，未之能行，唯恐有聞。

子路有所聞，還沒有能夠去踐行，生怕又有所聞。

聽到夫子的教誨，子路是要好生消化理解，然後付諸實踐，爭取聞一知一。他並沒有奢望像顏淵一樣「聞一知十」，甚至都不羡慕子貢的「聞一知二」。夫子的教誨，還沒有實踐，不曾做到，當然不想即刻又有新的課目。子路是勇武的，在追隨夫子求道的過程中，則又是極其謙沖的。

這，或者才是一個完整的子路；才是能夠追隨夫子乘桴浮於海的仲由。

夫子志向切忌曲解

顏淵季路侍。

子曰：「盍各言爾志？」

子路曰：「願車馬衣輕裘與朋友共敝之而無憾。」

顏淵曰：「願無伐善，無施勞。」

子路曰：「願聞子之志。」

子曰：「老者安之，朋友信之，少者懷之。」

——公冶長篇・第二十六章

《論語・公冶長》篇第二十六章，切而言之，是孔夫子的言志篇。

顏淵季路侍。

子曰：「盍各言爾志？」

子路曰：「願車馬衣輕裘與朋友共敝之而無憾。」

顏淵曰：「願無伐善，無施勞。」

子路曰：「願聞子之志。」

子曰：「老者安之，朋友信之，少者懷之。」

且說某一天，顏淵和子路兩個弟子侍立在夫子近旁。孔子說道：「何不各自說說你們的志向？」

好比會議發言，只要有子路在，不會冷場。那真是當仁不讓，快人快語。子路率先言道：「願意把我的車馬衣服和朋友們共用，使用壞了也不會遺憾。」

顏淵接著說：「願意不誇耀自己的好處，不表白自己的功勞。」

子路顏淵各自講過志向之後，又是子路，向孔子提出要求，說是願意聽聽夫子的志向。假如沒有子路要求孔子，也許《論語》上就不會有孔子明確昭示自己志向的這段重要言論了。

子路的志向，可以看做是「利他」型的。顏淵的志向，可以看做是「律己」型的。孔子的志向，則概括成三句話，老者安之，朋友信之，少者懷之。可以看做是「胸懷天下」型的。

孔子的志向，這樣三句話，楊伯峻先生的翻譯卻未能盡如人意。他的譯文是這樣的——孔子道：「（我的志向是）老者使他安逸，朋友使他信任我，年輕人使他懷念我。」

這樣的翻譯，看著彆扭，念著不順，覺著不對，在義理上甚至偏離了孔子的原意。

孔子的三句話，句式語法完全一樣。在翻譯上，應該做到統一才是。楊先生自己也聲稱，關於「安之，信之，懷之」，他的譯文把「信」與「懷」同「安」一樣看做動詞的使動用法。這當然未嘗不可，或曰這恰恰就是正確的。那麼，三個字既然同樣採取動詞的使動用法，這三個動詞的使動對象就應該是一定的，而不是隨意的。「老者安之」，楊先生譯作「老者使他安逸」，動詞「安」的使動對象是本句的主語「老者」。那麼，「朋友信之」，動詞「信」的使動對象就應該是本句的主語「朋友」。同理，「少者懷之」，動詞「懷」的使動對象也應該是本句的主語「少者」。

然而，「朋友信之」，楊先生卻譯作「使他信任我」；「少者懷之」，楊先生卻譯作「使他懷念我」。兩個動詞的使動對象，都變成了「我」，也就是說話的孔子。這就出現了翻譯規範的不統一。

參看張燕嬰先生的譯注本，他的譯文是這樣的：「（我的志向是）對老年人加以安撫，對朋友加以信任，對少年加以愛護。」應該承認，這樣的翻譯，使用規則統一，譯文正確，因而也符合孔子原話之原意。

由於楊伯峻先生的翻譯，規範不統一，所以就必然出現了譯文不準確、偏離了孔子原意的問題。孔子胸懷天下，立志建立道德社會，他希望在那樣的社會裡，老者得到孝養安撫，朋友們之間、人與人之間相互信任，少年得到關愛呵護，對全體民眾都能「富之教之」，那是一個小康社會，那是夫子和我們共同展望的一幅和諧幸福的社會圖景。胸懷天下的孔子，怎麼會念念於「讓朋友信任我，讓年輕人懷念我」呢？這樣理解孔子的志向，恐怕就有偏離曲解之嫌了。

或者，楊伯峻先生認為，孔子的志向，就是那樣的？作為一家之言，有何不可。我認為楊先生翻譯不準確，也只是一個初學者的個人看法。在我，不過是「知無不言」。我相信，大家的共同願望是一致的：應該把最準確的翻譯和注釋獻給讀者，以利人們更好地理解《論語》、理解孔子。

顏淵：求道派的典範

哀公問：「弟子孰為好學？」孔子對曰：「有顏回者好學，不遷怒，不貳過。不幸短命死矣，今也則亡，未聞好學者也。」

——雍也篇・第三章

子曰：「回也，其心三月不違仁，其餘則日月至焉而已矣。」

——雍也篇・第七章

子謂子貢曰：「女與回也孰愈？」對曰：「賜也何敢望回？回也聞一以知十，賜也聞一以知二。」子曰：「弗如也；吾與女弗如也。」

——公冶長篇・第九章

子曰：「賢哉，回也！一簞食，一瓢飲，在陋巷，人不堪其憂，回也不改其樂。賢哉，回也！」

——雍也篇・第十一章

通讀整部《論語》，我們可以發現：在眾多弟子中，孔夫子最喜歡也最欣賞的是顏淵；孔夫子對顏淵的獎掖推崇，幾乎達到無以復加的地步。

《論語・雍也》篇第三章，哀公問：「弟子孰為好學？」孔子對曰：「有顏回者好學，不遷怒，不貳過。不幸短命死矣，今也則亡，未聞好學者也。」

魯哀公詢問孔子，你的學生中哪個好學？孔子回答，有個叫顏回的好學，他從不怨天尤人，從不犯同樣的錯誤。不幸短命死了，現在再也沒有這樣的人了，再也沒聽過有好學的人了。

人誰無過？顏淵能做到「不貳過」，不再犯同一過錯；而且「不遷怒」，不怨天尤人。對於顏淵的「好學」，孔子作出這樣的評價，說的就不僅是學習態度、學習精神，包括了學識智慧，還有人格修養。

但是，顏淵的學識智慧再高、人格修養再好，孔子就放言認定：「現在再沒有這樣的人了，再也不聽說有好學的人了。」這樣講話，莫不是有點過頭了？除了顏回之外，孔子還有眾多弟子，並且其中有相當一部分人孔子也是非常喜歡的，孔子評價顏回的時候，就不慮及其他弟子的心情和感受嗎？

讓我們返回去讀《論語・公冶長》篇第九章，子謂子貢曰：「女與回也孰愈？」對曰：「賜也何敢望回？回也聞一以知十，賜也聞一以知二。」子曰：「弗如也；吾與女弗如也。」孔子問學生子貢，你和顏回，哪個強些？子貢回答說，我怎敢和顏回相比？他聽聞到一點，能推演知曉十點；我聽聞到一點，最多推知兩點罷了。孔子說，是啊，是比不上他；我同意你說的，是比不上他啊。

子貢也是孔子最喜愛的弟子之一，聰明好學，學有所長。通過上述師生之間的會話，可以說明：對顏淵的評價，大家是一致的。顏淵比孔子的眾弟子都強，這是公論。

《論語・雍也》篇第七章，孔子進一步介紹顏回的特出優長。子曰：「回也，其心三月不違仁，其餘則日月至焉而已矣。」顏回呀，他的心長久地不離開仁德；別的學生嘛，只是隔些日子偶然想起一下罷啦。

這兒，孔子推崇顏回，再次拿「其餘」眾多弟子來作比對。我們知道，顏淵是不幸英年早逝了。即便有蓋棺論定的原因，孔子言及這名優秀弟子，即便有「失去後更加珍貴」的心理原因，孔子對顏淵表彰誇許，是否有點過頭持滿了呢？

但孔子意猶未盡，且看該篇第十一章。子曰：「賢哉，回也！一簞食，一瓢飲，在陋巷，人不堪其憂，回也不改其樂。賢哉，回也！」顏回多麼有修養啊！一筐飯食，一瓢飲水，住在簡陋的小巷子，別人都受不了那窮困的憂愁，顏回卻總是不變其自有的快樂。顏回是多麼有修養啊！

在這兒，孔子贊許顏回，簡直就是一唱三歎。

但讀書到了此一章節，我們畢竟窺見了孔子大力贊許顏回的更為深層的緣由。除了聰敏好學，除了聞一知十，除了長久不違仁德，顏回有著最值得贊許的士子品格。那就是：安貧樂道。該篇第二十章，子曰：「知之者不如好之者，好之者不如樂之者。」對於任何學問和事業，懂得它的人不如喜愛它的人，喜愛它的人又不如以它為樂的人。顏回正是這樣的求道者，能夠安貧而樂道。志於道，而不恥惡衣惡食。世俗的地位、榮耀，乃至日常的衣食，統統不在考慮範疇。只是好學，只是求道，視仁道高於生命。維護葆育道統，以為自己的天職。

顏回，屬於典型的求道派，堪稱求道派的典範。滿腹經綸，胸懷天下，偏偏能夠貧居陋巷，不改其樂，這一點，恐怕是多數人難以企及的。

孔子以來，中國歷史走過了兩千多年。焚書坑儒，沒有焚盡詩書，也沒有殺盡儒生。民間陋巷，有顏淵之輩在。他們默默守護著偉大的道統。華夏文明道統不絕，正是因為我們的民族有著顏淵這樣安貧樂道的典範。

閔子騫：不合作的前驅

季氏使閔子騫為費宰。閔子騫曰：「善為我辭焉！如有復我者，則吾必在汶上矣！」

——雍也篇・第九章

《論語・雍也》篇第九章，記錄了孔門弟子閔子騫辭官不就的一件事。

季氏使閔子騫為費宰。閔子騫曰：「善為我辭焉！如有復我者，則吾必在汶上矣！」季氏叫閔子騫作他的采邑費地的縣宰。閔子騫對來人說：「好生替我辭掉吧！若是再來找我的話，那我一定會逃到汶水之北去了。」

汶水之北，暗指齊國之地。閔子騫堅決拒絕做官，寧可逃亡到國外去。《論語》平靜地記錄了這件事，客觀地記錄下閔子騫的話語，其中有什麼深意？這樣一件事，值得惜墨如金的《論語》拿出一個章節來記敘嗎？

讓我們還是將此一獨立的章節，放置於整部《論語》中來作有機的理解。

《論語・雍也》篇第八章，季康子問：「仲由可使從政也與？」子曰：「由也果，於從政乎何有？」

曰：「賜也可使從政也與？」曰：「賜也達，於從政乎何有？」

曰：「求也可使從政也與？」曰：「求也藝，於從政乎何有？」

魯國季氏的季康子，是把持朝政的權臣。他向孔子詢問子路、子貢、冉求這幾名弟子，是否可以從政？孔子分別對他聲明：仲由（子路）果敢決斷，端木賜（子貢）通情達理，冉求多才多藝，對他們而言，治理政事有什麼難的呢？

這章文字，就到這兒為止。季康子和孔子對話之後，有何下文？沒有說。梳理整部《論語》，參看有關古籍，孔子的學生多才多藝，多有治國人才，但他們多數沒有從政。有少數一些弟子，也只是曾經短期從政。多數弟子不從政，包括著名的顏回，安居陋巷不改其樂，這中間的人生抉擇是大有意味的。即便少數弟子曾經短期從政，《論語》中沒有任何文字對當官發財有過絲毫的誇許讚美。這同樣是大有意味的。

周轍東，王綱墮。孔子所處時代，已經禮崩樂壞，周天子被諸侯架空，諸侯被世家架空。儘管孔子不願意看到這種情況，這種情況幾乎已經無可轉捩。而這種情況即便無可轉捩，孔夫子也決不屈服形勢，而去助長之。有道則見、無道則隱，孔子和他忠實的追隨者，面對無道的統治者，採取的是一種堅決不合作的立場。

在《論語・先進》篇第十七章，當冉求幫助富於周公的季氏搜刮聚斂的時候，孔子厲聲疾呼：非吾徒也。小子鳴鼓而攻之，可也。冉求不是我們的人，你們學生們可以大張旗鼓地攻擊他。孔子的愛憎，是這樣的鮮明。對於一時有違仁道的冉求，即便他位列孔門十哲，孔子也是那樣疾言厲色，幾乎就要清理門戶了。

這時，我們回頭再看閔子騫的事蹟，一定會有一點更深的體味。

閔子騫的言行，就叫有道則見、無道則隱；堪稱富貴不淫、貧賤不移、威武不屈。當然，也可以稱之為「不合作」。

天下無道，當政者無道，士君子決不仕任。拒絕乃至逃隱，堅決不合作，本身就是在行道、衛道。拒絕與不仁合作，正是仁的題中應有。

「非暴力，不合作」，何必甘地？我們古來就有這樣的文明資源。

《論語》中短短一章文字所記錄描述的閔子騫，就是一位堅持不合作的光輝前驅。

冉雍：卑賤者的榜樣

子曰：「雍也可使南面。」

——雍也篇・第一章

《論語・衛靈公》篇第三十九章，子曰：「有教無類。」孔子興辦私學，宣稱有教無類，改變了「學在官府」的狀況，打破了只有貴族子弟才能讀書受教育、因之才能當官從政的傳統格局。孔門弟子，沒有出身貴賤、家境貧富、國別華夷的類分，孔子宣導並且踐行了「人人有受教育的權利」這一偉大理想。

作為孔子的一名優秀學生，冉雍出身是賤民，卻最終列於所謂四科十哲之中，可以看做是夫子踐行「有教無類」理想的一個成功範例。

《論語・雍也》篇，由於第一章率先提到冉雍，篇名就叫雍也篇。而且，該篇文字專門提到冉雍其人的章節，也是比較多的。

第一章，子曰：「雍也可使南面。」

孔子這句評價冉雍的話，一般的翻譯都是：「冉雍這個人，可以讓他做一部門或一地方的長官。」或者：「冉雍嘛，可以當官治理百姓。」其實，所謂南面，約定俗成的含義是人君聽治之位。孔子的原話，如果不是直接說「冉雍可以南面稱王」，至少有「冉雍頗具王者氣度」的意味。這樣的評價，非常高。幾乎達到至高無上的程度。如果說，孔子曾經評價子路，說他可以做千乘之國的軍政長官，那麼，冉雍就能夠做那個國家的君主了。冉雍，和顏淵、閔子騫、冉伯牛一同位列孔門十哲中的德行科，應非偶然。

請看該篇第二章。這裡記錄了冉雍和師尊孔子的一段對話，進一步展示了冉雍的修養才具。

仲弓問子桑伯子。子曰：「可也簡。」

仲弓曰：「居敬而行簡，以臨其民，不亦可乎？居簡而行簡，無乃大簡乎？」子曰：「雍之言然。」

仲弓（冉雍字）問起子桑伯子這個人。孔子說：「可以的，（就在於）簡單。」

仲弓說：「自處時嚴肅恭敬，行事時簡易不煩，這樣來治理百姓，不也可以嗎？自處時簡慢大意，行事時還是簡易不煩，不是太簡易了嗎？」孔子說：「冉雍說的話是對的。」

子桑伯子為政不繁瑣，不擾民。孔子基本認可，這樣的簡單行政是可以的。但冉雍將問題深入一步來探討。為政者準備臨民之前，如果只是「居簡」，處於一種較低的簡單狀態，不如「居敬」更好。居敬而臨民，出門如見大賓，使民如承大祭（見《論語・顏淵》篇第二章），心存莊敬，在具體處理政務中不繁瑣、不擾民，這樣豈不更好一些？

孔子當即肯定了冉雍。

通過上述這段師生會話，冉雍強調為政者居敬行簡，也能見出冉雍「可使南面」的素養。但這樣一位冉雍，出身卻是卑賤的。據說冉雍的父親屬於賤人賤民。這樣的家庭背景，在等級森嚴的春秋時代，會制約冉雍的發展嗎？會影響冉雍的心理狀況嗎？恐怕屬於題中應有。恐怕正是當時的嚴酷現實。

批孔家們詆毀孔子不遺餘力，曾經給孔子扣上「維護等級制度」的帽子。他們先入為主，秉承上意，可以完全不顧事實，對孔子做了「有罪推定」，然後對兩千年前的孔子進行缺席審判。而活生生的事實是：孔子有教無類，打破等級制度，吸收賤民之子冉雍來做自己的學生；而且，大力褒揚這名學生，給予至高的評價：可使南面。賤民之子怎麼樣？在孔子的眼中，只要他學有所成，秉持仁德，他不僅可以從政，而且完全可以充任一地的最高統治者。

孔子對冉雍的推崇，孔子言之鑿鑿的語錄，恰恰是對等級制度的摧毀。

到該篇第六章，孔子再次就學生冉雍發表議論。

子謂仲弓，曰：「犁牛之子騂且角，雖欲勿用，山川其舍諸？」

談到仲弓，孔子說：古來作祭祀的牲禮，是不用犁地的耕牛的；但耕牛的兒子，赤毛大角，即便有人不願用它，山川之神難道會捨棄它嗎？即便是耕牛之子，只要它真正夠得上做犧牲的條件，山川之神決不會捨棄它。

孔子的這段議論，是對等級制度、對「出身論」的直接挑戰。

孔子踐行「有教無類」。在他的門下，賤民之子，一樣獲得了平等地受教育的權利。

孔子蔑視等級制度。在他的眼裡，看到的是人，是生而平等的人。

孔子之後，過了一千多年，隋唐開科取士。像冉雍一樣的卑賤者，廣大老百姓的子弟，有了一條仕進之路。出身普通民眾的儒生士君子，從此進入仕途，得以參與君臣共治天下。

思想上，觀念上，包括實踐中，是孔夫子開天闢地，隻手擎天，開拓出了那樣一條先河。

無怪乎後人發出了這樣的感喟浩歎：天不生仲尼，萬古長如夜。

君子跳井之辯

宰我問曰：「仁者，雖告之曰：『井有仁焉。』其從之也？」子曰：「何為其然也？君子可逝也，不可陷也；可欺也，不可罔也。」

——雍也篇・第二十六章

《論語・雍也》篇第二十六章，記錄了學生宰我與夫子的一段對話。我的閱讀體會，感覺這是一道思辨題。

宰我問曰：「仁者，雖告之曰：『井有仁焉。』其從之也？」子曰：「何為其然也？君子可逝也，不可陷也；可欺也，不可罔也。」

楊伯峻先生的譯文如下：

宰我問道：「有仁德的人，就是告訴他：『井裡掉下一位仁人啦。』他是不是會跟著下去呢？」孔子道：「為什麼你要這樣做呢？君子可以叫他遠遠走開不再回來，卻不可以陷害他；可以欺騙他，卻不可以愚弄他。」

原文「君子可逝」的「逝」字，楊先生用「往而不返」之義。但「逝」與「折」古時通用，張燕嬰先生的翻譯就用此義。「君子可以被摧折，不可能被陷害；可以被行騙，不可能被愚弄。」兩種翻譯，我看都可以。無害本旨，沒有原則衝突。

作為古文翻譯，一般說來，只是將文言譯成白話。兩位先生的譯文當然都做到了。但對於宰我和孔子的這段對話，即便翻譯是準確的，合乎翻譯規範的，就字面來讀是明白如話的，然而師生這段對話的本意或曰深意，我們通過譯文卻到底不得明白。宰予究竟是在探究一個什麼問題？孔子究竟是在什麼層面上回答了弟子的問題？對此，筆者認為有必要作進一步的探討和開掘。

《論語・公冶長》篇，記錄了「宰予晝寢」一段公案。筆者在前面已經就此寫過一則文字，發表了一點看法。南懷瑾先生判斷，「宰予晝寢」，可能是宰我身體不強，白天需要休息。南先生此說，我以為言之成理。

如果展開思路，作為探討，「宰予晝寢」還有另外的若干種可能。我們知道，宰我是孔子高足，列為孔門十哲，與子貢兩人都屬於言語科。宰我所以列在言語科，也許並不是辯才無礙、言辭滔滔，而是對語言敏感，對之有獨特的悟性。透過老師的話語表面，往往能舉一反三，想得更深。他的白天睡覺，可能確實是在蹺課，聽懂了的就不再浪費時間；也可能是陷入某種冥思，對問題在作形而上的思考。

這樣分析的話，那麼宰予就是有思想、肯思考的另類學子。後面，到《論語・陽貨》篇第二十一章，對於儒家視為天經地義的三年守孝制度，宰予都曾提出了獨立的看法，與尊師孔子有過論辯。我們不妨說，宰我其人有思辨的愛好。對孔子話語、對經典的微言大義，喜歡深入思考，探微燭幽，而能進入到形而上的層面。

孔夫子對於這樣一位略顯另類的弟子，於予與何誅，不加批評責備。這當然顯出孔子的包容精神和博大情懷。師生研討學術，允許學生講話。學生可以別出心裁，先生不怕奇談怪論。

於是，宰予就向孔子提出了「君子跳井」的問題來了。

井有仁焉，一般的翻譯都是說，井裡掉下一個仁人。這樣的翻譯，將「仁」定解為「仁人」。那麼，宰予就此提出的問題就令人費解。井裡掉下人去，一般說來井上的人面對的是如何救人的問題。即便掉下去的是一位仁人，井上的仁者哪裡會跟著跳井呢？如果我們認定，宰予的問題就是這樣的，那麼孔子的回答就給讀者帶來了新的糾結：孔夫子的回答，怎麼會文不對題呢？

所以，我認為：從一開初，慣常的翻譯就已經錯了。井有仁焉，不是井裡掉下一個人、一個仁人，而是井裡有仁德仁道的意思。

關於追求仁德、仁道，宰予說的是一種極端的情況。也是一種象徵。作為追求仁道的人，假如有人說「井裡有仁道」，那麼這位追求者，應該不顧一切跟著跳下去嗎？

求道，可以不計後果嗎？追求仁道，可以奮不顧身嗎？我們應該知不可為而為之嗎？作為學生應該盲從老師嗎？為著求道而不顧人亡身死，道之何存呢？所以，宰予的問題，不是跳井的問題，也不是救人的問題。他只是借用「井」來比喻象徵，把問題推到極端。他提出的，是帶有形而上意味的一個問題。或曰，是關於追求仁道的一點困惑。

我們對宰予的問題把握準確了，才能領略孔子回答問題的深意。

對於宰予的提問，孔子首先沒有誤讀和偏解，所以不存在「文不對題」的問題。

孔子正氣堂堂，從正面回答，何為其然也？怎麼會這個樣子呢？你舉出的井有仁焉，首先就是個偽命題。仁德、仁道，堂堂乎於天地間，怎麼會在你說的「井」裡？有人說井有仁焉，這樣的說法本身就是一個陷阱。君子仁而知，應該能夠識破這個陷阱。所以，孔子下面進一步發揮道：君子可逝也，不可陷也；可欺也，不可罔也。君子求道，殺身成仁者有之，他可以被摧折，卻不可能被陷害；君子可以被騙，可能被人「欺以其方」，卻不可能被「罔以非其道」，不可能被愚弄。

這段《論語》的價值，在於其中的思辨意味。喜歡冥想多思的宰予，提出了一個近乎形而上的問題。他也許是在說：天下滔滔，到處禮崩樂壞，整個國家成了一口黑暗的陷阱，我們還要堅持追求仁道嗎？

我們的孔夫子，矢志不移。即便四處碰壁，備嚐艱辛，孔子與他的忠實追隨者，知不可為而為之，堅守仁道，之死靡它。

不惟孔子生前，抑且在他死後，儒學，仁道，果然受到了太多的摧折。秦始皇和後來的秦始皇們，都曾經不遺餘力焚書坑儒。坑，不就是井嗎？挖坑活埋，慘無人道。

飽受摧折，而詩書尚在，堅持讀經、奉行仁道的士君子殺而不絕。直到當今，就在此時此刻，我們還在思考兩千多年前宰予提出的那個問題。君子可逝也，不可陷也。仁道可以任人詆毀，污蔑批判，它的光焰不滅，價值永恆。

該篇第十七章，子曰：「誰能出不由戶？何莫由斯道也？」孔子說，誰能夠走出屋外不從房門經過呢？怎麼會沒有人遵循我提倡的仁道呢？

如果說，井有仁焉是一個假定的虛擬；誰能出不由戶就是一個精彩的譬喻。

與其說，孔子有著大道不行的困惑；莫如說，孔子更有著大道必將風行的自信。

「子見南子」可對天

子見南子，子路不說。夫子矢之曰：「予所否者，天厭之！天厭之！」

——雍也篇・第二十八章

《論語・雍也》篇第二十八章，客觀記錄了孔子去見衛靈公的夫人南子的史實。

子見南子，子路不說。夫子矢之曰：「予所否者，天厭之！天厭之！」孔子去和南子相見，子路不高興。孔子發誓道：「我要有不當之處的話，天厭棄我吧！天厭棄我吧！」

子見南子，是歷史真實。司馬遷的《史記》對此有較詳細的描述。隔著紗幕，孔子向北面叩頭行禮；南子在帷幕中兩番還禮回拜，身上環佩之聲連連作響。太史公在五百年之下，這樣的描述，有如親見親聞，未免令人懷疑其根據。

孔子信而好古，卻堅持述而不作。編纂論語的孔門後學，堅持了嚴謹的述史立場。子見南子，具體情景如何？知之為知之、不知為不知，就是那麼四個字。弟子們有何反應？還是四個字，子路不說。

子路不悅，當然有他不悅的道理。南子，不僅恃寵而驕，把持衛國朝政，而且名聲不好，有淫亂之名。即便按照禮俗，到一個國家有拜見國君夫人的禮節，弟子們也認為，夫子不該自降身分去見那麼個女人。

可以想見，對於子見南子，弟子們大概難免議論紛紛。而子路剛猛，向來快人快語，公然地而不是私下裡表示出了他的不滿。這便引出了夫子的對天發誓。夫子矢之，毫無疑問就是發誓。而且連呼天厭之，叫做連連賭咒。子路不悅，如果事態還不算嚴重，那麼由之引發出夫子的賭咒發誓來，事態就足夠嚴重了。子見南子，終於變成了一個不容迴避、不容輕視的事件。

孔子之後的古今解經家，出於對孔子的景仰，對子見南子這一事件多所曲意回護。孔子的指天誓曰：予所否者，天厭之！天厭之！有人這樣注釋：我所否定的人，天都會討厭的。南子其人真的如傳聞而言那麼壞嗎？其實不然。所以，我去見見南子，沒有什麼了不起。這樣注釋，當然也可以作為一家之言。但這樣的一種回護，事實上難以封堵悠悠眾口。

子見南子，引發了子路為首的弟子們的不滿，恐怕屬於真情。孔子在陳絕糧，子路不也曾有過慍怒不高興的嗎？弟子們對夫子一時不能理解，這又何損夫子之高大？問題在於，子見南子這件事，怎樣就到了孔子不得不賭咒發誓的地步？

以下，筆者試著對此進行一點個人的描述。

孔子對衛國的情況，國君荒殆、南子風流，包括南子干政，應該說瞭若指掌。各國的君子，來到衛國想和衛君結交的，都會去拜見南子夫人，多半也是事實。那麼，孔子帶領弟子們來到衛國，希望推行大道，要不要禮節性地見見南子？南子把持著衛國多一半的朝政，即便我們拒絕走「夫人路線」，面對衛國現實，通過南子向衛君施加一些影響，可以不可以？或許，孔子和弟子們就此有過若干研討。大家的一致意見，包括夫子自己的意見，都不同意去見什麼南子。

然而，事情發生了意想不到的變化。非常可能，孔子見南子，就是一次衛國宮廷的臨機安排。比方，衛靈公單獨會見孔子，突然提出要孔子見見「寡小君」；比方，就在衛靈公會見孔子的現場，南子突然現身。這都是可能的。孔子倉促之間，來不及與弟子們溝通情況，事情竟然就已經發生了。

在孔子，事情儘管是猝然臨之，卻也是「既來之則安之」。正氣堂堂，既不失禮，也不越禮。子見南子，子見南子而已。

子見南子，竟然發生了。弟子方面，子路不說，也是太正常不過。大家當然不會猥瑣卑俗到懷疑夫子其他上面。而是覺得夫子正大高貴，大不該降低身分，等同於尋常的多國君子去拜會那個名聲不佳的南子；對於推行大道於事無補，反而可能遭人褒貶。夫子啊，你怎麼竟然就去見她了呢？

子見南子，到底還是發生了。弟子們對此事有所不滿是真的；孔子認為自己此事並未做錯也是真的。事情發生的原委，偏生又是不易剖白。

這事如何解釋得清楚？如何才能及時平復弟子們的強烈不滿？

我們大可不必高推聖境，鼓吹孔子無所不能，處理任何棘手的問題都會迎刃而解。我們的夫子，此時此際，只剩下此心對天：

知我者其天乎？

被人誤解而不得剖白，唯有無愧於心、無愧於天。我們讀書至此的讀者們，大家沒有過這樣的人生體驗、不曾面臨過這樣的時候嗎？

癡人說夢見周公

子曰：「甚矣吾衰也！久矣吾不復夢見周公！」

——述而篇・第五章

《論語・述而》篇第五章，子曰：「甚矣吾衰也！久矣吾不復夢見周公！」孔子說：我衰老得太厲害了！好長時間我都沒在夢中見周公啦！

這麼一段話，這樣一件事，為什麼會載上煌煌經典呢？設身處地來揣想，《論語》的編纂者一定認為有這個必要。這是值得記載的。

周公參與托舉盛世、輔佐賢君、制定禮樂，有種種政績德行。在孔子之前，周公是整合中國文化的巨匠，無疑是孔子心目中最敬服的聖人之一。孔子聲言很久沒有夢到周公，一方面是對自己漸次衰老的人生感慨，一方面也是對盛世不再的無奈浩歎。

那麼，孔子在先前經常夢到周公嗎？

這一點，回答應該是肯定的。

該篇第二十一章，子不語怪、力、亂、神。孔子從來也沒有裝神弄鬼，從來也沒有假托神跡蠱惑徒眾。孔子從來沒有神化過自己，孔門弟子百世傳承也從來沒有把夫子偶像化。

有人持論，說中國自古沒有西方式的宗教，好像就短缺了什麼，似乎為之頗有憾恨。質言之，中國沒有嚴格意義上的宗教，沒有宗教戰爭、沒有宗教裁判所、沒有中世紀黑暗，沒有上帝佛祖天堂地獄六道輪迴，這正是華夏文明的神奇！

按常情常理推論，日有所思、夜有所夢。因崇敬追思周公，會有可能夢見心目中的聖賢。孔子並沒有以夢見周公而自得沾沾，也不曾因之就傲視他人。許久不再夢到周公，他倒是老實地宣示了自己的惆悵與沮喪。

有個成語「癡人說夢」。從別樣的意義上來看待，情癡而專，志癡而堅。孔子夢想的，嚮往的，是周公禮儀，是道德社會，是仁德仁道如何能廣被眾生。許久夢不到周公，是對當前現實、包括對自我作為的巨大失望。甚矣吾衰也！簡直太失望啦！

《論語》，客觀地記錄了孔子的這樣一句話，窺探到了孔子曾有的某一精神層面。孔子推崇周公，追懷三代，對不再夢到周公而耿耿於懷，並不掩飾自己對復古的偏好，從來沒有把自己打扮成激進的革命派。

我們回頭參看該篇第一章，子曰：「述而不作，信而好古，竊比於我老彭。」孔子自承：闡述而不創作，相信並且喜歡古代文化，我私下裡把自己比作老彭。

身處亂世紛紜，孔子放言信而好古，祖述堯舜、憲章文武，頑強地堅持道統，那是怎樣的偉大業績？孔子卻謙稱自己只是述而不作。至於「老彭」，有的注釋家認為是一個人，可能是商代的賢大夫；有的認為是兩個人，老子和彭祖。老彭，在孔子言說的語境，當時人們一定是相對耳熟能詳。體味孔子整句話，一貫謙沖的夫子，並不是以比附老彭而自詡，倒是有幾分自嘲揶揄，說自己像老彭一樣是個老古董。

孔子不諱言「好古」，近百年以來的批孔運動則就此大做文章，曾經大肆批判抨擊孔子「復古」。在此，我們不能不提到二十世紀中國曾有的疑古風潮。

中華歷史久遠度超過歐洲，歐洲中心主義不高興，假洋鬼子也不高興。獨立成長的東方文明，難以整合到歐洲中心主義的世界文明史中，洋鬼子很惱火，假洋鬼子們也立即作惱火狀。日本人詆毀說，堯舜禹是中國人編造出來的，堯是香爐、舜是燭臺、大禹乃至是一條爬蟲。鬼子心術，何足為怪。怪在中國的所謂疑古學派即刻全盤搬來，以倭為師，人云亦云，矮化自我。

堯、舜、禹前三王如果真的並不存在，我們記述歷史的前人豈不都成了一些居心叵測的騙子。否定中華民族久遠的文明史，殖民主義都無法辦到；假洋鬼子們開門揖盜，甘為殖民主義前驅，為虎作倀，好不踴躍！

凡愛國者，無不珍愛自己的文字、文化、文明。假洋鬼子們竟然嚎叫，要取消漢字，要燒掉所有線裝典籍。數典忘祖，一致於斯。

考古學者和專家，不屑與疑古學派爭辯。他們揮汗如雨，寧可讓地層下的證據來說話。當考古的鐵鏟揭去歷史的塵封，商文化、夏文化，包括堯、舜、禹前三王時代的地下沉積終於重見天日；這在同時，也就挖掘了埋葬疑古狂人們的墳墓。

天道好還。疑古的狂潮沒有淹沒所有，批孔的雪崩沒有摧毀一切。如礁岩頂住了狂潮的衝擊，有人在山崩地裂般的雪崩傾瀉中艱難地站住了。現在斷然說已經到了重新整合中華文明的時候，或許為時尚早；但這樣的時候，遲早將要到來。

收受束脩又如何

子曰：「自行束脩以上，吾未嘗無誨焉。」

——述而篇・第七章

《論語・述而》篇第七章，子曰：「自行束脩以上，吾未嘗無誨焉。」孔子這句話，一般的翻譯都是說：只要是主動地給我一點見面薄禮，我從沒有不教誨的。

關於束脩，慣常的解釋都是指一束乾肉。「脩」是乾肉，又叫脯。每條脯是一脡，十脡為一束。束脩，後來就特指學生送給教師的酬禮，成為教師薪酬的代稱。或者，在孔子所處的當時，「束脩」也可能已經是代指見面禮的名詞了。不然的話，每個學生都拎著乾肉來，孔子興辦的私家學院就成了存放乾肉的場所了。

但依照上面的解釋，「束脩」即便就算是一份薄禮吧，那也足以證明：孔子教授學生，是要學費的。「束脩以上」，學費最低要十條乾肉，上面不封頂，多多益善。貧寒人家子弟，無論多麼有天賦、愛讀書，如果拿不出十條乾肉，可能就不得入學，得不到孔子的教誨。

孔子要收受學費，他的有教無類是有條件的。這就給了臭名昭著的批孔家以詆毀孔夫子的口實。

上個世紀，是一個中國人自己批孔、瘋狂詆毀自家古代聖賢的世紀。清末以來，政治上的腐敗黑暗、經濟上軍事上的落伍，使中國在「以力勝人」的西方暴力之下連吃敗仗。若干激進的所謂改革家，認定上述諸多方面的落伍等同於華夏文明的衰落、傳統文化的落伍。他們留學東洋西洋，掮來種種貨色，欲要用夷變夏。

批孔，成為他們炫耀自己勇敢激進的表演作秀。孔夫子的不在場，使得他們氣壯如牛。他們作為洋鬼子摧毀殖民地文明的忠實前驅，玷辱自己的聖賢無所不用其極。孔子開天闢地興辦民間教育，也成為他們攻擊的目標。夫子主張有教無類，他們會絞盡腦汁見縫下蛆，說孔子教學要收學費。《論語》上白紙黑字，說學生們要交「束脩」，也就是學費。交不起學費的，孔子哪裡肯教誨他們？孔子聲稱的有教無類，豈不是自欺欺人嗎？

朱熹的《論語集注》，將「束脩」定解為乾肉，代指學費。這是朱熹對孔夫子的強行綁架。或者朱熹開壇講學，他是收受學費的吧。

但「束脩」一詞，原有多義。除了是指一束乾肉條，原本還有「束身自好」等解釋。於是，「自行束脩以上」就出現了別解。「束脩」就是有一定的自我修養。有教無類，是不搞等級出身，不搞臭名昭著的階級論、出身論。並不是不要學生的入學標準。學子具備有相當的道德修養、讀書程度，可與教誨、允許入學。這有什麼不可以？

另外，如果「行束脩」做一讀的話，古來還有年齡到了十五歲的解釋。孔子自稱「吾十有五而志於學」，古人十五歲為入學之年。那麼，自行束脩以上，吾未嘗無誨焉。還可以解釋為：自十五歲入學年齡以上者，前來求學，我沒有不教誨的。

當然，諸如以上這樣一些解釋，旨在證明孔子收錄學生不要學費。屬於維護孔子，用心可謂良苦。

我認為，我們大可不必迴避孔子收受學費的問題。平心而論，辦教育是要花錢的。民間辦學，孔子興辦私學，可以沒有經費嗎？有哪級國家政府部門給他撥款嗎？只要不是心術陰暗歹毒，對於上學要繳學費都是能夠理解的。那些留學東洋西洋歸來就大肆批孔的人物，始終讀的是免費學校嗎？時至今日，看看中國的教育現狀，高昂的學費且壓得無數家長們喘不過氣來呢！

設身處地想一想，孔子興辦私學，校舍場所、學生吃住、教材教具，哪樣不要花錢？孔子這方面的壓力夠大的。

作為個人，孔子何嘗貪戀過什麼富貴。該篇第十六章，子曰：「飯疏食飲水，曲肱而枕之，樂亦在其中矣。不義而富且貴，於我如浮雲。」吃粗糧，喝冷水，彎著胳膊當枕頭，也自有樂趣在其中。幹不正當的事而得富貴，在我看來猶如浮雲。

但在該篇第十二章，孔子卻意外地談到了求取財富的話。子曰：「富而可求也，雖執鞭之士，吾亦為之。如不可求，從吾所好。」財富如果可以求得的話，就是做市場的守門卒子，幹執鞭這樣的低級差事，我也幹。如果求它不到，我還是幹我喜好的吧。這兒，記載了孔子求富的話語。而且只要能求得財富，不惜自降身分，乃至聲言要赤膊上陣，去打工賺錢。也許，我們只能給出一個解釋：夫子缺錢，辦學需要錢。

那麼，前來求學的有條件的學生，拿幾條乾肉來作為見面薄禮，孔子收受下來，有什麼不可以？或許可以換得一點柴米，對辦學花費不無小補。孔子學院，規定一個最低學費標準，也在情理之中。拿這個做文章，詆毀孔子，適足見出批孔家的心術罷了。

魯迅、胡適等人，在大學當教授、罵孔子的時節，誰個不曾領取過數百大洋的薪俸？不知他們痛快地罵過孔子之後，自己偷偷計算過沒有，這些大洋能值多少條乾肉？亦不知他們可曾甘願義務教書、拒絕過那份不菲的束脩？

夫子何嘗想稱王

冉有曰：「夫子為衛君乎？」子貢曰：「諾；吾將問之。」入，曰：「伯夷、叔齊何人也？」曰：「古之賢人也。」曰：「怨乎？」曰：「求仁而得仁，又何怨？」出，曰：「夫子不為也。」

——述而篇・第十五章

《論語・述而》篇第十五章，冉有要弄明白一個疑問，卻是子貢去問的孔子。子貢問得非常智慧，耐人尋味。

冉有曰：「夫子為衛君乎？」子貢曰：「諾；吾將問之。」

入，曰：「伯夷、叔齊何人也？」曰：「古之賢人也。」曰：「怨乎？」曰：「求仁而得仁，又何怨？」

出，曰：「夫子不為也。」

冉有說：「老師贊成衛君嗎？」子貢說：「好吧，我去問問先生。」

子貢進到屋裡，問道：「伯夷、叔齊是什麼樣的人？」孔子道：「古代的賢人。」又問道：「（他們互相讓位，都不肯當孤竹國的國君）有怨悔嗎？」孔子說：「他們追求仁德，得到的就是仁德，又有什麼怨悔呢？」

子貢出來，說：「先生不贊成衛君。」

據楊伯峻先生《論語譯注》本的注釋，事情不是發生在夫子周遊列國的時候，那麼這兒說的衛君就不是衛靈公，而是衛靈公的孫子衛出公輒。衛靈公的兒子蒯聵得罪了南子，出亡晉國；靈公死後，衛國立輒為君。輒與父親蒯聵，爭奪王位鬧得不可開交。哪裡能和伯夷、叔齊那樣的古代聖賢相比。子貢沒有直接發問，而是引借伯夷叔齊故事，探知了夫子對衛出公的態度。

原文的「夫子為衛君乎？」一般的翻譯都是「先生贊成衛君嗎？」其中的「為」字，有幫助之義，譯作「贊成」，似乎更合原意。

但這個「為」字，本來有「作為、成為」之義，所以南懷瑾先生引用此義，原話就翻譯成了「先生要當衛國的國君嗎？」就字面解釋，也不好說錯。但深究題旨，則大違原意。

孔子的言論，多有時代背景。某一言論，離不開某時某地的具體語境。孔子帶領弟子們周遊列國，矢志傳道，同時希望有在諸侯國得位從政、施展抱負的願望。但嚴格考據論證，孔子從來沒有過奪取某國王位君位的念頭。

春秋時代，諸侯國多有弒父戮兄奪位、權臣大夫弒君易主的情況；這些情況正是夫子強烈反對、痛切抨擊的。平民士子奪取君位的情況，還沒有出現過。看到秦始皇出巡威儀，劉邦說「大丈夫當如是也」，項羽說「彼可取而代之」，那已經是秦國推崇暴力爭勝、以暴政君臨天下之後的事。

孔子怎麼會去當衛國君主呢？如果學生冉有是在這樣意義上的發問，是為失問。換言之，就這句話的理解而言，南懷瑾先生恐怕是誤解經典了。

孔子雖然說過天下有道則見，無道則隱的話，但終其一生，孔子並沒有隱居隱退。

孔子儘管始終不曾退隱，堅持入世濟世，但確實不曾有過當君王的念頭。

眾所周知的事實是，偉大的孔子終以素王名垂千古。

宣導普通話的聖哲

子所雅言，《詩》、《書》、執禮，皆雅言也。

——述而篇・第十八章

《論語・述而》第十八章，子所雅言，《詩》、《書》、執禮，皆雅言也。

這段《論語》，突出強調「雅言」。一般的翻譯都是說：孔子有用普通話的時候，誦《詩》、讀《書》、行禮，都用普通話。「雅言」，譯成了「普通話」。這樣翻譯，恐怕難稱全面。現代意義上的普通話，首先是白話，並非文言。所謂「普通」者，強調的也是相對於多種方言的標準讀音。而孔子時代的雅言，應該是文言。除了讀音，它還有相對區別於日常口語白話的意義。

所以，我認為：雅言，在遣詞用字的意義上，相對於大眾的日常口語說話，可以稱作官話；在讀音的規範上，相對地方話即方言，可以稱作普通話。官話，較多使用文言而非日常口語。在二十世紀中國宣導白話之前的漫長歲月裡，官話曾經在廟堂、官場，在文人雅士的圈子裡，在學子們讀書的學堂，佔有絕對話語權。當然，歷朝歷代通行的官話，除了使用文言，在讀音方面也應該是當時的普通話。

孔子誦讀詩書，祭祀拜會交際等正規場合，要用通行的官方語言，而且採用約定俗成的通行讀音。子所雅言，孔子在許多場合堅持使用雅言，這一點，堪稱難能可貴，意義非凡。

秦始皇一統中國後，宣導「書同文」，這當然是巨大的功績。但我們可以想見，這一宣導依託了相當堅實的舊有基礎。

周朝一統天下，承繼了殷商甲骨文的書寫傳統。它的眾多邦國，多數又是血緣諸侯國，文字書寫上要求統一是必然的。春秋戰國，大一統的王朝不再，漢字書寫，簡體、變體，所在多有；秦朝再次予以整合規範，順理成章。

這是漢字方塊字本身的功勞。這才是中華民族自立於世界東方、萬世一系的瑰寶。

中國之大，所謂水土原因，而有眾多的方言。如果實行了魯迅等人宣導的字母化，中國早已國將不國。中國大陸會出現不遜於歐洲板塊上那樣多的不同文字，那樣多的民族和國家。

方言不利於交流，中國人怎麼辦？前人已經給我們做出了榜樣，找到了辦法。那就是：除了「書同文」，在各地人等交流的時候，講話要盡量「語同音」。就是要講普通話。

孔子周遊列國，南至於楚；為了魯國安全，學生子貢外交遊說曾經到過吳越。他們說的是雅言。夫子教授弟子三千，誦讀詩書，用的還是雅言。

在所謂禮崩樂壞的春秋時代，中國方塊字沒有被撕裂，我們的語言沒有分崩離析。除了漢字，還有雅言，成為傳承文明的偉大載體，成為凝聚華夏億萬子民的強力黏合劑。

其間，孔夫子身體力行，使用雅言，功不可沒，堪稱古代宣導「普通話」的聖哲。孔子的弟子們，編纂《論語》這部語錄體文籍，因循的正是雅言。兩千多年以下，我們因之可以直接誦讀《論語》，不由感慨繫之。

天命所歸乃從容

子曰：「天生德於予，桓魋其如予何？」

——述而篇・第二十三章

子畏於匡，曰：「文王既沒，文不在茲乎？天之將喪斯文也，後死者不得與於斯文也；天之未喪斯文也，匡人其如予何？」

——子罕篇・第五章

《論語・述而》篇第二十三章，子曰：「天生德於予，桓魋其如予何？」

《史記・孔子世家》記載，夫子周遊列國到宋國，宋國司馬桓魋欲要誅殺孔子。孔子與弟子們在一株大樹下習禮，桓魋拔其樹。弟子們勸夫子趕快離開，夫子淡定從容，講了上面那句話：老天在我身上生出這樣的品德，賦予我傳承文明的如此重任，桓魋他能將我怎麼樣？

孔子堅守信念，為了心目中至高無上的仁道，能夠做到臨危不懼、威武不屈，這應該在我們的意料之中，不足為怪。但孔子像上面這樣講話，講到了天命所歸這樣的話語，是否有些過分自信、甚至有些狂傲？

《論語・為政》篇第四章，記載了著名的夫子自道，孔子自謂五十而知天命。孔子不是宿命論者，但並不否認天命。

在《論語・子罕》篇第五章，孔子再次表達了同樣的思想。子畏於匡，曰：「文王既沒，文不在茲乎？天之將喪斯文也，後死者不得與於斯文也；天之未喪斯文也，匡人其如予何？」孔子被匡地的群眾所拘禁，說道：周文王死了以後，一切文化遺產不都在我這裡嗎？天若是要消滅這種文化，那我也不會掌握這種文化了；天若是不要消滅這種文化，那匡人能把我怎麼樣呢？

文王周公之後五百年，一切文化遺產確實都在孔子這兒了。傳承這種偉大文明的重任，歷史性地落在了孔子的肩上。這正是天命所歸。面對種種坎坷，甚至是生命危險，孔子淡定從容，自信滿滿。這不是盲目的狂傲，而是清醒的信念；不僅是臨危不懼的勇氣，更其是捨我其誰的擔當。沒有這樣的自信，沒有這樣宗教般的情懷，就不會「知不可為而為之」，那也就不是偉大的孔子了。

那樣的堅信，與其說是孔子對自己的堅信，莫如說是他對仁道的堅信。

此刻，孔子與仁道已經合而為一。

而天道遠，人道邇。堅持仁道，傳承仁道，有賴於人。

近百年以來，中國的所謂文化精英，秉持西學，狂獗批孔。他們的良苦用心，不過是徹底摧毀中國的道統。仁義道德，被棄之如敝屣；仁道仁學，受到亙古未有的強烈懷疑。

相信仁道，傳承仁道，成為當代志士仁人的歷史重任。

我們還能具備孔子那樣對仁道的無比堅信嗎？

軸心期的無神論

「子不語怪、力、亂、神。」

——述而篇・第二十一章

《論語・述而》篇第二十一章，子不語怪、力、亂、神。孔子從來不談論怪異、強力、暴亂、鬼神。

整部《論語》，絕大多數章節都是記載孔子言論的「子曰」，而這一章文字強調的卻是「子不語」。孔子的言論，可謂包羅萬象，幾乎無所不談，偏偏不談怪力亂神，這中間傳達出的意味發人深思。

質言之，這裡彰顯的是人類脫離蒙昧時代的偉大理性，這是人類軸心期的無神論宣言。

所謂「軸心期」，是德國思想家雅思貝斯明確提出來的一種跨文化概念。軸心期到底指什麼？大略是說，西元前八〇〇年到前二〇〇年，中國、印度和歐洲，大約同期出現了某種文化突破現象。此前的文明，趨向於軸心期；此後的文明，發端於軸心期。軸心期概念的提出，當然是人類文明史研究的巨大進步。誰都不能否認，人類文明的演進，原來曾經呈現出的是多元的格局。傲慢的唯我獨尊的西方中心主義，總算承認印度古文明和華夏古文明的存在了。

眾所周知，在那個時期，印度佛陀誕生。在那個時期之後，西方基督教創立。佛教、基督教、伊斯蘭教，並稱為世界三大宗教。只有中國，恰恰在那個時期，走出了殷商的巫鬼時代（當然，殷商的鬼神是與祖先合一的），邁向覺醒的人的理性途程。

中國人沒有嚴格意義上的宗教信仰。我們沒有天堂地獄的概念，也不相信六道輪迴、成佛涅槃。中國數千年源遠流長不曾斷裂的文明，是獨立發展起來的。中國文化的原典裡，沒有神學的隻言片語。

在我們自軸心期以來確立的文明框架裡，天地之間，挺立著的就是人本身。人者，仁也。我們的宗教就是道德，天道人倫。

制定這種理性的文明框架的，是文王和周公；最終確立這一道統傳承下來的，是孔子。

孔子不信神，不迷信，他信什麼？

該篇第六章，子曰：「志於道，據於德，依於仁，游於藝。」孔子說：目標在道，根據在德，依憑在仁，游憩於六藝之中。

該篇第二十五章，子以四教：文，行，忠，信。偉大的教育家孔子，用四種內容教育學生：歷代文獻，生活實踐，對大義的忠誠，做人的信實。

《論語・雍也》篇第二十二章，樊遲問知。子曰：「務民之義，敬鬼神而遠之，可謂知矣。」樊遲問人的知性。孔子回答：致力於引領人民去做合於「義」的事，敬奉鬼神但又要遠離他們，這就可以說是具備知性了。

在孔子所處的時代，禮崩樂壞，怪力亂神這幾樣非理性的東西一定並不少見。但孔子嚴守理性的立場，堅定地拒絕談論這些東西。

敬鬼神，而遠之。我們看到的，是人的理性光輝。

《論語・述而》篇第三十五章，孔子病重，學生子路請求向天地神祇祈禱。孔子即使是在重病的情況下，仍然調侃子路的做法。孔子不信這個。孔子的無神論是徹底的。

當世界上各大宗教產生和發展的時候，中國本土卻始終沒有宗教。中國古代聖哲始終關注的是現世人生，他們的理想是建立道德社會。道德，成為中國的最高信仰。聖哲們崇奉的是「三無私」：天無私覆，地無私載，日月無私照。嚮往的是「三不朽」：太上立德，其次立功，再次立言。

同姓不婚的天才禁忌

陳司敗問昭公知禮乎，孔子曰：「知禮。」

孔子退，揖巫馬期而進之，曰：「吾聞君子不黨，君子亦黨乎？君取於吳，為同姓，謂之吳孟子。君而知禮，孰不知禮？」

巫馬期以告。子曰：「丘也幸，苟有過，人必知之。」

——述而篇・第三十一章

通讀整部《論語》，公正地評判，這部書的編纂者並沒有神化孔子，沒有像後世尊孔家那樣將孔子托舉到炫目的高度。《論語》所描繪展現的孔子的形象，真實可信，可親可近，這是難能可貴的。孔子偶然說了不那麼正確的話，有人指出來，《論語》把這個也能客觀如實記載下來。

這就尤為難能可貴。

《論語・述而》篇第三十一章，就是這樣的一章文字。

陳司敗問昭公知禮乎，孔子曰：「知禮。」

孔子退，揖巫馬期而進之，曰：「吾聞君子不黨，君子亦黨乎？君取於吳，為同姓，謂之吳孟子。君而知禮，孰不知禮？」

巫馬期以告。子曰：「丘也幸，苟有過，人必知之。」

陳司敗向孔子問魯昭公懂不懂禮，孔子答道：懂禮。

陳司敗的發問，是基於一個事實：吳國、魯國同是姬姓國家，魯君從吳國娶了位夫人，這是違背禮制的。吳國這位姬姓夫人，按說應該叫做吳姬，魯君為了遮掩避諱，叫她吳孟子。這樣做，分明違背禮制，孔子難道不明白嗎？竟然還說魯君懂禮。所以，孔子走開之後，陳司敗向當時在場的孔子學生巫馬期發出了質問：君子應該無所偏袒，孔子這不是偏袒嗎？魯君這麼做，如果算是懂得禮，還有誰不懂得禮呢？

巫馬期把這話轉告了孔子。孔子說道：我孔丘真幸運啊！一旦有了錯誤，人家一定會知道的。

魯君分明違背禮制，孔子卻說魯君懂禮。後人對此有所解釋，說孔子這是「臣下不言君親之惡」，這樣做也是合乎禮的。可惜這樣的解釋回護沒有說服力。君上違背禮制，甚至有惡行，臣下就要諱言，就要為之掩蓋回護，這不成了助紂為虐了嗎？

毋庸諱言，孔子明知魯昭公違背禮制卻不肯指出，說魯君「知禮」，說法是不對的；如果是出於為魯君回護，做法是錯誤的。把孔子曾有的錯誤客觀記錄下來，體現了《論語》編纂者的高度原則性。話說回來，孔子所以成為偉大的孔子，不是他從來不犯錯誤，而是聞過則喜、知錯必改。一個聞過則喜的孔子，才是一個更加真實、更加可親可近的孔子。

如果我們深思深究的話，孔子在這兒的心理活動是有跡可尋的。魯昭公迎娶同姓而違禮，是人所共知的事實。陳司敗對此不知情嗎？從後面的問答中，我們可以看出：陳司敗知道這一事實，並且懂得這是違禮的。那麼，他為什麼還要前來特別向孔子明知故問？他這一行為的目的是什麼？從孔子的角度，以孔子的智慧，為什麼要作這樣淺薄的回護？這樣做，任誰都能看穿是言不由衷，分明就是明知故犯。

《論語・憲問》篇第三章，子曰：「邦有道，危言危行；邦無道，危行言孫。」孔子主張：國家政治清明，正直說活，正直做人；國家政治昏亂，正直做人，說活卻要謹慎。孔子的言不由衷，恐怕正是一種韜晦。陳司敗你心裡什麼都清楚，我給你來一個裝糊塗。屬於「邦無道，則愚」是也。

《論語・述而》篇第三十一章，堪稱珍貴的是突出強調了「同姓不婚」這樣一種理念。周天子會盟諸侯，同姓一律稱叔，異性一律稱舅。「同姓不婚」，在幾千年之前，就上升到了禮制的高度。成為我們民族的傳統習俗，成為某種禁忌。

中華民族血脈旺盛，人口眾多，健康繁衍，不能不認為和這樣的禁忌有關。這一禁忌，符合現代意義上的遺傳科學，這是天才的禁忌。

在禮制面前，在傳統的禁忌面前，孔子可能為尊者諱，但必須認錯。不認錯，就不是我們心目中的夫子了。

耳提面命上位者

子曰：「泰伯，其可謂至德也已矣。三以天下讓，民無得而稱焉。」

——泰伯篇・第一章

子曰：「恭而無禮則勞，慎而無禮則葸，勇而無禮則亂，直而無禮則絞。君子篤於親，則民興於仁；故舊不遺，則民不偷。」

——泰伯篇・第二章

子曰：「如有周公之才之美，使驕且吝，其餘不足觀也已。」

——泰伯篇・第十一章

《論語‧泰伯》篇第一章，是孔子高度讚揚歷史人物泰伯的一章文字。周朝的祖先，周文王姬昌的祖父古公亶父有三個兒子，是為泰伯、仲雍、季歷。姬昌是季歷的兒子。按照國君傳位的慣例，傳子，以嫡不以長；傳嫡，以長不以賢。古公的君位應該傳給泰伯。據傳說，古公預見到了姬昌的聖德，有意打破傳統，將君位傳給第三子季歷，從而日後能夠傳給姬昌。在這種情況下，泰伯遵循父親的意願，攜同二弟仲雍出走，將應該屬於自己的君位讓給了三弟。對於這種推位讓國的行為，孔子發出了由衷的讚歎。

子曰：「泰伯，其可謂至德也已矣。三以天下讓，民無得而稱焉。」孔子說：泰伯，那可以說是品德極崇高的了。屢次地把天下讓給季歷，老百姓簡直找不出恰當的話語來稱讚他了。

傳說中的上古時代堯舜揖讓天下的事，可信嗎？本章《論語》推崇的泰伯三以天下讓，可信嗎？在孔子的心目中、理想中，那是無可懷疑的。

我們推想，在遠古時代，由眾多部落結成聯盟，大家共同推出聯盟首領，不僅是可能的，乃至是必須的。用協商推選的辦法確定最高領袖，而不是仗恃武力爭奪獨裁的權力，那樣的情形一定曾經有過。至於泰伯的出讓君位，即便是出於不得不然，「出讓」畢竟成為某種被後人敘述的真實。

然而，試看古今中外，哪個皇帝君王肯出讓權力寶座？所以，如果「推讓」竟然在歷史上真的發生了，那就更加顯得可貴。孔子的推崇泰伯，看似在讚揚一種個體行為，其實質是在鼓吹呼籲一種制度。

君臨天下的君王，或者治理一個方國的君主，他應該是通過某種程式推舉出來的。王位，應該是德者居之。這個位子，不應該是依靠武力暴力奪取來的。以力勝人，那是叢林法則。孔子的理想不是後者。雖然，這只是一個理想，但一個民族有沒有這樣的理想是大不相同的。可以說，孔子的理想，與現代民主制度並不衝突。

在孔子的時代，他對這種理想的表述，他舉出的範例，就是揖讓。

我們可以設問：大家都認為揖讓是最高的品德，人人都推讓，那麼誰來當大家的君上呢？揖讓而來的這個君上，他不仁不德，那又該怎麼辦？

在孔子理想的制度設計中，當君上只是一個職務。這個職務，相當不好幹。有專門的史官諫臣對之監督進言，有在野的士子評議與論書之竹帛，有老百姓悠悠眾口抱怨詛咒。身為君上，不惟職責重大，還要處處表率。不然，負責監督君上的大臣們甚至可以對其「易位」。周公主持朝政時代，就這麼幹過。

我們看該篇第二章，子曰：「恭而無禮則勞，慎而無禮則葸，勇而無禮則亂，直而無禮則絞。君子篤於親，則民興於仁；故舊不遺，則民不偷。」恭敬而不符合禮的規定，就會煩勞不安；謹慎而不符合禮的規定，就會膽怯懦弱；勇敢而不符合禮的規定，就會違法作亂；直率而不符合禮的規定，就會尖刻傷人。君子厚待自己的親屬，老百姓就會走向仁德；不遺棄自己的老同事、老朋友，老百姓就不會待人薄情。

很顯然，這章文字中所說的「君子」，指的是居上位者，是國君、諸侯、大夫等等。這兒反覆提到的「禮」，當然是禮制，就是禮儀制度、規矩章法。

恭、慎、勇、直，這些品格好不好？當然好。但是你個人的品格必須還要受到禮儀禮制的制約。否則，你將動輒得咎。以上屬於君子的個人修身，往下你還得善於齊家。篤於親，老百姓才會趨於仁德。故舊不遺，老百姓才不會人情淡泊。上有所好下必效之。你在方方面面都必須做出表率，因為這將影響到整個世風。民眾的道德水準怎麼樣？社會風氣好不好？大家要在你這個居上位者身上找原因。

這是自命為帝王師的儒生士子對君上的耳提面命，規勸和訓誡。你是君子，身居上位，你就應該這麼做，你必須這麼做。

孔夫子，甚至舉出他最崇仰的周公來做例子。

該篇第十一章，子曰：「如有周公之才之美，使驕且吝，其餘不足觀也已。」即便有周公那樣的才能美德，假使驕傲吝嗇，別的方面也就不值得一看了。

設想一下，對於居上位的君子，這是多麼高的要求？如果你不合格，你就離開那個位置好了。

孔子對君上耳提面命，同時希望用禮制來約束可能的權力獨裁。

無疑的，這只能是孔子的理想。儘管只是理想，它卻穿越了兩千多年的歷史時空，在今天依然放射著熠熠光芒。

曾子為什麼戰戰兢兢

曾子有疾，召門弟子曰：「啓予足！啓予手！《詩》云：『戰戰兢兢，如臨深淵，如履薄冰。』而今而後，吾知免夫！小子！」

——泰伯篇．第三章

曾子曰：「可以託六尺之孤，可以寄百里之命，臨大節而不可奪也——君子人與？君子人也。」

——泰伯篇．第六章

曾子曰：「士不可以不弘毅，任重而道遠。仁以為己任，不亦重乎？死而後已，不亦遠乎？」

——泰伯篇・第七章

《論語・泰伯》篇第三章，記載的是曾子得病時、甚或就是病篤臨終前的一段語錄。

曾子有疾，召門弟子曰：「啟予足！啟予手！《詩》云：『戰戰兢兢，如臨深淵，如履薄冰。』而今而後，知吾免夫！小子！」曾參病了，把他的學生召集攏來，說道：「看看我的腳！看看我的手！《詩經》上說：『小心呀，謹慎呀！好像面臨深深水坑之旁，好像行走在薄薄冰層之上。』從今以後，我才曉得自己是可以免於禍害刑戮的了！學生們！」

曾子的這段話，歷代注釋家幾乎是眾口一詞。曾參以孝著稱，而保全身體是孝道的重要內容。如《孝經》所說：「身體髮膚，受之父母，不敢毀傷。」曾參將死，方才敢說自己從此可以免於刑戮毀傷，可知他生活的時代有多麼禍亂兇險。直到當代注釋家楊伯峻先生、張燕嬰先生的譯注，莫不如是。

曾參說的知吾免夫，如何能認定他說的就是「免於刑戮禍害」呢？原來，歷代注釋家呼應的是曾參前面的話：啟予足，啟予手。曾參讓學生們看他的手腳，原來手腳齊全；如今曾參將死，看來身體髮膚都不會遭到損毀了。如此，受之父母的身體，可以毫髮無損地歸還父母了。這是多麼符合《孝經》條目的一位大孝呀！

在這樣的注釋中，曾參戰戰兢兢、如臨深淵如履薄冰，生怕他的身體受到任何一點微小的傷害，大儒曾子是這樣活過了一生。依循這樣的注釋，吾日三省吾身的曾子就更加成了一個謹小慎微的人。成了一個害怕樹葉子打破頭的角色，活脫就是一個小人儒。

這決非曾子的本來形象，不符合曾子的精神風貌。

該篇第六章，曾子曰：「可以託六尺之孤，可以寄百里之命，臨大節而不可奪也——君子人與？君子人也。」曾子說：可以把年幼的孤兒託付給他，可以把百里邦國的政事委任給他，面臨大是大非而不能動搖他的志向，這種人是君子嗎？這種人是君子。

第七章，曾子曰：「士不可以不弘毅，任重而道遠。仁以為己任，不亦重乎？死而後已，不亦遠乎？」曾子說：士人不可以不剛強果斷，因為責任重大、途程遙遠。以實行仁德為自己的責任，不是擔子很重大嗎？直到死才能停止，不是路程很遙遠嗎？

可以託孤寄命，志不可奪；這是曾子心目中的君子品格。

仁以為己任，死而後已；這是一代大儒的精神風貌。

這才是曾子。才是承繼道統的曾子。

那麼，曾子臨終召集學生們前來，到底是因為什麼而強調戰戰兢兢、如臨如履呢？堅守道統，任重道遠，曾子如臨如履，終於做到了平生不曾違背仁道。直到臨終，方才敢說自己從此免於出錯犯錯了。這才真正是履踐了他說的「死而後已」。

那麼，曾子又為什麼要讓弟子們啟予足、啟予手呢？「啟」，可以解為「看看」，也可以解為「動動」。曾子臨終，恐怕是手足已經麻痹，或者是連抬動手足的力氣都沒有了。一位大師臨終的話語，弟子們統統一字不漏記載了下來罷了。

南懷瑾先生在他的《論語別裁》中，對這段《論語》作了以上這樣的解釋。吾與瑾。我認同南先生這樣的解釋。

孔子並不曾搞愚民政策

子曰：「民可使由之，不可使知之。」

——泰伯篇・第九章

子適衛，冉有僕。子曰：「庶矣哉！」冉有曰：「既庶矣，又何加焉？」曰：「富之。」曰：「既富矣，又何加焉？」曰：「教之。」

——子路篇・第九章

《論語・泰伯》篇第九章，子曰：「民可使由之，不可使知之。」

孔子的這段語錄，楊伯峻先生採用直譯：「老百姓，可以使他們照著我們的道路走去，不可以使他們知道那是為什麼。」

張燕嬰先生則認為，此章文字顯示孔子教民的方法是身教。統治者的行為對於老百姓有示範作用，自己率先行善而讓老百姓跟著走，比只是教導百姓向善，結果更好。所以他採用的是意譯：「老百姓可以讓他們跟著行事，不能夠只讓他們知道空泛的道理。」

張先生的意譯，看得出有回護孔子的用心，卻難免違離了孔子的本意。

歷史上還有若干注釋家，採用別的斷句法，「民可，使由之；不可，使知之。」「民可使，由之；不可使，知之。」都有曲意回護孔夫子的意味。

相比而言，我贊同楊先生的直譯。但按照楊先生的直譯，我們認為譯出了孔子原話的本意，就會產生這樣一個問題：孔子在這兒憑什麼說「只讓老百姓跟著走、不讓老百姓知道理由」呢？孔子這不是在搞愚民政策嗎？事實上，近百年來，孔子的這句話果然被批孔家們揪住不放，抓住什麼把柄似的，一再攻擊詬病。

儒學，儒家經典，是一個完整的系統。《論語》中的「子曰」何其多，若干孔子的話語，是有特殊語境的，是有針對性的。硬要把孔子的話當做「句句是真理」，要求他的每句話必須放之四海而皆準，那是難為孔夫子。孔子的這句話，究竟傳達的是什麼本意？相信普通智商的人都能會意，相信與人為善的人都能採取平等討論問題的態度。但批孔家們則不是這樣，他們慣愛攻其一點，不及其餘。心術不正，何談學術。到「文化大革命」中，批孔乾脆搞成了政治運動。秉承上意的所謂專家學者，坐定了左派位置，堅定地站在革命路線一邊，頗是狐假虎威。

讓我們回頭研討《論語》。

孔子是搞愚民政策的嗎？肯定不是。

請看《論語・子路》篇第九章。

子適衛，冉有僕。子曰：「庶矣哉！」

冉有曰：「既庶矣，又何加焉？」曰：「富之。」

曰：「既富矣，又何加焉？」曰：「教之。」

孔子到衛國，冉有駕車。孔子說：好多的人口啊！冉有問，人口已經眾多了，又該怎麼辦呢？孔子主張：先讓人民富裕起來，然後給以教育。

不是斷章取義攻其一點不及其餘，客觀地評價孔子，孔子並不主張愚民，恰恰是主張智民的。而且，孔子宣導先富後教，「治國之道，必先富民」。這樣的主張，即便放置在今天也有著積極的意義。

既然孔子主張智民，富而教之，怎麼又會講出「民可使由之，不可使知之」這樣的話來呢？

在實際生活中，在行政決策的時候，一定會有某些特殊情況，並不一定要讓所有的老百姓弄清所以然，只能讓大家跟上幹起來。有的時候，「民可以樂成，不可與慮始」。老百姓喜歡看到成功的結果，不一定人人參與最初的設想設計與決策規劃。

即便是功在千秋的大禹治水，在開始之初民眾也曾經想不開。比方製造核彈，任何國家無不是上層決策了就幹起來。莫非還要預先向每個老百姓講授原子物理學、核裂變核聚變原理嗎？

某些特定情況之下，領導被領導的關係，就是先把事情做起來，讓民眾跟著走，而不是讓他們什麼都弄明白了再幹。

批孔家仰承上意，曲意逢迎，反過來詆毀孔子，正所謂「賊喊捉賊」。其卑劣行徑早已將自己畫成了十足的小丑三花臉。

孔子「無道則隱」乎

子謂顏淵曰：「用之則行，舍之則藏，惟我與爾有是夫！」

——述而篇‧第十一章

子曰：「篤信好學，守死善道。危邦不入，亂邦不居。天下有道則見，無道則隱。邦有道，貧且賤焉，恥也；邦無道，富且貴焉，恥也。」

——泰伯篇‧第十三章

《論語‧述而》篇第十一章，子謂顏淵曰：「用之則行，舍之則藏，惟我與爾有是夫！」孔子對顏淵道：如果任用我，就施展抱負幹起來；不用呢，就退居民間藏起來。只有我和你能夠做到這樣吧！

在這裡，孔子高度評價優秀弟子顏淵的時候，講到了「行、藏」問題。「舍之則藏」，分明是隱退隱居起來的意思。

到《論語‧泰伯》篇第十三章，子曰：「篤信好學，守死善道。危邦不入，亂邦不居。天下有道則見，無道則隱。邦有道，貧且賤焉，恥也；邦無道，富且貴焉，恥也。」這段話裡，孔子再次講出天下有道則見，無道則隱的話語。天下政治清明的時候就出來仕任，政治昏亂的時候就隱居。

歷來的定評，認為孔子的儒學是主張入世的。慣常的評價，一般都是說孔子並沒有隱居隱退過。他知不可而為之，奔走天下，志在救世濟民，欲要挽狂瀾於既倒。包括上面這段文字，字裡行間也透露著主張入世的強烈資訊。守死善道，對於仁道篤信奉行堅守堅信，之死靡它。而且，當天下有道，就要現身，參與到政事中去。甚至說，在天下政治清明的時候，自己貧且賤，是可恥的。

那麼，孔子為什麼要說舍之則藏、無道則隱這樣的話？如果孔子堅決反對隱退隱居，這不是無的放矢嗎？或者，我們可有這樣的設問：孔子到底隱居過沒有？

也許，我們應該拓寬一下隱退隱居的概念。

顏淵一簞食一瓢飲在陋巷，算不算隱居？隱居，一定要隱入深山嗎？還有拒絕仕任的閔子騫，並沒有逃亡到汶上去，但他的行為也不能否認屬於無道則隱。

緊接下來的該篇第十四章，子曰：「不在其位，不謀其政。」不居於那個職位，便不考慮它的政務。

這條語錄，不妨可以看做是無道則隱的另一種說法。從側面指認，當前的世道是一個無道的社會。在這樣的狀況下，子不仕。不從政，不居官，不合作。這個何嘗不是一種隱退？

如此說來，我們應該認定：孔子不僅不反對隱退，倒是贊同隱退，乃至踐行過隱退的。

當然，孔子面對「天下無道」的局面，不再參與政事，退歸林泉，並沒有放棄道統。篤信好學，守死善道，這是孔子發出的宣言。無論行或者藏，見還是隱，那只是具體情況具體對待罷了。

事實上，晚年的孔子，不再周遊列國，不再參與政事，他刪定六經，教書育人，把全部精力集中在培養人才和傳續經典上面。

孔子隱居了嗎？他沒有隱居嗎？

瞻之在前，忽焉在後。

隱而未隱，不隱而隱。

是為夫子。

「子罕言利」辯

子罕言利與命與仁。

——子罕篇・第一章

子貢曰：「夫子之文章，可得而聞也；夫子之言性與天道，不可得而聞也。」

——公冶長篇・第十三章

《論語・子罕》篇第一章，子罕言利與命與仁。

這章文字很簡短，但歷來譯注家們的翻譯注釋多有分歧。首先，分歧在要不要另加句讀。如果不加句讀，一句話連貫下來，那麼孔子「罕言」的對象就是三個：利、命、仁。這樣，疑問就來了。整部《論語》孔子幾乎都是在說仁道，怎麼能說成是「罕言」呢？

於是，有的注釋家另作句讀。子罕言利，與命、與仁。孔子很少談到利，卻贊成命、贊成仁。「與」字，在論語中原本多是作「贊成」來解的。

這樣斷句，似乎也無不可。但在語義邏輯上有所不通。孔子言說利、命、仁，如果在談論次數多寡上區分，原話就應該是：子罕言利，多言命仁。如果是在「與」字也就是贊同與否的意義上區分，原話則應該是：子不與利，與命與仁。

所以，有的注釋家就不加句讀。「與」字，按照普通連詞來解釋。子罕言利與命與仁。楊伯峻先生的白話翻譯就是：孔子很少（主動）談到功利、命運和仁德。

這樣翻譯，不作斷句，上面所說的疑問就依然存在。孔子經常不斷地談論仁，怎麼能說他「很少談到」仁德呢？對之，楊先生這樣解釋：多少，是一個相對概念。論語講到「仁」的次數是足夠多，但相比於孔子的平生所有言論，難說講「仁」算最多的。況且，孔子講「仁」又多半是和他人的問答之詞。「仁」是孔門最高道德標準，正因為少談，所以偶一談到，便有記載。

楊先生的解釋，恐怕難以自圓其說。楊伯峻先生注釋《論語》，經常談到《論語》，但比起日常所說的所有話語，不能說最多，那麼楊先生便是「罕言《論語》」的嗎？

孔夫子的日常言論、平生言論，還有哪些？我們和楊先生都看不到了。我們共同看到的，主要就是《論語》。在整部論語中，夫子談仁，實在不好確定說「正因為少談」。恰恰是談到很多，很多談到。

我認為，楊伯峻先生的翻譯並沒有錯。「與」字，就是作連詞的。本段論語翻譯出來就是：孔子很少談到利、命和仁。只是，楊先生的進一步解釋不盡合理。

讓我們試著尋找一個合理的解釋。

返回去讀《論語・公冶長》篇第十三章，子貢曰：「夫子之文章，可得而聞也；夫子之言性與天道，不可得而聞也。」子貢說：先生關於文獻方面的學問，我們聽得到；先生關於天性和天道的言論，我們聽不到。

孔學宣導仁，尊奉仁，但仁的終極概念、抽象界定究竟是什麼，夫子從來沒有斷語。理解它、靠攏它、奉行它，這應該是一個漸漸開悟的過程，知行合一的過程。

利與命，也是在抽象概念的意義上，孔子沒有過什麼斷語。君子喻於義，小人喻於利。「利」，到底是什麼？在這兒，它只是和「義」相對立、相拮抗的一個概念。

子罕言利與命與仁。孔子很少抽象化地概念性地談論利和命以及仁。

——這樣解釋，或也可以充作一解。

執鞭趕車樂融融

達巷黨人曰：「大哉孔子！博學而無所成名。」子聞之，謂門弟子曰：「吾何執？執御乎？執射乎？吾執御矣。」

——子罕篇・第二章

《論語・子罕》篇第二章，達巷黨人曰：「大哉孔子！博學而無所成名。」子聞之，謂門弟子曰：「吾何執？執御乎？執射乎？吾執御矣。」

這段《論語》中，達巷那地方的人議論孔子的話，楊伯峻先生是這樣翻譯的：孔子真偉大！可惜沒有足以樹立名聲的專長。

認真領會原文，看不出達巷黨人有替孔子「可惜」的意思。如果其人覺得孔子沒有專長來樹立名聲，他又怎樣會說「孔子真偉大」呢？那人的話語，中間沒有轉折的意味，有的倒是遞進的意味。我認為，張燕嬰先生的翻譯更準確一些：孔子真是博大啊！博學多才而並不只是以某種專長來成名。

孔子聽到這樣的議論，對門下的學生們說：我專掌什麼呢？專門駕車、還是專門射箭呢？我專掌駕車好了。

孔子聽到別人議論之後，有所回饋，屬於正常。但孔老夫子，怎麼扯到「執御、執射」（趕車射箭）上頭去了？這話，一定不是隨便說說的。孔子的話，究竟有點什麼言外之意，我們不妨試作一回剖析。

如果按照楊伯峻先生的翻譯，達巷黨人說的是孔子沒有樹立名聲的專長，那麼孔子的話就有某種辯解的意味。我沒有專長嗎？我趕車趕得不錯，射箭也射得滿好哩！隨便選一個，趕車好啦！這恐怕不是孔子原話的原意，這樣的形象也不是謙虛博大的孔子了。

按照張燕嬰先生的翻譯，達巷黨人是讚譽孔子的。孔子真是了不起！並不只以某項專長來成名，他是樣樣精通，博學多才啊。聽到別人的讚譽，孔子當然很高興。但他並沒有安然領受這樣的讚譽，因為孔子是謙遜的。孔子謙遜，卻也沒有過分，沒有講什麼「哪裡哪裡，我還差得多吶」之類乏味的客套。孔子這時來的是機智幽默的回答：

哈哈，雜七雜八的玩意兒我會的是很多呀！我該專門幹什麼呢？趕馬車呢？還是當射箭手？我看，就趕馬車好了！

這樣，我們看到的是一個多才多藝的孔子，謙虛的孔子，同時還是一個豁達機智幽默的孔子。事實上，歷史上真實的孔子，確實是多才多藝的博學通才。該篇第六章，孔子說：吾少也賤，故多能鄙事。孔子誠實地承認自己小時候窮苦低賤，所以才學會了不少鄙賤的技藝。種種才藝，說成是「鄙事」，也是孔子的謙遜。相比於推行仁道，孔子把自己精通許多才藝看得很淡然。當然，孔子並不鄙薄人們掌握某些技藝。執御，執射，無可無不可。說起執鞭趕車，我們的孔夫子也是其樂融融呢！

——另有注釋者認為，孔子的話最後落腳在「執御」上，是要當文化的領頭人，要掌控文化事業的發展方向什麼的。這恐怕就是「高推聖境」了。

把孔夫子永遠地時時刻刻地綁定在聖人的位置上，老人家受得了受不了呀？我們累不累呀？讓他依然活在他的歷史真實中，讓原本不乏幽默的孔子該幽默的時候就幽默起來，不好嗎？假如有這樣一位博學多才又不乏幽默的車夫來給我們趕車，我們聽他聊天似的講講他的仁道，那就叫做如坐春風了。

才藝者鄙事而已

太宰問於子貢曰：「夫子聖者與？何其多能也？」子貢曰：「固天縱之將聖，又多能也。」

子聞之，曰：「太宰知我乎！吾少也賤，故多能鄙事。君子多乎哉？不多也。」

——子罕篇・第六章

《論語》等中國古來的經典，不加標點。如何停頓、斷句，所謂句讀，依賴讀者自己完成。所以，當代注釋家翻譯注解《論語》，還有分點句讀、添加標點符號的任務。一句話，斷句與否，關係重大。比如前面說的《論語・子罕》篇第一章，子罕言利與命與仁，斷與不斷，意思竟然會完全相左。

一句話，是疑問句？還是感歎句？區別也極大。而且，即便添加了標點，比如一句話加了疑問號，究竟是在疑問、還是反問抑或是疑問式的肯定，還有閱讀方面的理解問題。《論語•子罕》篇第六章，我們就遇到了這樣的問題。

太宰問於子貢曰：「夫子聖者與？何其多能也？」子貢曰：「固天縱之將聖，又多能也。」子聞之，曰：「太宰知我乎！吾少也賤，故多能鄙事。君子多乎哉？不多也。」

我們先來看第一句。太宰問於子貢曰：「夫子聖者與？何其多能也？」太宰問子貢：夫子，你們先生，是位聖人嗎？為什麼這樣多才多藝呢？太宰的問話裡，特別提到才能才藝，是有意味的。一般說來，是否具備一些才藝，並不是成為仁者、聖者的必要條件。太宰的問話，其中有褒貶在。

一種情況，對於孔子的多才多藝，太宰是肯定的；那麼他同時也就認為，聖人可以無所不能、應該無所不能。你們先生，一定是一位聖人吧？要不然，他怎麼能有那樣多的才藝呢？

另一種情況，恰恰相反，對於孔子的多才多藝，太宰不以為然。你們的先生還能算是聖人嗎？他怎麼有那麼些（雜七雜八的）才藝呢？

我認為，太宰問話的原意，是後者。究竟是不是這樣？當然需要分析當初說話的語境。且看下面子貢的回答。

子貢曰：「固天縱之將聖，又多能也。」子貢回答道：是上天讓他成為大聖人的，同時他又有那麼多的才藝。子貢的回答，先肯定地說，孔子當然是聖人，這是毫無疑問的。至於才藝多寡的問題，是在其次。子貢並沒有肯定：聖人原本就應該同時多才多藝。他的意思只是說：夫子是多些才藝，但並不影響我們夫子成為聖人。

如果子貢的回答，針對性還不夠強，我們再來看看孔子的應對。子聞之，曰：「太宰知我乎！吾少也賤，故多能鄙事。君子多乎哉？不多也。」孔子聽說了，說：太宰瞭解我嗎？我年少的時候低賤，因此才學會了許多技藝。真正的君子有這樣多的技巧嗎？是不會的。

——許多譯注本，太宰知我乎後邊都是添加感嘆號，這是有問題的。那樣的話，譯文就變成：「太宰是瞭解我的呀！」

我們現在可以從頭進行分析了。如果太宰對孔子多才多藝是贊同的，聖人本來就應該無所不能，那麼謙虛的孔子不會安然承認自己才藝多多，也不會把這些才藝叫做「鄙事」。孔子說：我小時候窮苦低賤，所以學會了不少鄙賤的技藝。孔子並沒有自詡本領多，並沒有拿這個來炫耀。孔子恰恰是在最後強調：君子不需要有這樣多的技藝技巧。君子，是具備儒家道德人格的人。君子重在德行，並不強調人人要有多種技藝。如果君子必須像孔子一樣，必須要有多種技藝，那世上還有幾人能成為君子呢？

伯夷、叔齊，有什麼技藝？顏回、閔子騫，會什麼技巧？

在事實上，在歷史的真實中，孔子確實多才多藝，孔子自己從來也沒有否認這個。但孔子認為這些才藝對自己而言，只是鄙事。君子可以有所不為。才藝不多，沒有什麼才藝，無妨成為君子。

讀過這章《論語》，讓人難免有所聯想。看來，不僅當代的批孔家慣於找孔子的毛病，即便在孔子生存的當時，也有太宰這樣的角色揪住孔子不放。孔子多才多藝，也成了攻擊詬病孔子的把柄。

《論語》的編纂者，接下來又擺上一章文字，可以看做是對那個太宰的繼續回應。

第七章，牢曰：「子云，『吾不試，故藝。』」有個名叫牢的人轉述，孔子說過：我不被當局任用做官，所以學了點技藝。

沒有仕任從政，和多有才藝，並沒有必然聯繫。孔子卻這樣說話：國家沒有用我，我閒得慌，所以學了點雜藝、會一點鄙事。可以看出，對於那些自以為是的從政者，對於他們的閒言碎語，嗡嗡嚶嚶，孔子是頗為不屑的。

才藝者，鄙事而已；糾纏這點鄙事，鄙夫而已。

「逝者如斯」的緊迫感

子曰：「鳳鳥不至，河不出圖，吾已矣夫！」

——子罕篇・第九章

子貢曰：「有美玉於斯，韞櫝而藏諸？求善賈而沽諸？」子曰：「沽之哉！沽之哉！我待賈者也。」

——子罕篇・第十三章

子欲居九夷。或曰：「陋，如之何？」子曰：「君子居之，何陋之有？」

——子罕篇・第十四章

子在川上，曰：「逝者如斯夫！不舍晝夜。」

——子罕篇・第十七章

《論語・子罕》篇第九章，子曰：「鳳鳥不至，河不出圖，吾已矣夫！」孔子說：鳳鳥不飛來，河圖不出現，我這一生恐怕是完了吧！

傳說，鳳鳥出而伏羲畫八卦，河圖出而大禹治水成。上古神話傳說，折射出古人祈望太平盛世、聖人受命的美好願望。走出遠古蒙昧、敬鬼神而遠之的孔子，哪裡會真的祈盼神異出現。孔子不過是對當時的亂世看得分明，已經沒有看到天下清明的希望了。

這個時候，孔子已經垂垂老矣。末世的悲哀幾乎緊緊攫住了這位老先生。奔波一生，行將就木，理想中的道德社會到底在哪裡？不死的理想何時才能變成現實？

下面，該篇第十三章，子貢曰：「有美玉於斯，韞櫝而藏諸？求善賈而沽諸？」子曰：「沽之哉！沽之哉！我待賈者也。」子貢問：有一塊美玉在這裡，是把它藏在匣子裡呢？還是尋求一個識貨的商人賣了它？孔子說：賣了它啊！賣了它啊！我就是等待買主的人吶！

聰明的子貢，是用譬喻言事。用之則行，舍之則藏，不是夫子自道的嗎？那麼，我們就一直這麼藏下去嗎？當然，子貢也許講的是自身，是門生學子一代人的困惑。而孔子幾乎是迫不及待，幾乎是呼喊一般，脫口而出：賣掉！賣掉！我就是在等買主哩！

年邁的孔子，依然多麼希望為人所用、出仕從政，以求一逞啊！然而，現實讓孔子太失望了。第十四章，子欲居九夷。或曰：「陋，如之何？」子曰：「君子居之，何陋之有？」孔子想搬到九夷去住。有人說：那地方太簡陋了，怎麼好住？孔子道：有君子居住到那兒，怎麼還會簡陋？如果不是對諸夏現實的極度失望，孔子怎麼會沒來由地突然想搬到九夷那樣尚未開化的地方去？

當然，在事實上，孔子並沒有真的去往九夷。第十五章，子曰：「吾自衛返魯，然後樂正，《雅》、《頌》各得其所。」孔子說，我從衛國回到魯國，然後音樂篇章才得到整理（《詩經》中配樂的），《雅》、《頌》各自歸於它們應在的位置。孔子晚年，回到魯國，教學傳道，整理刪定古代典籍，做了大量奠基性的工作。儒學仁道，作為我們民族的道統，傳承數千年而不衰，孔子奠基的功勞怎麼評價都不為過。

但晚年的孔子仍然不肯停歇，不能滿足。

該篇第十六章，子曰：「出則事公卿，入則事父兄，喪事不敢不勉，不為酒困，何有於我哉？」孔子說：出外便服事公卿，入門則服事父兄，有喪事不敢不勉力盡禮，不被酒所惑亂，這些對我算什麼難事呢？

楊伯峻先生的注釋，最後一句說：這些事我做到了哪些呢？他認為，這樣夫子才顯得自謙。「何有」，楊先生不是一直翻譯成「有什麼難的」嗎？我認為，這段《論語》，分明是夫子自道，是說自己還行。在家服侍長者，為公服務君上，甚至操勞喪事都沒有問題，包括飲酒，我的酒量還好著吶！孔子耿耿於懷，到老都沒有放棄親自出仕匡正天下的希望。

然而，現實畢竟是殘酷的。孔子雄心猶在而時不我待。

該篇第十七章，子在川上，曰：「逝者如斯夫！不舍晝夜。」有的注釋家，如楊伯峻先生說，孔子這話不過是感歎光陰奔馳一去不返罷了，未必有其他深刻的含義。我的感覺則不然。看著滾滾滔滔晝夜不停的流水，年老的孔子人生緊迫感空前強烈。比起《論語．述而》篇第五章的許久「不復夢見周公」，此刻孔子的心情更加多了幾分悲涼。孔子在這兒有關時光易逝的感歎，決非無的放失，空發浩歎，而是和上面「鳳鳥不至」的失望感緊密相關。

放眼天下，竟是無有清明之望；而韶光易逝，老之將至。個中情愫，誰人解得？熟細思之，能不錐心！

死不違禮仍從容

子疾病，子路請禱。子曰：「有諸？」子路對曰：「有之。《誄》曰：『禱爾與上下神祇。』」子曰：「丘之禱久矣。」

——述而篇・第三十五章

子疾病，子路使門人為臣。病間，曰：「久矣哉，由之行詐也！無臣而為有臣。吾誰欺？欺天乎！且予與其死於臣之手也，無寧死於二三子之手乎！且予縱不得大葬，予死於道路乎？」

——子罕篇・第十二章

《論語・子罕》篇第十章，子見齊衰者、冕衣裳者與瞽者，見之，雖少，必作；過之，必趨。孔子看見穿喪服的人、穿戴禮帽禮服的人以及盲人，他們雖然年輕，一定會肅然站起來；經過這些人身邊，一定恭謹地小快步走過。

看到家中有喪事的人，生出同情；看到冠戴整齊的官員貴族，彷彿看到國家政府的代表而表情肅靜；看到盲人等殘疾者，胸懷悲憫；這都是人之常情。孔子能夠「必作」、「必趨」，依禮而行。所謂禮儀，禮節、禮貌都有一定的行為規範。這方面，孔夫子身體力行，正是行為示範。把孔子典範性的行為記載下來，當然是有意義的。

不過，該篇第九章，剛剛談到鳳鳥不至、河不出圖，孔子慨歎自己的一生怕是完了；緊接著在第十章的行文中就談到了喪服什麼的，我感覺這多半是另外有些特殊意味的。《論語》的編纂者也許在提請我們注意：孔夫子這個時候已經年老多病，誰都無可逃遁的死亡就要降臨到這位聖人頭上了。果然，到該篇第十二章，記載的就是孔子病重的事件。

前面《論語・述而》篇第三十五章，已經記載過一次孔子病重。子疾病，子路請禱。子曰：「有諸？」子路對曰：「有之。《誄》曰：『禱爾與上下神祇。』」子曰：「丘之禱久矣。」孔子病重，子路請求能為他祈禱。孔子說：有這樣的事兒嗎？子路回答：有的。《誄》文上說的：「為你向天地祈禱。」孔子說：那我早就祈禱過了。

人們病了，希望通過祈禱神靈而能祛病康復，堂堂孔子能不知道這個心理習慣或風習嗎？孔子反問滿懷急切心情的子路：「有這事兒嗎？」說明孔子不以為然，壓根不信這一套。有病就是有病，和天地神祇有什麼關係！如前所述，孔子的理性至高無上，他的無神論是徹底的。當子路一本正經地引用什麼《誄》文的時候，孔子說：那我早就在祈禱啦！這分明是在點明：該有病還是有病，祈禱沒什麼用。

如果說這次孔子病重，他和子路的對話中，還能見出幾分調侃，心情不是太沉重；那麼到了《論語・子罕》篇第十二章，孔子再次病重，情況就要嚴重得多。可以說，孔子已經是在直接面對死亡。於是，我們也就由此看到，孔子在面對死亡之際對禮的執著堅守，以及顯出的高貴尊嚴和偉大從容。

子疾病，子路使門人為臣。病間，曰：「久矣哉，由之行詐也！無臣而為有臣。吾誰欺？欺天乎！且予與其死於臣之手也，無寧死於二三子之手乎！且予縱不得大葬，予死於道路乎？」孔子病重，子路指派先生的門人弟子充當治喪的臣。病情好轉之後，孔子說：仲由搞欺騙，已經太久了啊！我本來不該有治喪的臣卻搞出治喪的臣來，讓我欺騙誰呢？要欺騙天嗎？況且，我與其死在什麼治喪之臣的手裡，還不如死在你們這些弟子們手裡呢！再說，我縱然不能享用諸侯大夫那樣隆重的葬禮，莫非我還會死在道路上嗎？

從孔子的話語中，完全能夠感覺到，對子路的行為，孔子非常生氣。簡直是疾言厲色。古代，諸侯之死才能有臣。這應該屬於嚴格的禮制規矩。在孔子所處的時代，許多卿大夫已經在僭行此禮。子路以及眾弟子的心目中，夫子完全有資格享受這樣的待遇。子路為夫子設臣，足以見出他對夫子的一片崇仰。孔子值得這樣大動肝火嗎？毋寧對子路太不公平了？

孔子病重，甚至就是病篤。子路設臣，事實上已經進入安排夫子後事準備治喪的程式。孔子的這段話，講在這樣的特殊時刻，完全可以看做是面對死亡的一種言說。

孔子認為自己不夠有臣的資格，對子路的僭越行為十分不滿。生前不曾越禮違禮，死亡之際，難道可以越禮違禮嗎？子路僭行此禮，違背了孔子的意願，把平生都在克己復禮的孔夫子置於僭禮的地步。這是一種欺世盜名。這是在毀壞孔子一生的操守。難怪孔子為此大動肝火。

孔子這段話，也可以看做是對自己的後事安排，是對自己的最後定位。我就是一個民辦私學的老師。我不會死於道路，因為有弟子、有二三子、有你們。孔子不怕死，怕的是死而違禮；孔子寧肯死在學生手裡，不肯死在所謂禮儀之臣手裡，是對虛榮的看淡，是要和僭禮的卿大夫徹底劃清界限。

這是一位求道者對禮的堅守，執著的堅守。

這是一介布衣一貫的尊嚴，高貴的尊嚴。

這是一個智者面對死亡的從容，偉大的從容。

「苗而不秀」待後生

子曰：「苗而不秀者有矣夫！秀而不實者有矣夫！」

——子罕篇・第二十二章

子曰：「後生可畏，焉知來者之不如今也？四十、五十而無聞焉，斯亦不足畏也已。」

——子罕篇・第二十三章

子曰：「歲寒，然後知松柏之後凋也。」

——子罕篇・第二十八章

《論語・子罕》篇第二十二章，子曰：「苗而不秀者有矣夫！秀而不實者有矣夫！」孔子說：發芽出苗而沒有抽穗開花的情況有的吧！抽穗開花而沒有成熟結籽的情況有的吧！

在大田莊稼裡，不抽穗的肯定有；抽穗而不結實的也肯定有。這不過是作物生長的自然現象，孔子為此而感歎，《論語》記載了這番感歎，到底用意何在？有的注釋家認為，孔子這番話是在引物作喻，是說人們的求學治學。這當然也可以。但漢人唐人多以為孔子這番話是為顏淵短命而發，我覺得有道理。

該篇第二十章，子曰：「語之而不惰者，其回也與！」孔子說：聽我講學問，能夠始終不懈怠的，大概只有顏回一個人吧！

第二十一章，子謂顏淵，曰：「惜乎！吾見其進也，未見其止也。」孔子評價顏淵說：可惜他死得太早啦！我只看見他不斷地進取，從沒看見他停滯不前。

連續兩章文字是孔子有關顏淵的論說，接著就是孔子談到苗而不秀、秀而不實的章節，《論語》編纂者的用意是顯然的。或者說，豈止是漢唐學者，早在編輯《論語》的時代，孔門後學就已經這樣認為了：顏淵是夫子最喜歡最欣賞並且寄予厚望的學生，顏淵卻不幸英年早逝了。孔子對此深為惋惜，不禁浩歎連連。孔子引物作喻，說的就是顏淵。

但有人進一步探討，顏回的整個情況應屬於孔子所說的秀而不實；那麼，孔子所說的苗而不秀又是指誰呢？對此，我們不可妄測，也大可不必索求定解。

如果作為探討，進行某種推定，我認為孔子所言苗而不秀應該不是專指一人。極有可能是指與顏淵同輩的若干入門弟子。他們學得怎麼樣？他們都有相當程度，堪當種種治國大任。但不知其仁也，除了顏淵之外未聞好學者也。孔子的評價近乎斷然，斷定他們確實還沒有達到顏淵的程度。

換一個思路，從另外的意義上來理解，人的進步是可能的。來日方長，苗而不秀，孰知日後不會開花結籽？在樂觀的意義上，也能這樣解說夫子的言論：弟子們很多呀！正抽穗的、正凝漿的，都有不少哇！所以，孔子在生命的最後時刻，放眼前程，將希望投注於未來。

第二十三章，子曰：「後生可畏，焉知來者之不如今也？四十、五十而無聞焉，斯亦不足畏也已。」孔子說：年輕人是值得敬畏的。怎麼能斷定後來的人趕不上今天的人呢？如果四五十歲的人還沒有名聲，這也就不值得敬畏了。孔子的這番話語，在普適意義上理解，也可以。向來的注釋家，多是這樣解經的。

但尤為可能的是，孔子這番話言有所指。他是面對更年輕的弟子們，給與鼓舞的一種言說。四十、五十年齡的弟子們，在孔子門下有地位，被尊為學長，但夫子已經看出，他們多半是「無聞」的一代。他們傳續道統是可能的，但光大儒學的重任，不在爾輩。更年輕的學生，包括再傳弟子們，不必被學長們的地位資歷壓制，他們不足畏。更年輕的學生，在時間上佔有優勢。恰恰是後生可畏。

第二十八章，子曰：「歲寒，然後知松柏之後凋也。」孔子說：到天冷的時候，才能知道松柏是最後落葉的。

這兒，孔子應該不是空發議論，言說一點人所共知的自然現象。孔子是在寄望於更年輕的弟子。

年輕弟子們，後生們，苗而不秀，怕什麼？這只是暫時的罷了。你們來日方長，你們才是挺立不凋的松柏。後生可畏，小子勉夫！

「食不厭精，膾不厭細」辯

食不厭精，膾不厭細。

——鄉黨篇・第八章

《論語・鄉黨》篇第八章，開頭是這樣兩句：食不厭精，膾不厭細。究竟該如何翻譯，令人困惑。我手頭參看的兩種譯注本，翻譯就全然相左。

楊伯峻先生譯作：糧食不嫌舂得精，魚和肉不嫌切得細。張燕嬰先生譯作：飯食不貪吃精細的，魚肉不貪吃細美的。

張先生的翻譯有他的道理。不厭，不貪求、不饜足的意思。食不厭精，當然可以理解成「對食物不貪求精細」。況且，孔子在《論語・學而》篇第十四章曾經說過君子食無求飽的話，孔子身為君子，吃飽吃不飽都無所謂，哪裡會追求食物的格外精細呢？

但楊伯峻先生的翻譯也不能算錯。本章文字，說的是齋戒祭祀的特定情況。上一章，講到了齊必變食，「齊」同「齋」。齋戒的時候，一定要改變平常的飲食。祭祀要求敬誠，對於食物肉類提出更高的要求，不也是應該的嗎？

兩種翻譯，應該說都可以。日常飯食不那麼講究，祭祀的時候對祭品講究一點，當在常情之中。但就是《論語》中的這兩句話，近一個世紀以來被批孔家揪住不放，就此大做文章，大肆攻擊孔子。過來人定當記憶猶新。

新中國成立後的毛澤東時代，是強調階級鬥爭學說的時代。這樣的學說主宰當代還不算，還要殃及古人。毛澤東喜歡李白，捧哏的御用文人就鼓吹李白。對於杜甫，這樣一位為民間疾苦大聲疾呼的偉大詩人，毛澤東不喜歡；御用文人就拿「屋上三重茅」來說事，判定其住房高級，把杜甫周納鍛煉成地主階級。如此種種，適足天下笑。

「文革」中，運動套著運動，特別又掀起了一個全黨全軍全民批孔的運動。當時百般推崇嬴政，彷彿嬴政不屬於貴族地主階級的代表，倒成了解放農奴的英雄。孔夫子宣導的士文化，與帝王文化暴君暴政勢不兩立，御用批孔家就百般詆毀孔子，簡直無所不用其極。

他們糟蹋詬病孔子，連孔子的出生排行也成了他們攻擊的內容，貶稱孔夫子是「孔老二」。這哪裡還有絲毫學術批判的味道。

上述食不厭精，膾不厭細，自然也被墮落成馬屁家的批孔家們揪住不放。孔老二吃東西，太講究啦！是腐朽的奴隸主階級呀！

學術，原來正是心術。心術陰邪毒壞，還奢談什麼學術！好比農夫拋棄攪屎棍，且把爾輩扔出我們的學術研討平臺。讓我們焚香沐浴、清潔空氣，回頭捧讀《論語》。

《論語‧鄉黨》篇第七章，齊，必有明衣，布。齊必變食，居必遷坐。齋戒的時候，一定有浴衣，是布做的。齋戒的時候，一定要改變平常的飲食，不飲酒、不吃葷；居處也要變動，不和妻妾同房，要居於正寢。

在齋戒敬神祭祖的時候，態度應該是虔敬的，準備的祭品應該是衛生精緻的。這有什麼奇怪的呢？祭品的潔美，態度的誠摯，才能體現崇敬。在那樣特定的場合，包括食不語、寢不言、席不正、不坐（見該篇第十章、第十二章），不正是應該的必然的嗎？

便是最普通的老百姓，教育孩子，也要令其站有站相、坐有坐相；吃有吃相、睡有睡相。這不是培植良好生活習慣和日常禮儀的家教內容嗎？

在禮崩樂壞的時代，人們的行為舉止大大失範。《論語‧鄉黨》篇，記錄了孔子若干日常起居行為，以垂範禮儀。平心而論，上述記錄並非無關宏旨，其歷史意義和現實意義都是深遠的。

「翔而後集」的深意

色斯舉矣，翔而後集。曰：「山梁雌雉，時哉時哉！」子路共之，三嗅而作。

——鄉黨篇・第二十七章

色斯舉矣，翔而後集。曰：「山梁雌雉，時哉時哉！」子路共之，三嗅而作。

這是《論語・鄉黨》篇第二十七章，即最後一章。鄉黨篇的所有章節，都是記錄孔子平居、齋戒、祭祀、待人接物等踐履禮儀的情況。最後一章，記錄的事件，及其精神取向，似與通篇其他各章不能統一。《論語》的編纂者當初因何在此擺放這一章，令人費解。本章文字，字面意思不難解；但它究竟在說什麼，據說自古以來就沒有令人滿意的解釋。很多人懷疑文字上有脫誤，楊伯峻先生取前人解釋較為平易者，翻成白話。

譯文：（孔子在山谷中行走，看見幾隻野雞）孔子臉色一動，野雞便飛向天空，盤旋一陣，又都停在一處。孔子道：「這些山梁上的雌雉，得其時呀！得其時呀！」子路向它們拱拱手，它們又振一振翅膀飛去了。

楊伯峻先生另外添加了注釋。「共」，即是「拱」；是拱手執禮。「嗅」，當是「狊」，張開兩翅之貌。這樣的注釋，應該是正確的。不然，就會鬧出翻譯上的笑話。比如朱熹，也說「共」是拱執之意。有人順著這個意思解經，竟然說子路抓住了山雞，燒烤好了請夫子品嚐；夫子嗅了嗅，沒有吃。

但即便按我們認為正確的翻譯，子路不是抓住了山雞，而是向山雞行禮，這章文字究竟在說什麼？我們還是不得其解。

此前，我讀過書法大家林鵬先生的著作《蒙齋讀書記》（山西古籍出版社、山西教育出版社一九九八年出版）。其中正好有林先生專門談「翔而後集」的一篇短文。林先生以書法聞於世，其實他不僅是研究先秦諸子的大家，抑且是一位頗多卓見的思想大家。

我覺得，林鵬先生關於「翔而後集」的分析解說十分有道理。

林先生認為：

這種郊遊瑣事，《論語》記之，蓋有深意。後人亂解一氣，「子路不達，以為時物而供具之，孔子不食，三嗅其氣而起。」連朱熹也認為：共字當為拱執之意。誤會乃成謬說，遂至燒烤雌雉，傳為笑柄。

翔而後集，是仔細的觀察和生動的描寫。孔子由此想到了臣應該擇君而事。「鳥則擇木，木豈能擇鳥？」時哉，時哉！鳥兒是識時務的呀！這種觸景生情的感歎，子路領會了。於是向山梁雌雉行禮。共之，就是打拱。

翔而後集，然後又是三狊而作。飛鳥，雌雉，是一些多麼自由的生靈！

取捨在他，而行藏在我。合則留，不合則去。有道則見，無道則隱。保持精神人格的自由，是君子士子的生命線。孔子平生孜孜於入世濟世，但從來沒有低下他高貴的頭顱。擇主而事，這是士君子永遠不會放棄的自由。時哉，時哉！是對自由的讚歎。

——如此說來，這一章，或應該編輯在《論語・微子》篇。是歟非歟？

先進的野人

子曰：「先進於禮樂，野人也；後進於禮樂，君子也。如用之，則吾從先進。」

——先進篇．第一章

《論語．先進》篇第一章，子曰：「先進於禮樂，野人也；後進於禮樂，君子也。如用之，則吾從先進。」楊伯峻先生的簡體字本《論語譯注》是這樣來翻譯的：先學習禮樂而後做官的，是未曾有過爵祿的一般人；先有了官位而後學習禮樂的，是卿大夫的子弟。如果要我選用人才，我主張選用先學習禮樂的人。

《論語》的原始編纂者可謂惜墨如金。記錄夫子的語錄，極其簡捷，許多語錄又往往遠離了當初講話的語境。這確實造成了後人索解的難度。楊伯峻先生的譯注，自我介紹是本了劉寶楠的《論語正義》之說而有所取捨。孔子主張「學而優則仕」，對當時的卿大夫子弟承襲父兄庇蔭、先得其位後學禮儀的情況不滿，而有議論焉。這樣的翻譯注釋，當然可以作為一家之言。但這屬於預先設定：孔子原本是主張「學而優則仕」的，那麼就認定孔子這段話是針對仕進居官者而言的。從而這段話最後一句的「如用之」，也就譯成了「選用人才」。這樣的預先設定，難免屬於「先入為主」。這恐怕並非孔子這段話的本意。

以下，我們試著拋開先入為主的思路，看看這段《論語》能否有別樣的解釋。

「君子」，在論語中尋常是和「小人」相對應的概念。這兒，「君子」對應的卻是「野人」。當然，「君子」有時也指有地位的人，那麼，「野人」就可能是指沒有地位的、甚至是居住在邊鄙地區的人。

對於這兒講的君子和野人，他們的禮儀修養、熟知禮樂的程度，一定會有下面的情況：較先熟知禮儀禮樂的，是所謂的野人；號稱君子者，恰恰在禮樂研習方面比較落後。孔子擺出這樣兩種情況之後，要是用人，該用什麼人？該做什麼選擇？那當然要用前者。是為吾從先進。

但上述情況，畢竟屬於偶然，沒有必然性。因為是野人，沒有地位、居處邊鄙，反而就能熟知禮樂嗎？先進於禮樂，野人也，孔子的用語口氣，是相當肯定的語氣。那麼，孔子所說的非常可能是當初的一種普遍狀況：禮樂制度傳承悠久，早已普及整個社會，野人者，其實最先受到禮樂的薰染，看似質樸，卻得了禮樂的真諦。至於彬彬君子，對禮樂恐怕倒是一知半解，得其外在皮毛而已。禮失而求諸野，這句話說的不就是這個嗎？這種情況之下，要做選擇，那當然傾向於選擇野人。

如用之，則吾從先進，不是說使用什麼人來當官。孔子不是什麼組織部、幹部處的領導，沒有舉薦官員的職責。孔子在這兒說的是，準備依從誰、依從哪種情況。

我們的探討推進到這兒，對孔子的這段話，不揣冒昧，我願捧出自己一點理解。

對於傳統的禮樂制度、禮儀範式，我們會有一個漸漸進入它的儀式內部、追尋其所以然的過程。即便我們像是一個什麼都不懂的野人，如果能夠來個「每事問」，這樣，我們將有可能較早獲知禮樂的真髓，在禮而知禮。另一種情況，則是不問所以然。身為君子，日常接觸禮樂的機會很多，卻滿足於外在地來執行遵從禮儀。這當然也可以，但對禮儀真髓的瞭解方面卻無疑是「後進」的了。

比較而言，我們採用什麼態度更好？當然是吾從先進。

推進一步，仔細研讀，我們還能發現：孔子在這兒說的不是「禮儀」，而是「禮樂」。一字之差，不可輕視。一般人，包括彬彬有禮的君子，對禮儀可能熟知，對禮樂卻可能是十足的門外漢。

《論語・子罕》篇第十五章，子曰：「吾自衛反魯，然後樂正，《雅》、《頌》各得其所。」事實上，恰恰是這位沒有官位、沒有貴族身分的普通人，出身微賤的孔子，晚年回到魯國之後，完成了整理音樂的偉大工程。孔子在這方面是先進的，我們對這種評價會有什麼疑問嗎？

從我們的生活經驗也可以得知：具體到禮樂的全部內容，什麼禮儀配置何種音樂，如何規範操作，懂行的往往不是場面上參與執禮的君子，倒是禮賓司的普通職員。

要迎賓，要動用禮樂、禮儀招待一位貴賓，我們到底該聽誰的呢？

其必曰：吾從先進。是為先進的野人。

夫子為顏淵有槨

顏淵死，顏路請子之車以為之槨。子曰：「才不才，亦各言其子也。鯉也死，有棺而無槨。吾不徒行以為之槨。以吾從大夫之後，不可徒行也。」

——先進篇・第八章

顏淵死，門人欲厚葬之。子曰：「不可。」門人厚葬之。子曰：「回也視予猶父也，予不得視猶子也。非我也，夫二三子也。」

——先進篇・第十一章

相比於論及其他弟子，《論語》中記載孔子說到顏淵的語錄非常多。其中惋惜顏淵英才早逝的文字佔有相當比例。

《論語・先進》篇第九章，顏淵死。子曰：「噫！天喪予！天喪予！」顏淵死了，孔子道：唉！上天要我的命呀！上天要我的命呀！第十章，顏淵死，子哭之慟。從者曰：「子慟矣！」曰：「有慟乎？非夫人之為慟而誰為？」顏淵死了，孔子哭得很傷心。跟從的人說：先生你太傷心了！孔子道：真的太傷心了嗎？我不為這樣的人傷心，還為什麼人傷心呢？

夫子晚年，年已七旬，兒子孔鯉病逝。老年喪子，所謂白髮送黑髮，痛何如哉？但不見《論語》有這方面的記載。愛徒顏淵之早逝，《論語》則記錄了夫子的極度悲慟。孔子那樣守中有度的聖者，此刻不再節制隱忍自己的真實情感。七旬老者哭之慟，千載之下令讀者心中隱隱作痛。孔夫子真乃至情至性的真人也！

但就是這樣一位英年早逝的愛徒顏淵，當顏淵的父親顏路請求孔子賣掉車子來替顏淵置辦外槨的時候，為愛徒之死哭之慟的孔子，卻拒絕了這樣的請求。該篇第八章，顏淵死，顏路請子之車以為之槨。子曰：「才不才，亦各言其子也。鯉也死，有棺而無槨。吾不徒行以為之槨。以吾從大夫之後，不可徒行也。」孔子說：顏淵有才，孔鯉無才，對我們來說都是兒子啊。我的兒子死了，也只有內棺，沒有外槨。我不好步行賣掉車子為他們置辦外槨啊。我畢竟曾經當過大夫，不好步行的呀！

孔子不肯賣掉車子給自己的兒子置辦外槨，現在又拒絕了剛剛喪卻親子的一位父親的請求，孔子是不是太忍心了？其實，這牽扯到孔子對待喪葬的態度。孔子主張，喪葬的厚薄，應該「稱家之有亡」。即便家稱富有，也不能奢靡過禮；家貧，薄葬可也，何必一定要追求厚葬呢？

當然，這肯定不完全是經濟拮据與否、家貧與否的問題。事實上，顏淵儘管家貧，但孔子門人樂於資助，結果還是厚葬了顏淵。而孔子在厚葬顏淵既成事實之後，還是責備了那些門人弟子們。

該篇第十一章，顏淵死，門人欲厚葬之。子曰：「不可。」門人厚葬之。子曰：「回也視予猶父也，予不得視猶子也。非我也，夫二三子也。」儘管孔子不同意，門人還是厚葬了顏淵。孔子說：顏回呀，你看待我就像父親一樣，我卻不能做到看待你像兒子一樣。這不是我的主意，這是你那班同學幹的呀！

顏淵得以厚葬，按說符合孔子門下多數人的心情。但孔子對這樣的做法是不滿意的，對之發出了責備之聲。

這裡，我們看到了一個堅持更高行為準則的孔子。孔子的愛徒顏淵，生前貧居陋巷不改其樂的顏淵，假如他地下有知，他會在意自己死後有沒有外槨嗎？硬要讓他有外槨，非要厚葬他，那只是滿足了普通人的世俗心情，而決非顏淵的追求，乃至有違顏淵的心志。

顏淵雖死，他和老師的心一定是相通的。

孔子也早已仙去，千百年來的後學和夫子的心也是相通的。

再厚的棺槨也會腐朽；孔子關於愛徒顏淵厚葬與否、有槨與否的言論，卻穿越時空，留傳至今。

夫子的言論，不妨說才是他的愛徒顏淵早逝後的真正的不朽棺槨。

子路問難子不語

季路問事鬼神。子曰：「未能事人，焉能事鬼？」曰：「敢問死。」曰：「未知生，焉知死？」

——先進篇・第十二章

《論語・先進》篇第十二章，季路問事鬼神。子曰：「未能事人，焉能事鬼？」曰：「敢問死。」曰：「未知生，焉知死？」子路問先生關於服事鬼神的事。孔子說：服事人還沒做得來，哪能談到服事鬼神？子路又說：冒昧地請問「死」是怎麼回事？孔子道：還沒弄明白「生」的道理，怎麼能弄明白「死」呢？

當代翻譯家關於這段話的翻譯，大略如彼。子路是孔子門下極有特點的學生，突出的特點是好學好問，而且不憚於挨批判。本篇文字的前面幾章，連續談到顏淵之死，接著出現季路問事鬼神，應該屬於順理成章。面對幾番病重的孔子，面對顏淵的死亡，大家平常對於生死問題的思考與追問，此刻一定是格外凸顯出來。

死，究竟是怎麼回事？到底有沒有鬼神？人死後，會變成鬼嗎？這是人類混沌初開時代的天問；這是每個人曾有的巨大困惑；這是人類對未知世界的探求；這是趨於形而上的思考。子路的發問，具有代表性。也可以說是對夫子的問難。

孔子卻沒有正面回答。困惑著子路的問題，我相信依然在困惑著他。有的注釋家說，孔子的回答非常巧妙。天道遠、人道邇。人生現世的問題紛紛擾擾還不曾解決，哪裡來得及去談論鬼神問題？還有的注釋家認為：中人以下，不可以語上。子路等人還理解不了那麼高深，不是和他們講論抽象的形而上問題的時候。言外之意，孔子已經洞察了生死，他是懂得服事鬼神的；他只是因材施教，不給子路進一步闡述罷了。

這樣的說法，看似言之成理，其實屬於「高推聖境」。事實上，整部《論語》中，孔子始終沒有正面或在形而上的意義上講過鬼神問題。上面這段和子路的對話，可以說孔子是答非所問，孔子是繞著彎兒迴避子路的問題。子路和我們一樣，對這樣的回答不能滿意。

讓我們大膽拓開一點思路。孔子真的是無所不知嗎？孔子迴避這樣的話題，不妨說是孔子回答不出、回答不好這一問題。這樣判斷，並不是矮化孔聖人，或者正是正確理解孔子，還孔子以本來的真實面目。

孔子思考過鬼神問題嗎？追問過生死嗎？回答應該是肯定的。那麼，他相信鬼神嗎？有人認為，通過孔子和子路的這段對話，可以判定：孔子並沒有明確否認鬼神的存在。是這樣的。人們判定什麼「有」，不難。只要找出一個實物例證就可以了。而要判定什麼「無」，幾乎不可能。那必須掃空六合、窮盡宇宙才可以做到。

我們也可以這樣說：沒有否認，並不就是承認。孔子到底沒有明確肯定鬼神的存在。非此即彼的邏輯，在這兒不合用。

在所謂的軸心期時代，在人類蒙昧初開的遠古，華夏文明孕育出了孔子這樣的偉人。孔子是理性的，誠實的。他沒有看到天堂地獄、六道輪迴，他就不去虛構。鬼神之事，他談不來、談不好，他就不談。知之為知之，不知為不知，是知也。

孔子的理性引導，在東方，在中國，導致了「敬鬼神而遠之」。最普通的老百姓也說：人死如燈滅。孔子清醒的、理性的、現實的言論，事實上否認了鬼神存在，粉碎了神學的基礎。

子不語。正是子之語也。

接下來《論語．先進》篇第十三章，閔子侍側，誾誾如也；子路，行行如也；冉有、子貢，侃侃如也。子樂：「若由也，不得其死然。」幾個心愛的弟子陪侍在一邊，閔子騫是一副恭敬正直的樣子；子路，剛強的樣子；冉有和子貢，和樂的樣子。孔子非常高興。但又說：像仲由這樣子，恐怕會死於非命吧。

在這兒，孔子談到了愛徒子路的未來可能的結局。事實上，子路後來確實是不得其死。孔子有預見未來的超能力嗎？恐怕不是。他只是根據子路的性格，作出了可能的推斷。

子路是向孔子詢問過生死問題的。孔子沒有回答，也無法回答。這樣的問題，需要每個人自身去參悟和面對。

子路在面對死亡之際，知生知死了嗎？

我們只知道，子路慷慨赴義，死得尊嚴。

他不愧是孔子的愛徒，無愧於士子的名堂，這就夠了。

沒有天堂，沒有地獄。在史書上、在煌煌經典中，子路贏得了他的永生。

「鳴鼓而攻」的震怒

季氏富於周公，而求也為之聚斂而附益之。子曰：「非吾徒也。小子鳴鼓而攻之，可也。」

——先進篇・第十七章

《論語・先進》篇第三章，排列出了所謂孔門十哲。德行：顏淵，閔子騫，冉伯牛，仲弓。言語：宰我，子貢。政事：冉有，季路。文學：子游，子夏。

其中，冉有、子路二位列在政事。然而就是在先進篇，孔子對冉求發出了極其嚴厲的批評，批評的恰恰是冉求的為政。

《論語・先進》篇第十七章，季氏富於周公，而求也為之聚斂而附益之。子曰：「非吾徒也。小子鳴鼓而攻之，可也。」季氏比周公還富有，而冉求還要為他聚斂以增加更多的財富。孔子說：冉求不是我們的人。你們學生們可以大張旗鼓地攻擊他。

孔門弟子人才濟濟，孔子並不一般地反對大家從政。在《論語・雍也》篇第八章，曾有季康子問。季康子問過仲由和子貢可否治理政事之後，問到了冉求。當時，孔子爽然回答：求也藝，於從政乎何有？冉求多才多藝，對於治理政事有什麼難的呢？

後來，冉有果然做了季氏的家宰。對於這個弟子服務於權臣季氏，孔子當做是其個人的選擇，並沒有什麼褒貶。在《論語・八佾》篇第六章，即季氏旅於泰山一章，記載了季氏僭禮祭泰山、冉有不能阻止的事件。那次，孔子的言語中，有責備冉有的意思，畢竟沒有公然批評冉有。季氏在魯國專權，有種種僭禮行為，恐怕不是冉有可以阻攔得了的。

這一次，情況變得要嚴重得多。季氏已經比周公還富有，此時要推行新的田賦制度，以增加賦稅，加重對民眾的盤剝。作為家宰的冉有，不僅沒有阻止，還幫忙聚斂。孔子再也不能容忍，非常憤怒。冉有他不配做我的徒弟！不是我們的人！學生眾人可以大張旗鼓來攻擊他！

孔子自己說過，富而可求的話，自己去執鞭幹活都可以。那麼，對於冉求從政、出仕，除了實現政治抱負，「祿在其中」，做官領薪俸，也是可以理解的。但是，作為孔門弟子，不能喪失原則立場。為虎作倀，絕對不可以諒解。對於冉求的行為，孔子的言辭異常激烈。我們沒有見過孔子對任何別的弟子曾有這樣嚴厲的批評指責。孔子簡直是震怒了。

讀書至此，我們難免會生出一點聯想：溫而厲、威而不猛，溫、良、恭、儉、讓的孔子，原來也有震怒的時候。有快人快語的時候，有率性的一面。

孔子的這次震怒，應該還有餘波，下文對此有所呼應。

請看該篇第二十四章。季子然問：「仲由、冉求可謂大臣與？」子曰：「吾以子為異之問，曾由與求之問。所謂大臣者，以道事君，不可則止。今由與求也，可謂具臣矣。」曰：「然則從之者與？」子曰：「弒父與君，亦不從也。」

季子然問孔子：子路、冉有可以稱得上是大臣嗎？孔子說：我還以為你問的是別人呢，原來是問仲由和冉求啊！所謂大臣，按照道義來侍奉君主，如果行不通，寧可辭職不幹。如今仲由和冉求這二位，可以說是有些才具的臣屬吧！季子然接著問：那麼，他們是完全服從上級的人嗎？孔子回答：如果上級弒父弒君，那是不會服從的。

這兒，說的是子路和冉有，孔子強調的其實是為臣的準則。在孔子的眼裡，冉求有些才具，有點從政能力，並且不會無條件服從，但他最終不過只是一名具臣而已。他遠遠夠不上大臣的標準，那就是他遠遠沒有做到以道事君，不可則止。

如果說，孔子前面的震怒，是在弟子們的圈子裡，是一種私下的表態，那麼，面對季子然的詢問，孔子是將自己對冉求的評價公諸於整個社會了。

孔子，作為自外於體制的賢哲，作為冉求的先生，責無旁貸地督察著自己的學生。孔子對冉求的評價，是客觀的，也是嚴厲的。這是對為政者的評判；這是對權力的監督。

「善人之道」探討

子張問善人之道。子曰：「不踐跡，亦不入於室。」

——先進篇・第二十章

子曰：「聖人，吾不得而見之矣；得見君子者，斯可矣。」子曰：「善人，吾不得而見之矣；得見有恆者，斯可矣。亡而為有，虛而為盈，約而為泰，難乎有恆矣。」

——述而篇・第二十六章

子曰：「『善人為邦百年，亦可以勝殘去殺矣。』誠哉是言也！」

——子路篇・第十一章

《論語・先進》篇第二十章，子張問善人之道。子曰：「不踐跡，亦不入於室。」子張問作為善人的準則。孔子說：善人不踩著別人的腳印走，學問道德也難以到家。

對於子張的詢問，孔子的回答極為簡捷。一般譯注家的翻譯也只是流於字面。到底什麼是善人之道？當初問話的子張，可能明白了；而我們，當代的讀者，看了這樣的譯文，卻依然不得明白。「不踩著別人的腳印走，學問道德也難以到家」，這怎麼就能成為善人之道呢？對這章《論語》，有必要作進一步的探討。

首先，原文中的入於室，翻譯家們多是沿用了該篇第十五章關於入室的解釋。第十五章，子曰：「由之瑟奚為於丘之門？」門人不敬子路。子曰：「由也升堂矣，未入於室也。」孔子說：仲由彈琴的水準，哪裡能在我的門下彈奏呢？學生們於是因此有點瞧不上子路。孔子又說：仲由嘛，他的學問（或包括彈琴）已經算是不錯了，只是還不夠精深到家吧。

「入室」，沿用上面的解釋，得出的結論是：善人的學問道德難以「到家」。那麼，這樣水準的人，怎麼能夠稱得上是「善人」呢？

善人，究竟是指什麼樣的人呢？我們有必要先來弄清善人的概念。

整部《論語》提到善人，共有三次。

一次，是在《論語・述而》篇的第二十六章。

子曰：「聖人，吾不得而見之矣；得見君子者，斯可矣。」子曰：「善人，吾不得而見之矣；得見有恆者，斯可矣。亡而為有，虛而為盈，約而為泰，難乎有恆矣。」

孔子說：聖人，我不能見到了；能夠見到君子，就可以了。

孔子說：善人，我不能見到了；能夠見到有恆心向善的人，就可以了。沒有卻裝作有，空虛卻裝作充實，窮苦卻裝作富有，這樣的人是難以有恆心向善的。

這裡，孔子在聖人之後論及善人，善人即便達不到聖人的修養高度，但孔子依然不得而見。而且原文說得分明，善人的修養相當高，高於「有恆者」。怎麼能把善人說成「道德學問難以到家」呢？

到《論語・子路》篇第十一章，孔子又一次講到了善人。子曰：「『善人為邦百年，亦可以勝殘去殺矣。』誠哉是言也！」孔子說：有人說過這樣一句話，「善人治理國家一百年，也就可以克服殘暴消除殺戮了。」這話說得真對呀！

能夠克服殘暴、去除虐殺，是為善人治國的效果。道德學問不到家，怎麼可能？至此，我們可以認為：當代譯注家們對「善人之道」的理解上有了偏差，造成了翻譯的不準確。

參看南懷瑾先生的《論語別裁》，南先生則將善人解為當今意義上的慈善者。做善事，應該是怎樣的態度？不要「踐跡」，不要為著表演，不要有為著讓人看到善舉的心態。也不要「入室」，則是不要拘泥於內，硬把自己綁定在善人的名堂裡。

南先生言之或許成理。但我們還是不解：這樣的善人，夫子緣何不得而見呢？這樣的善人，如何就能讓一個國家勝殘去殺呢？

對於言說「善人之道」的該章文字，諸多譯注家的翻譯和解說都不能令人滿意。筆者有自己的一點淺見，呈諸文字，作為探討。

首先，善人為邦百年，可以勝殘去殺；善人不是「道德學問不到家」，而是相當到家。孔子對善人的評價，只是低於聖人罷了。其次，《論語‧述而》篇第二十六章，是理解不踐跡、亦不入於室的關鍵。孔子自承，對聖人、善人都是不得而見。對於聖人，比如文武周公，尚且有文獻考據；孔子對他們的瞭解，可謂「踐跡」。踐跡，應該是這個意思。而對於善人，非常可惜，沒有典籍文獻可考，是為不踐跡；因而孔子對善人也就沒有機會研究到家，是為亦不入於室。

所以，不踐跡，亦不入於室，孔夫子在這兒說的是自己。是自己對於善人研究的真實情形。

孔子對子張的問題，其實是沒有很好回答。

孔夫子宣導知之為知之，不知為不知，這應該又是一個典範例證。

「克己復禮」說

顏淵問仁。子曰：「克己復禮為仁。一日克己復禮，天下歸仁焉。為仁由己，而由人乎哉？」顏淵曰：「請問其目。」子曰：「非禮勿視，非禮勿聽，非禮勿言，非禮勿動。」顏淵曰：「回雖不敏，請事斯語矣。」

——顏淵篇・第一章

《論語・顏淵》篇第一章，顏淵問仁。子曰：「克己復禮為仁。一日克己復禮，天下歸仁焉。為仁由己，而由人乎哉？」

顏淵曰：「請問其目。」子曰：「非禮勿視，非禮勿聽，非禮勿言，非禮勿動。」

顏淵曰：「回雖不敏，請事斯語矣。」

這段《論語》，一般的翻譯是這樣的——

顏淵問什麼是仁。孔子說：「約束自己而遵守禮的規定就是仁。一旦能做到約束自己而遵守禮的規定，天下人就會稱許他是仁人。修行仁德全靠自己，難道是靠別人嗎？」

顏淵說：「請問修行仁德的具體條目。」孔子說：「不合禮的不去看，不合禮的不去聽，不合禮的不去說，不合禮的不去做。」

顏淵說：「我雖然不聰敏，請讓我按照這話去做吧。」

仁和禮，是孔子儒學理念的核心。這裡，孔子提出「克己復禮為仁」，第一次對「仁」作出了明確的解釋，同時界定了仁和禮的相互關係。但如上所列，一般的翻譯只是在「依文解經」，讓人有些不得要領。

一日克己復禮，天下歸仁焉。這句話尤為令人困惑。天下歸仁究竟說的是什麼呢？某人做到了克己復禮，天下人就稱許某人是仁人。孔子說的果然是這個意思嗎？天下歸仁，無疑還有「整個天下歸於仁道」的意思。孔子的原話或許是說：一旦做到克己復禮，整個天下就能歸於仁道。克己復禮，是如此重要，我們不能不對之作出進一步的解析。克己，是約束自己；那麼復禮呢？僅僅是某人「遵守禮的規定」嗎？原文為什麼不說「尊禮」，恰恰說的是「復禮」呢？

孔子在這兒用語非常明確，不是尊禮，而是復禮。孔子所設想的道德社會，是一個禮治社會。復禮，就是恢復周公之禮。在孔子眼裡，周公制定的周禮，十分完備，十分文明。禮，就是因襲夏商王朝而來的文化傳統，就是華夏民族延續千年共同創建的規則體系，甚或就是整個社會都在遵循的至高無上的法規。在孔子所處的時代，這個規則體系遭到了破壞。恢復這個體系，「復禮」，成為孔子關注的核心。一旦恢復禮治，整個社會整個天下將歸於仁道。

所以，我認為：孔子說的是天下事。說的不是某些個人的道德修養問題。某些個人，比如孔子、比如顏淵，道德修養達於完備，整個天下就能變成道德社會嗎？孔夫子不會那麼天真。那只是後世「依文解經」的書生之見。要想天下歸仁，必須整個天下「復禮」。制度建設的重要性，先於並且高於個人修養，這個道理應該屬於常識。

但要想整個天下歸仁，需要整個天下「復禮」，這樣宏偉的事業從何著手呢？其關鍵在於「克己」。而關鍵中的關鍵，首先是天子、諸侯國君個人的「克己」。他們不來「克己」，整個天下的「復禮」就是不可能的。

當然，這裡也同時出現了一個「從我做起」的問題。顏淵的發問，孔子的回答，師生二人心有靈犀，對此有了通透的理解。要建立天下歸仁那樣的道德社會，「復禮」需要仁者「克己」，有賴於我們的不懈努力。為仁由己，而由人乎哉？難道那樣的社會能自己從天上掉下來嗎？難道是由於什麼人的恩賜嗎？

肩負民族文化道統傳承的偉大使命的孔子，敏感地乃至天才地預感到了王權專制即將降臨中華大地。老先生奔走天下、整理經典，就是要力爭把我們民族創建的合乎禮治的規則體系，推廣開來、留傳下來。

孔子奔波呼號，到底沒有能夠阻擋王權專制的出現；王權專制焚書坑儒，卻也到底沒有能夠消滅儒學傳統與士文化。兩者之間的生死搏戰始終沒有停止過。士文化經歷了現當代近百年殘酷的焚書坑儒，竟然傳留一線生命，不能不說近乎一個奇跡。

士文化生生不息，或能成為我們當今社會走向民主的傳統出發點。

問政子貢明白否

子貢問政。子曰：「足食，足兵，民信之矣。」子貢曰：「必不得已而去，於斯三者何先？」曰：「去兵。」子貢曰：「必不得已而去，於斯二者何先？」曰：「去食。自古皆有死，民無信不立。」

——顏淵篇・第七章

子貢問政。子曰：「足食，足兵，民信之矣。」
子貢曰：「必不得已而去，於斯三者何先？」曰：「去兵。」
子貢曰：「必不得已而去，於斯二者何先？」曰：「去食。自古皆有死，民無信不立。」

以上是《論語・顏淵》篇第七章子貢問政的內容。說是文言文，接近於古白話，應該說是明白如話。但由於對關鍵字「足食、足兵、去兵、去食」的不求甚解，僅依字面來翻譯，當代譯文卻反倒讓人讀得糊塗起來。楊伯峻先生的譯文是這樣的——

子貢問怎樣去治理政事。孔子道：「充足糧食，充足軍備，百姓對政府就有信心了。」

子貢道：「如果迫於不得已，在糧食、軍備和人民的信心三者之中一定要去掉一項，先去掉哪一項？」孔子道：「去掉軍備。」

子貢道：「如果迫於不得已，在糧食和人民的信心兩者之中一定要去掉一項，先去掉哪一項？」孔子道：「去掉糧食。（沒有糧食，不過死亡，但）自古以來誰都免不了死亡。如果人民對政府缺乏信任，國家是站不起來的。」

譯文應該說是非常嚴謹。字句對應，並無舛錯。然而，我們讀過這樣的譯文，卻是不能明白；豈止不能明白，簡直是大惑不解。

國家，諸侯國，邦國，方國，國家大事，不過耕戰。所以，足食、足兵翻譯成「充足糧食、充足軍備」是可以的。以下，子貢和孔子所說的國家遇到的「迫不得已」的情況是什麼情況？無非是兩種可能，一種是戰爭，一種是災荒。已經有研究家指出，包括我們按常情推論，前一種情況不合邏輯。國家遇到戰爭，怎麼可能去掉軍備呢？

於是就只剩下後一種情況，也就是國家遇到了災荒。如何應對災荒、並且堅持取信於民？孔子開出的方子是兩條：第一去掉軍備，第二去掉糧食。

在孔夫子開出上述兩條方略之後，再無下文。看來提出問題的子貢，得到了明確的答覆。子貢本人是明白了。我們看了原文，並且參看了翻譯，卻實在不能明白。

不論國家遇到戰爭還是災荒，抑或是遇到了另外的迫不得已的情況，一個邦國方國去掉軍備是怎麼回事？去掉糧食更加令人莫名。是燒掉糧庫？還是扔掉糧食？去掉軍備和糧食之後，政府怎樣就獲得了老百姓的信任？國家怎樣就能保證了安全與存在？參看朱熹的《四書章句集注》，更加莫名其妙。自古皆有死，民無信不立，竟然解釋成「大不過一死，民眾百姓也要信任政府」的意思。《論語》的歷代注釋家，多少年來提供出的是這樣一筆看似明白的糊塗賬。

令人高興的是，當代大家林鵬先生，數十年博覽群書、手不釋卷，遍翻古籍，終於爬梳出了言之有據的答案。林先生找出了《漢書‧刑法志》的一段原文：「殷周以兵定天下……因井田而制軍賦……有稅有賦。稅以足食，賦以足兵。」子貢問政，孔夫子講的足兵、足食，說的是這個。儒家主張取民有制。按制度定規收取賦稅，是取信於民的基本要求。子貢提出遇到迫不得已的非常情況，孔夫子講的「去兵、去食」，說的還是這個。遇到大災荒，先蠲除老百姓的軍賦；還不行，那就「去食」，免除當年的田稅。沒有當年的稅收，依靠稅收開飯的當局，官吏和貴族們怎麼辦？沒有飯吃，頂多不過是餓死；然而即便餓死，也不能違背「取民有制」，不能失信於民。

在此，孔夫子是極而言之。是對治理國家的當局指出了治國的要害：無論如何要取信於民。其實，貴族老爺們哪裡會餓死呢？他們不要過分貪得無厭，能夠多少體恤一點民情，就夠好的了。

《論語・顏淵》篇第七章子貢問政的翻譯注釋，自古以來的糊塗賬，至此終於得以厘清。這是先秦古典研究正確解經的一個具體成果。這是值得我們慶幸的事情。

林鵬先生參閱的是一九八〇年版的楊伯峻的《論語譯注》。該書數年間印數達十六萬冊。林鵬先生指出譯注中關於「去兵、去食」的含糊注釋，嚴肅撰文糾正並正式出版《蒙齋讀書記》，是在一九九八年。

我開始讀論語，本的是二〇〇六年中華書局出版的楊伯峻先生的《論語譯注》簡體字本。印數九萬五千冊。另外參看過張燕嬰先生的《論語》注釋本，該書也是中華書局於二〇〇六年出版，印數十六萬冊。從一九八〇年到二〇〇六年，二十六年過去了；從林鵬先生一九九八年提出「去兵去食」的正確翻譯解釋，八年過去了。錯誤的、或者是含糊不清的翻譯，依然那麼存在著。

兩千年前問政的子貢明白了，兩千年下的我們卻糊塗著。感慨繫之；感慨繫之而已。

從辛亥革命到現在，是整整一百年。這一百年，從某種意義上講，幾乎是不肖子孫大肆破壞傳統、詆毀傳統經典的一百年。時至今日，我們終於可以坦然閱讀古來經典，而不必再恐懼受到批判討伐。這中間，翻譯家和譯注家們，做了非常寶貴的工作，功莫大焉。譯注工作方面，如果能夠傾聽各種意見、博採眾長，力爭做到少出舛錯、有錯必糾，則將對古典的傳承大有裨益，建無量功德。

片言折獄是片面斷案嗎？

子曰：「片言可以折獄者，其由也與？」子路無宿諾。

——顏淵篇・第十二章

《論語・顏淵》篇第十二章、十三章，孔子談到聽訟折獄。第十二章，子曰：「片言可以折獄者，其由也與？」子路無宿諾。這一章，兩句話。楊伯峻先生的譯注本把第一句用引號標定為孔子的話，這應該沒有問題。第二句判定不是孔子的話，而是《論語》編纂者對子路的客觀評斷，依據的是古來的慣常注釋。白話翻譯則是這樣的——孔子說：「根據一方面的語言就可以判定案件的，大概只有仲由吧。」

子路從不拖延諾言。

子路，位列孔門十哲，居於政事科。從政、執政，一定會有聽訟折獄也就是聽取訴訟判斷案情的工作。「片言折獄」，翻譯成「只是聽取一方面的語言就可以判決案件」，讓人難以苟同。打官司一般都有原告被告所謂「兩造」，子路怎麼可以只聽一方面的言辭就來斷案？他就是這樣處理案件成為孔門高足的嗎？他是有什麼特異功能的天才嗎？如果不是，單聽一面之詞難道不會造成冤假錯案嗎？孔子對那樣輕率、草率斷案的子路，評價的語言也太客氣了吧。

所以，「片言折獄」應該有別樣的翻譯。一個，可能是指並不那麼繁冗的訟詞、證詞，子路能抓住關鍵要害語言來斷案。一個，可能是說子路斷案下結論，不囉嗦，三言五語，快刀斬亂麻，切中肯綮。因而，片言折獄在這兒不存貶義，倒是褒義，說的是一種能力。

當然，這也從側面反映了子路的個性，慷爽、直率。對於弟子這樣的個性，孔子是欣賞的，儘管不是一味肯定。至於子路無宿諾，從不拖延兌現諾言，說的還是子路的鮮明個性和言行特徵。承諾了，就去幹。言必信、行必果。這與「片言折獄」體現出來的風格是一致的，有其內在的性格統一性。

講到折獄、聽訟的話題，夫子想的當然更加深遠。

第十三章，子曰：「聽訟，吾猶人也。必也使無訟乎！」孔子說：聽訟判案，我跟別人的本事差不多。一定要使人們沒有訴訟才好啊！

孔子做過魯國司寇，當然審理過刑訟案件。說到聽訟判案，孔子自謙，同別人差不多。孔子考慮的是怎樣能夠讓整個社會根本就沒有訴訟發生。那樣的社會，無疑就是孔子理想中的道德社會。怎樣實現那樣的理想？早在《論語‧為政》篇第三章，孔子就闡述過如何以德去刑，那就是道之以德，齊之以禮，有恥且格。那是一個禮治社會，人民依循禮法生活而不需要刑律處罰恐嚇。

孔子說的還是一曰克己復禮，天下歸仁的話題。

建立道德社會，依禮治國，這是東方聖哲心目中的理想國。

片言折獄、斷案如神，畢竟已經落於下乘；怎樣才能從根本上做到整個社會「無訟」呢？這或者永遠都只能是一個理想。

沒有希望的社會，將是一座活地獄。而沒有理想的民族，將永遠沒有希望。

有子到底是不是幫兇

哀公問於有若曰：「年饑，用不足，如之何？」

有若對曰：「盍徹乎？」

曰：「二，吾猶不足，如之何其徹也？」

對曰：「百姓足，君孰與不足？百姓不足，君孰與足？」

——顏淵篇．第九章

《論語．顏淵》篇第九章，是饑年用度不足而魯哀公請教有若幫他想辦法的文字。有若，就是《論語》中多數情況下受到尊稱的有子。

哀公問於有若曰：「年饑，用不足，如之何？」

有若對曰：「盍徹乎？」

曰：「二，吾猶不足，如之何其徹也？」

對曰：「百姓足，君孰與不足？百姓不足，君孰與足？」

這段對話，楊伯峻先生翻譯如下——

魯哀公向有若問道：「年成不好，國家用度不夠，應該怎麼辦？」

有若答道：「為什麼不實行十分抽一的稅率呢？」

哀公道：「十分抽二，我還不夠，怎麼能十分抽一呢？」

答道：「如果百姓的用度夠，你怎麼會不夠？如果百姓的用度不夠，你又怎麼會夠？」

這段對話的翻譯，遇到一個關鍵字：徹。徹，即徹法，是古代徵收田稅的一種稅制名稱。一般認為，徹法的稅率是十分抽一。但早於孔子所處的春秋時代，就有古老的徹法。「徹」字，有「取走」的釋義。古時也有過管理者把田裡的出產全部拿走然後再分配口糧的情況，那當然也叫「徹」。有若給哀公出主意，請哀公使用徹法，究竟是不是建議哀公採用十分抽一的稅率？弄清這個非常關鍵。因為，這牽扯到的是一個重大原則問題：

在「年饑」的時候，有若究竟是考慮減輕農民的負擔，讓哀公減少田賦？還是不管農民死活，只考慮哀公的用度不足，要增收田賦？由之，也將牽扯到在這件事情上，我們對有若的評價。他是廣大民眾利益的代言人？還是統治者魯哀公的幫兇？

從哀公所提的問題可以看出，這兒所說的年饑，用不足，不是抽象講談理論問題，不是虛擬情況來談應對政策。而是說的實際情況。年饑，是魯國真的遭了災荒；國家財政遇到困難，哀公用度不足，於是請有若出主意。

有若回答說：你何不改用徹法來徵收賦稅呢？

這就必然牽扯到對徹法的理解。

從楊伯峻先生到張燕嬰先生乃至到南懷瑾先生，都認為徹法是「十分之一」的稅率。海峽兩岸各位解經家注釋家，在這一點上取得了高度一致。

有若出的是這樣的主意，那麼哀公一定會大惑不解，提出反詰。如今稅率是十分之二，我尚且不夠用；你竟然說讓我只徵稅十分之一！

往下，由於解經家注釋家先入為主，認定有若是孔子的學生，一定是要給民眾爭取權益，希望老百姓減輕負擔，所以只能硬著頭皮繼續解釋。有若對哀公的反詰，這樣回答：少徵稅好啊！少徵稅，老百姓就富足了；老百姓富足了，於是哀公你也就富足了，你的用度不足的問題就迎刃而解了。

這樣注釋，彷彿很圓滿。有若毅然為民請命，而哀公格外聽話。有若說要少徵稅，哀公就同意少徵稅。因為他被有若說服了，甚至是感動了。老百姓日子好過，國君的日子自然也就會好過起來。事情的解決，原來是這樣簡單方便啊！

但我們難以滿足於這樣的注釋翻譯。

年饑，不是秘密。魯國遇到災荒，魯哀公知道，有若也知道。魯國採用十分之二的慣常稅收辦法，由於稅收總量減少，魯哀公因之用度不足，不能養活官僚體系和軍隊，有若對這個是清楚的。要說有若不瞭解魯國實行的稅制，是說不過去的。這時，魯哀公請有若想辦法、出主意。有若說，十分之一的稅收就最好了，就能解決問題。多徵稅，你的用度不足；少徵稅，你的用度就足夠了。世界上有這樣的道理嗎？這是一場文字遊戲滑稽劇嗎？是有若的智商出了問題，還是他把哀公當猴耍？

這個時候，有若建議魯哀公改用徹法，這個徹法一定不是十分抽一。可是，從古到今的研究家、注釋家，多是沿襲舊說。我們確實是遇到了巨大的困難。

好在千部一腔的時節，有一個不同的聲言。

林鵬先生的《蒙齋讀書記》當中，有一篇文章《徹法論稿》，談到了徹法。林先生遍翻史書，積年研究，得出幾點極有見地的結論。

一、不能看見十分抽二，就把「徹」認定是十分抽一。

二、徹法有古今之分。古來確實有過只抽十分之一的情況，但也有全部拿走的情況。

三、徹者徹也。徹就是取。取走，拿走。春秋時代各國紛紛變法，徵收稅賦有貢、有助、有徹。這時的徹，就是借用古制的名堂推行新法，農田的出產大部分拿走。二分抽一乃至三分抽二。

四、哀公是食貢的，他不直接經營農業，不直接徵收田稅和軍賦。是把持權力的季氏三家直接徵稅，給哀公一定的貢賦。此時的哀公儘管食貢，不直接收稅，但依然形式上負責頒發政令。

五、這段話中的「百姓」，又是個關鍵字。它不是我們當代理解意義上的普通老百姓。百姓，不是繳納田稅的種田人；恰恰是百官，是徵收田稅者。《史記・五帝本紀》，「百姓昭明，合和萬國」，百姓指的就是百官。

參考過林鵬先生的研究成果，我們對魯哀公和有若的這段對話就易於理解了。有若給哀公出的主意，就是下令改用徹法。哀公的話，二，吾猶不足，如之何其徹也？吾猶不足後面應該是句號。「眼下施行的是十分抽二的稅率，我還是不夠。你提出徹的辦法，將是個什麼情況呢？」下面，有若的回答非常明確：你就讓那些負責徵稅的「百姓」亦即百官採用徹法吧。他們多徵了，滿足了，多給你些貢賦，你才能夠滿足呀！他們不滿足，哪裡會多給你貢賦、你哪裡會滿足呢？

林先生所說，儘管也只是一家之言，但言之有據。至此，這段《論語》的翻譯解釋才比較合理，合乎邏輯，也合乎當時應對的語境。

哀公請教有若，有若是忠實地給哀公出主意的。他明白當時的國家稅收制度，他壓根就沒有替農民、農夫、種田人、納稅者考慮分毫。

參看該篇第七章，在國家遇到災荒的時候，孔子的主張是「去兵、去食」。免除兵賦，進而免除田稅，主政者即便餓死也要取信於民。面對事實上的災荒，有若卻是建議魯哀公動用徹法，增加稅收。

至少，在有若應對哀公這件事上，有若不是民眾的代言人，恰恰是充當了統治者的幫兇。

「成人之美」的現身說法

子曰：「君子成人之美，不成人之惡。小人反是。」

——顏淵篇・第十六章

《論語・顏淵》篇第十六章，子曰：「君子成人之美，不成人之惡。小人反是。」孔子說：君子成全別人的好事，不促成別人的壞事。小人卻和這相反。

孔子的許多語錄，都具有格言的性質。上面孔子這句話，應該說具有普遍意義。應該成為君子的言行法則之一。

但《論語》的編纂者所以將這段話編輯於此，又是有意味的。與前後篇章有著內在的有機聯繫。

《論語・先進》篇第十七章，冉求為季氏聚斂，孔子叫弟子們對其鳴鼓而攻之。冉求的做法，分明就是成人之惡。《論語・顏淵》篇第九章，有若為魯哀公出主意，建議哀公用徹法來加重民眾負擔。有若的行為，就更是成人之惡。

不要成人之惡、而要成人之美，孔子並沒有停留在空發議論、發佈格言，而是身體力行，扎扎實實地這樣做。以下幾章文字，記錄了孔子的現身說法。

《論語・顏淵》篇第十七章，季康子問政於孔子。孔子對曰：「政者，正也。子帥以正，孰敢不正？」季康子向孔子詢問國政的事。孔子對答道：政字的意思就是端正。你自己帶頭端正，誰敢不端正呢？

居上位的執政者，正直、正派、正確，端正、剛正、明正，實在是最重要的。孔子這是用發問的方式給季康子講述肯定的道理。

第十八章，季康子患盜，問於孔子。孔子對曰：「苟子之不欲，雖賞之不盜。」季康子苦於盜賊作害，向孔子求教。孔子對答道：假如你不貪求太多的財富，就是獎勵偷搶，他們也不會幹。盜賊作害的根源在哪兒？盜賊是怎樣產生的？統治者的私欲，對財富的貪求，造成社會財富分配不公的現實。這才是問題的癥結所在。

第十九章，季康子問政於孔子曰：「如殺無道，以就有道，何如？」孔子對曰：「子為政，焉用殺？子欲善而民善矣。君子之德風，小人之德草。草上之風，必偃。」季康子向孔子請教國政說：如果殺掉壞人，親近好人，怎麼樣？孔子對答說：你要治理國政，哪裡用得著殺戮？你喜歡從善，民眾也就會從善了。正派執政者的道德好比風，普通民眾的道德好比草。風朝哪面吹，草向哪面倒。

掌管生殺大權的統治者，總是過分迷信權力。仗恃嚴刑峻法，乃至嗜殺成性。而且把他們的殺戮對象，污蔑為「無道」，把殘酷的殺戮，標榜為「有道」。孔子理想中的道德社會，統治者帶頭遵循至高無上的禮法規矩，依禮治國，根本不需要殺戮。

以上連續三章，可以說連篇累牘記載了孔夫子對季康子的耳提面命。在魯國，季氏專權，炙手可熱。即便面對這樣的為政者，孔子依然知不可為而為之。你不來求教則罷，你求教到跟前來，孔子同樣誨人不倦，同樣有教無類。你要正派。你不可貪婪。你不能迷信殺戮。大氣堂堂，言之錚錚。

孔子懷著大悲憫，諄諄說教，不厭其煩。不啻是對成人之美，不成人之惡來了一次現身說法。女為君子儒，無為小人儒。此時此刻，誠夫子不言之言也。

樊遲學稼的易位思考

樊遲請學稼。子曰：「吾不如老農。」請學為圃。曰：「吾不如老圃。」

樊遲出。子曰：「小人哉，樊須也！上好禮，則民莫敢不敬；上好義，則民莫敢不服；上好信，則民莫敢不用情。夫如是，則四方之民繈負其子而至矣，焉用稼？」

——子路篇・第四章

《論語・子路》篇第四章，「樊遲學稼」，是《論語》中非常有名的段子。曾經被批孔家揪住不放，當做攻擊詬病孔子的重磅論據。

樊遲請學稼。子曰：「吾不如老農。」請學為圃。曰：「吾不如老圃。」樊遲出。子曰：「小人哉，樊須也！上好禮，則民莫敢不敬；上好義，則民莫敢不服；上好信，則民莫敢不用情。夫如是，則四方之民繈負其子而至矣，焉用稼？」

樊遲請求學種莊稼。孔子說：我不如老農民。樊遲又請求學種菜蔬。孔子說：我不如老菜農。

樊遲退了出去。孔子說：樊遲真是個小人！居上位的人喜好禮儀，百姓就沒有人敢不尊敬；居上位的人喜好道義，百姓就沒有人敢不服從；居上位的人喜好信實，百姓就沒有人敢不誠實。如果能這樣，四方百姓就會背負著繈褓中的子女來投靠了，哪裡用得著親自種莊稼呢？

批孔家揪住這段話，說這是孔子鄙視勞動人民的鐵證。他們以勞動者的代言人自居，一派正義在手的架勢，秉承的不過是階級鬥爭學說，動不動給人劃成分那一套。這且不去說它。我們在學術研討的意義上來分析這一章節，也能感覺到其中的吊詭之處。

孔子儘管多能，多才多藝，卻並不會種地種菜，在這段會話中我們得到了進一步的證實。孔子對樊遲的請教，回答非常誠懇。不如老農、老圃，就公開承認不如。孔子興辦私學，也沒有教授農耕技術這樣的課程。樊遲對這些應該是清楚的。那麼，樊遲為什麼會突然提出要學習種地種菜？在上一篇，即《論語・顏淵》篇的第二十一章，樊遲向孔子請教崇德、修慝、辨惑的問題，孔子首先評價說善哉問，誇獎樊遲的問題問得好。此後，《論語》還記載了幾次樊遲問仁，樊遲對仁學、對修身，應該說是好學多思。此刻突然提出要學習種地種菜，確實讓人感到有些突兀，甚至是怪哉。

樊遲果然是要學習種地種菜嗎？我們不妨站在他的角度來作一回思考。孔子講過用之則行、舍之則藏的話，還講過天下有道則見、無道則隱的話。如今天下無道，至少是夫子的大道不能風行。學生們除了少數人如子貢，善於經商；如冉求，出仕從政；其他人怎麼辦？極而言之，多數人確實會面對一個基本的也是嚴峻的問題：如何生存下去。大家藏起來，過隱居的生活，吃什麼？如果回家種地糊口，不需要學習農耕技術嗎？

這樣替樊遲設想一回，他的問題就不再顯得那麼突兀怪哉了。但他沒有展開自己的問題，沒有申說提出問題的遠因，貿然請教如何種地種菜，孔子自然覺得突兀而莫名。認為樊遲即便不屬於離經叛道，至少也是腦子發昏。於是，這就引出孔子的一番議論來。

然而，由於師生之間沒有達到良好溝通，孔子的議論儘管義正詞嚴，卻彷彿有點所答非所問，缺乏針對性。上好禮，則民莫敢不敬，孔子的話說得一點不錯。可是，樊遲卻並不是居上位的執政者。他只是夫子門下一位並不那麼才思敏捷的學生。即便樊遲嚴謹修身，做到「好禮、好義、好信」，就有人來投奔樊遲、替他種地嗎？

當然，孔子的話也是省去了一個展開的過程。孔子教育學生，要學習經典、要求仁得仁，然後要在天下推行仁道，致力於建立道德社會。大家的重大任務之一，就是說服乃至約束統治者實行禮治。樊遲竟然扯到什麼種地種菜，你把天下大事放到哪兒去了？真是小人之見，短視粗鄙！

樊遲出。他離開了現場。他原本是要真的請教種地種菜嗎？恐怕未必。他自個去琢磨怎麼種地種菜了嗎？定然不會。他的言外之意，是曲折表述自己的某種困惑。學生中，有著樊遲同樣困惑的一定不止一人。他離開了現場，沒有聽到夫子接著的一番話語。他或者還在困惑中吧。

知不可為而為之，孔子矢志不移要建立一個禮治社會、一個道德社會，這樣的偉大理想能夠變成現實嗎？上好禮，則民莫敢不敬，道理是不錯。可是，居上位者不喜好禮，偏偏喜好暴力暴政，我們怎麼辦呢？樊遲們的困惑，或也正是我們的困惑。

後來，數百年之後，出了一個陶淵明。「種豆南山下，草盛豆苗稀。」他是真的歸隱田園，果然親自躬耕去也。他不再考慮天下大事了嗎？恐怕未必。能說他是小人嗎？大概也不能。

如此比附一回，樊遲挨罵，是否多少有些冤枉呢？

「三年有成」的構想

子曰：「苟有用我者，期月而已可也，三年有成。」

——子路篇・第十章

子曰：「『善人為邦百年，亦可勝殘去殺矣。』誠哉是言也！」

——子路篇・第十一章

子曰：「如有王者，必世而後仁。」

——子路篇・第十二章

《論語·子路》篇第十二章，子曰：「如有王者，必世而後仁。」一世是三十年，孔子認為：如果有王者興起，一定需要三十年才能仁政大行。或者可以譯成：王者治國，經過三十年，必可大成。

第十一章，子曰：「『善人為邦百年，亦可勝殘去殺矣。』誠哉是言也！」如果由善人來治理邦國，連續達到一百年，也就可以克服殘暴免除虐殺了。孔子贊同這句話。需要一百年的堅持不懈，才能實現仁政。

第十章，子曰：「苟有用我者，期月而已可也，三年有成。」孔子說：假如有用我來主持國家政事的，一年就差不多了，三年便會有所成就。

以上三章文字，都是講為邦為政的。《論語》的編纂者或者因之將其編輯在一塊。但我們在讀後卻不免疑問：王者治國，需要一世；善人為邦，需要百年。孔子治國為政，卻一年就差不多了，三年就會頗有成效。孔子豈不是太自信了？他的話是不是有點過頭了？

正常推論，孔子這句話，一定是有具體語境的。是在特定情況下，面對特定對象所說的。

我們回頭來看第九章，子適衛，冉有僕。子曰：「庶矣哉！」冉有曰：「既庶矣，又何加焉？」曰：「富之。」曰：「既富矣，又何加焉？」曰：「教之。」

「庶」字，一般作「眾多」來講。孔子到了衛國，冉有負責駕車。孔子說：人口真不少哇！

冉有發問：人口眾多，然後該怎麼辦呢？孔子回答：讓他們富裕起來。富裕了之後呢？孔子說：教化他們。

孔子主張富而後教。凡正確的治國之道，必先富民，再言其餘。話雖然簡單，卻是治國的大道理。道理簡單不過，但統治者往往不肯這樣做。多見的總是與民爭利，殘酷盤剝。

第十章孔子所說的苟有用我者，應該是針對衛國的情況來說的。如果有人讓孔子來為政治國，他一定會當先採取富民政策，讓民眾普遍富裕起來。實現這個目標需要多少年？大概三年。

三年有成，應該是說這個。

那麼，期月而已可也，是指什麼？

我們再往前看。本篇第三章，子路曰：「衛君待子而為政，子將奚先？」子曰：「必也正名乎！」子路說：如果衛君等著你去治理國政，先生你準備先幹什麼？孔子說：那一定是先要「正名」，先糾正名分上存在的許多不正當的問題。

隨後，面對子路的不解，是孔子系統講解正名必要性的一番邏輯縝密的話語。正名，到底是幹什麼？一般的理解，就是治國大道、立國綱紀，乃至文化的宗旨、文明的核心，這些綱領性的名堂，要搞清楚。比方，是要道德治國、還是嚴刑峻法治國？是智民主義、還是愚民政策？是富民、還是盤剝壓榨老百姓？

為政，必先正名。確立這個，搞清楚這個，期月而已可也。大概一年時間差不多了。然而在事實上，孔子從來沒有完全主持過一個諸侯國的國政。孔子的理想，只是理想而已。一個民族，民族的文化精英，可以沒有理想嗎？

該篇第二十章，孔子指斥那些從政者，不過是斗筲之人，那是些沒有器量、沒有理想的庸碌之徒，斤斤於升斗薪俸的傢伙。

這是孔子沒有得到從政機會的「酸葡萄」心理嗎？批孔家們以吃到葡萄的狐狸自居，一定會認為是這樣的。

客觀評判，讓事實說活，從孔子的時代到現在，我們沒有看到三年有成，沒有看到世而後仁，也沒有看到為邦百年、勝殘去殺。歷代統治者，竊取了邦國統治大權，「我掌刀，我就要吃肉」，分明是虎而冠者、率獸食人之輩。這且不論。麇集於權力權勢周邊的大大小小的所謂從政者，不是斤斤於升鬥薪俸的鬥筲，又能算是什麼呢？

好在我們還能看到：在中國，從孔夫子的時代直到現在，儘管士君子的文化從來沒有占過統治地位，但它始終存在、不曾消亡。這種文化的存在，這種文化的品質，映射出批孔家「斗筲」們的庸俗猥瑣。這種文化令歷代的秦始皇們恨之入骨，秦始皇們焚書坑儒，暴力暴虐暴政無所不用其極，偏偏無奈於這種文化。

這是人類文明史上不死的奇跡。

中國多有不幸，然有大幸。

父子相隱，大哉人倫

葉公問政。子曰：「近者悅，遠者來。」

——子路篇・第十六章

葉公語孔子曰：「吾黨有直躬者，其父攘羊，而子證之。」孔子曰：「吾黨之直者異於是：父為子隱，子為父隱，直在其中矣。」

——子路篇・第十八章

《論語・子路》篇，記錄了孔子與葉公的兩段重要對話。

葉公之「葉」，讀 she。但，眾口鑠金，國人將錯就錯，恐怕已經積重難返。比如垃圾，正確讀音原本是 le she，臺灣香港還是堅持這種讀法；大陸十多億人都說是 la ji，誰能奈何。

古籍介紹，葉公是楚國人，其封地在葉。葉公與孔子的對話既然是當面對話，那麼對話的時間多半是在孔子周遊列國的時候。

《論語・子路》篇第十六章，葉公問政。子曰：「近者悅，遠者來。」葉公向孔子詢問政事。孔子說：境內的人過得高興，境外的人願意來投奔。治理一個邦國，能夠達到這樣的程度，這個邦國一定是政治清明。

該篇第十八章，有兩人的又一次對話。葉公語孔子曰：「吾黨有直躬者，其父攘羊，而子證之。」孔子曰：「吾黨之直者異於是：父為子隱，子為父隱，直在其中矣。」葉公告訴孔子說：我們鄉黨中有個行事正直的人，他父親偷了別人的羊，他告發了這件事。孔子說：我們鄉黨裡正直的人和你們的不一樣。我們那兒是父親替兒子隱瞞，兒子替父親隱瞞。在我看來，正直恰恰在這個裡面。

看到這段對話，我的感覺是非常震撼。數十年來，我們所面對的現實，所受到的灌輸，已經使我們形成了某種思維慣性。我們的思想，早已經過了太多太久的閹割。這是令人想來不寒而慄的另一種「積重難返」。父親幹了偷盜等違法的事情，兒子積極舉報，這不正是多年以來受到鼓勵表彰的行為嗎？葉公所贊同的，不正是我們贊同的嗎？然而，孔子對此並不贊同。而且和葉公的觀點針鋒相對。孔子毫不含糊地明確指出：父為子隱、子為父隱，這樣做，才是正直的。

父子相隱，這樣做是可以的嗎？孔子這樣說，有道理嗎？他說的直在其中，到底有什麼深意呢？

葉公和孔子所談論的，基於楚國和魯國的不同國情，基於對「直」這一概念的不同理解，難免是在自說自話。葉公的自矜得意，孔子的針鋒相對，都是顯見的。但兩人談論的話題，無疑是關乎律法的重大話題。

葉公主張的，顯然是導之以政，齊之以刑，民免而無恥。以政法誘導民眾，用刑罰來整頓他們；父親有了罪錯，如果兒子不去舉報，就要受到株連，兒子積極舉報，當然可以免於刑罰，卻沒了廉恥。葉公強調的「直」，無視人的血緣親情，是利於邦國統治的刑法至上，不惜毀壞人倫大道。孔子主張的，卻是要建立道德社會，依禮治國，道之以德，齊之以禮，有恥且格。那麼，孔子難道就完全不要律法嗎？也不是。但律法不能外乎人情。親親相隱，就是人情。孔子強調的「直」，是要維護人的與生俱來的保有血緣親情的權利，堅守更高意義上的人倫大道。

父親偷了一隻羊，假如出於減輕罪過的利害相權，兒子勸父親去自首，尚在人情之常；假如兒子當即去告發，這樣的父子關係恐怕早就出了問題。以首肯背叛親情、充當告密者的不義，來維護所謂的法律正義，不啻於棄本逐末。這樣的法，就是惡法。相反，父親偷盜固然不對，但兒子卻不忍去告發，這是一點可以理解的人倫親情。他沒有必須告發父親的義務。即便兒子知情不舉，包括拒絕作證，這應該是他的權利。破案與否，嚴格說來那是有關部門的職責。這一基礎上的法律，才是良法。

在中國古代直到近代民國的律法上，都諒解「親親相隱」。在日本和韓國，甚至在西方的現代發達國家，都有類似諒解「親親相隱」的律法條款。維護大道人倫，東西方蓋有相通之處。

當然，中國古代律法諒解「親親相隱」，這要將獨裁殘暴的秦始皇時代拋除在外。他鼓勵的是「告奸」，推行的是「連坐」。「偶語詩書者棄市；以古非今者族。」民眾人人自危，生活在極度恐懼之中。

「親親相隱」作為律法條款被取締，已然太久。幾十年前的政治運動讓人記憶猶新。父母親有了問題，組織上鼓勵乃至脅迫子女揭發；丈夫有了問題，組織上強令妻子離婚以劃清界線。不然，就要遭到株連。親情成了罪過，人倫慘遭踐踏。那是怎樣不堪回首的年代啊！在那樣的年代，批孔家秉承上意，瘋狂地批判不在場的孔子。包括對孔子主張的父為子隱、子為父隱大張撻伐，就不足為奇了。

當代中國要建立法治社會，究竟要不要「親親相隱」，殊為緊要。潛伏下來的批孔家，依然在詆毀孔子的仁道。

可以說，形形色色葉公們依然活在當代。重建中華文明，修復被摧殘的道德人倫，依然任重而道遠。

小人素描一幅

子曰：「君子喻於義，小人喻於利。」

——里仁篇・第十六章

子曰：「君子易事而難說也。說之不以道，不說也；及其使人也，器之。小人難事而易說也。說之雖不以道，說也；及其使人也，求備焉。」

——子路篇・第二十五章

整部《論語》，言及「君子」、「小人」者，篇章多多。「小人」、「君子」這兩個對立的概念究竟應該如何準確定義？整部《論語》沒有提供過確定的答案。

《論語・里仁》篇第十六章，子曰：「君子喻於義，小人喻於利。」孔子說：君子懂得的是義，小人懂得的是利。

《論語・雍也》篇第十三章，子謂子夏曰：「女為君子儒！無為小人儒！」孔子教導子夏說：你要去做君子式的儒者，不要去做小人式的儒者。

諸如此類的孔子語錄可謂簡捷明快，微言大義。但「君子」，及其對應的「小人」，到底是個什麼概念？讀者頗有點「知其然不知其所以然」，感覺有點抽象，又有點朦朧。如果後學者、青少年，要請我們準確講出君子小人的概念，要我們具體描摹君子小人的形象，恐怕也要當場將我們一軍。

讀《論語》到子路篇第二十五章，我們再次看到孔子論說君子小人的文字。這一次，孔子對君子小人進行了相對形象的描述。這章文字，儘管依然是將君子和小人對應描摹，均衡著墨，但我們對小人的形象似乎更有了一些具體把握。彷彿孔夫子給小人畫了一幅素描。

子曰：「君子易事而難說也。說之不以道，不說也；及其使人也，器之。小人難事而易說也。說之雖不以道，說也；及其使人也，求備焉。」孔子說：在君子手下工作容易，想討他的喜歡卻難。討他喜歡的方法不正當，他是不會喜歡的；到他使用人的時候，卻能夠量才使用。在小人手下做事就很難，討他喜歡卻很容易。即便用不正當的方法去討好他，他會喜歡的；等到他用人的時候，則是百般挑剔、求全責備。

這兒所說的「君子」、「小人」，無疑都是居上位者。儘管孔子所處的時代與我們不同，當今的大大小小的掌權者、居上位者，也和孔子所見不可同日而語，但看到這章文字，我們卻當即就有同感，馬上產生出了共鳴。特別是得志的小人，掌握權力的斗筲之輩，一朝權在手，便把令來行，權力彷彿成了他們的荷爾蒙、力比多。

孔子一定多多見過這類嘴臉，猶如我們太多見到過這般嘴臉。

該篇第二十六章，子曰：「君子泰而不驕，小人驕而不泰。」孔子說：君子安詳舒泰，卻不驕傲凌人；小人驕傲凌人，卻不安詳舒泰。這時，孔子再來簡捷地歸納小人的品格特徵，我們就有了相對入木的體會。

——兩千多年時光流過。沒有制度對權力、對居上位者的制約，人心人性有多少改變、進化呢？

魯迅留學日本幾年，多次由衷讚歎日本人，包括誇許日本教育，欣賞日本孩子。魯迅還慨然揚言，說要改造中國人的國民性。

敢問：他是上帝嗎？他有什麼權力和資格來改造別人？以救世主自居，自外於芸芸眾生，他的所作所為，多少些微改變了中國人的國民性了嗎？而他所欣賞的日本孩子，在接受了他所誇許的日本教育之後，前來侵略中國，犯下了罄竹難書的滔天罪行。魯迅希望建造的，莫非就是小日本那樣的國民性嗎？

我們看到的、知道的魯迅其人，不惟難事，抑且難說，恐怕倒是有些驕而不泰。

林鵬先生說魯迅，大極左而小作家。

一針見血，誠哉斯言；直擊要害，勇哉斯言。

君子如何可有不仁

子曰：「君子而不仁者有矣夫，未有小人而仁者也。」

——憲問篇・第六章

《論語・憲問》篇第六章，子曰：「君子而不仁者有矣夫，未有小人而仁者也。」孔子說：君子之中不仁的人有的吧，小人之中卻不會有仁人。

這兒的白話翻譯，引自楊伯峻先生的《論語譯注》本。後一句翻譯，小人不仁，小人中不會有仁者，比較易於理解，大家多半會認可。

前一句翻譯，則比較費解。君子既然是與小人相對應的名詞概念，君子應該就是具備仁德的人。莫非君子和小人之間，還有第三種人？莫非君子是由若干仁人與若干不仁的人構成的混合集群？

上述問題大概楊先生在翻譯過程中也意識到了。所以他另外添加了注釋，認為原文的「君子」、「小人」含義不清，在這兒似乎應該是指在位者和老百姓。如果把在位者尊稱為君子，他們中一定有仁者和不仁者。但按照楊先生這樣定位，第一句的翻譯解決了，帶來了第二句的翻譯問題。如果把老百姓定位成小人，這樣的小人，普通民眾，怎麼能說他們中就沒有仁德的人呢？孔子自身，孔門諸多弟子，不都是不在位的普通民眾百姓嗎？

或者，孔子的話可以有另外的解釋。

君子不可能是完人。古話說，人皆可為堯舜；但又說，人非聖賢孰能無過。君子偶或犯錯，做出不仁的事情，這個是有的吧。但這並不會改變君子的品格特徵。不然，人人會犯錯，犯錯者就不能稱做君子，世界上哪裡還會有君子呢？至於小人，由其品格決定，或有小善小信，到底與仁德無干。

在《論語・憲問》篇中稍後的章節，第十六章和第十七章，孔子和子路、子貢連續談到對管仲的評價。我懷疑這兩章文字應該同第六章編輯在一塊。至少，評價管仲的章節可以看做是對第六章的具體實證補充。

看來，孔子和學生們經常會談起歷史人物和事件，並且展開討論。子路和子貢，在這兒提的是同一個問題。我們單舉第十七章來看一下。

子貢曰：「管仲非仁者與？桓公殺公子糾，不能死，又相之。」子曰：「管仲相桓公，霸諸侯，一匡天下，民到於今受其賜。微管仲，吾其被髮左衽矣。豈若匹夫匹婦之為諒也，自經於溝瀆而莫之知也？」

齊襄公無道，公子糾和公子小白分頭出逃。小白即後來的齊桓公，先行回到齊國為君，然後興兵伐魯，逼迫魯國殺掉了公子糾。輔佐公子糾的兩人，召忽自殺以殉，管仲卻做了齊桓公的宰相。子路、子貢就此提出了疑問，管仲不能為公子糾死節，還能算得上是仁者嗎？

孔子卻認為管仲大有仁德。管仲輔相齊桓公，多次主持諸侯盟會，不靠武力兵車戰爭的辦法，最終稱霸諸侯，匡正天下，人民至今還享受這種好處。要不是管仲，我們早都淪落為披髮左衽的落後民族了。管仲怎麼能叫做不仁？管仲難道應該像是匹夫匹婦，守著一點小節小信，如同召忽一樣自剄，死於溝壑？

齊桓公識才、用才，管仲也能擇主而事，一展抱負。管仲堪稱國士，並不斤斤於小節小信，胸懷天下，天下己任，循大義而後成大仁。

「管仲不死」，人們據此說他曾經不仁，或者逕自認為他夠不上仁者，就算是這樣吧，「君子而不仁者有矣夫」。但他畢竟具備君子的品格與才幹，「管仲不死」，因而成就了大仁大德的偉業。孔夫子之所以為夫子，眼界胸懷器量乃子路、子貢輩望塵莫及者也！

在孔子之後，兩千年來，帝王文化日趨強勢。孔子對管仲的評價，不斷受到後來庸儒們的詬病。管仲不能為公子糾而死，是氣節問題；輔佐齊桓公，則是後來的事功。因其後來的事功，就寬縱其曾經的失節，這是不可以的。無論公子糾、無論居上位者如何昏庸失德，管仲以及曾經的臣下就必須絕對服從、以死相殉，這樣的道理是很可怕的。質言之，這是帝王文化對士文化的綁架。

在孔子所處的時代，士文化剛剛覺醒。士子的人格是獨立的，其精神是自由的。鳥能擇木，木豈能擇鳥乎？管仲的抉擇，並沒有受到孔子的抨擊，恰恰是得到了褒揚。其間的意味，發人深思。

獨裁統治者，總是強調臣民的絕對服從，和黑幫、黑社會強調鐵的紀律並無二致。強權統治，生死予奪，極大地戕害了歷代士子的獨立人格與自由精神。掙脫帝王文化的綁架，拒絕閹割，重建我們的士文化，宣導獨立不羈的自由精神，任重道遠。

「危行言孫」何以稱勇

子曰：「邦有道，危言危行；邦無道，危行言孫。」

——憲問篇・第三章

子曰：「有德者必有言，有言者不必有德。仁者必有勇，勇者不必有仁。」

——憲問篇・第四章

《論語・憲問》篇第三章，子曰：「邦有道，危言危行；邦無道，危行言孫。」孔子說：國家政治清明，正直地說話，正直地做人；國家政治昏亂，正直地做人，說話卻要謹慎。

孔子的許多語錄，總是微言大義。需要讀者解讀領悟，而不應該膠柱鼓瑟，生搬硬套。比如上面的話，就難免被人詬病責難。天下無道，正要士子們出來匡扶正義、仗義執言，怎麼可以謹小慎微、明哲保身呢？

不言後人詬病，該篇緊接下來的第四章，彷彿就是專門反詰第三章的。子曰：「有德者必有言，有言者不必有德。仁者必有勇，勇者不必有仁。」孔子說：有道德的人一定有正確言論，有正確言論的人卻不一定有道德。有仁德的人一定是勇敢的，勇敢的人不一定有仁德。

孔子這段話，同樣是微言大義。但《論語》的編纂者將之擺放在這兒，幾乎就是要讓孔夫子「自相矛盾」。既然仁者必有勇，仁者一定應該是勇敢的。那麼，仁者的勇敢，需要附加條件嗎？如果這位仁者是處在邦有道的情況下，人們言論自由，他的言說就不存在勇敢與否的問題。如果，這位仁者是處在邦無道的情況下，既然仁者必有勇，他就應該仗義執言，但孔子卻說在這個時候需要危行言孫，謹慎說話。這位仁者，看來就沒有顯示自己勇敢品格的機會啊。

確實，我們在這裡遇到了一個難點。或者我們必須對這兩章文字作出進一步的解讀。

仁者必有勇，孔子說得並不錯。往前說事，周武王伐紂，有道伐無道，天下回應，海內歸心；仁者伯夷、叔齊偏偏有不同看法，「叩馬而諫」。伯夷、叔齊有言而有勇。往後舉例，在暴秦無道的時候，有荊軻、高漸離者，乃至公子張良，挺身刺秦，那是何等的仁者之勇。

但在邦無道的極端情況之下，比如秦始皇的暴政時代，「偶語詩書者棄市，以古非今者族」。眾多士子，都起來以命相搏，是不現實的。大家需要隱忍蟄伏，待機而動。鬥爭抗爭，需要策略。危行言孫，這是孔夫子給弟子們留下的一條保全道統的錦囊。

特定的時代，危行言孫，包括隱居避世，是必要的。孔子甚至根據可想而知的各種情況，開列出了避世的條目。

該篇第三十七章，子曰：「賢者辟世，其次辟地，其次辟色，其次辟言。」孔子說：有些賢者逃避惡濁社會而隱居，次一等的擇地而居，又次一等的避開難看的臉色，再次一等的避免惡言。

孔子贊成無道則隱，但他本身沒有避世隱居。當時的天下，當時的魯國，政治並沒有昏亂惡濁暴虐到極端。夫子畢竟還能在魯國存身，還可以開壇講學。

三家專政，魯國難稱有道。

生活在那個具體時代、特定環境下的孔子，曾經離開魯國，所謂辟地；但他從來沒有避世。晚年回到魯國之後，開壇講學，訾議政事、臧否人物，並沒有危行言孫；而是危言危行，這正是仁者有言有勇。

夫子的寂寞

子曰：「莫我知也夫！」子貢曰：「何為其莫知子也？」子曰：「不怨天，不尤人，下學而上達。知我者其天乎！」

——憲問篇・第三十五章

偉大的孔子曾經有過寂寞嗎？回答應該是肯定的。

由於孔子在中國思想史上的崇高地位，歷代解經家難免有「推高聖境」的傾向。在他們的表述中，孔子一貫正確，說出的話句句精當，任何時候都不帶情緒，彷彿孔子沒有普通人的七情六慾。

《論語・憲問》篇第三十二章，微生畝謂孔子曰：「丘何為是棲棲者與？無乃為佞乎？」孔子曰：「非敢為佞也，疾固也。」

南懷瑾先生認為，微生畝是一位隱士，屬於道家人物。我們單看本章文字，微生畝直呼孔子的名字，話語口氣也不很客套。孔丘你怎麼總是忙忙碌碌的？莫不是要顯逞你的口才？

孔子的回答，楊伯峻先生是這樣翻譯的：我不是敢逞口才，而是討厭那種頑固不通的人。「疾固」兩字，解作嫉恨討厭頑固的人。從文解經的話，在字面上或者能講得通吧。但在語義上，感覺不能通達。有人頑固不通，所以孔子要顯逞口才？準備用滔滔不絕的話語、三寸不爛之舌說服那些頑固的人嗎？

南懷瑾先生則認為，孔子這番話頗有一點幽默感。有自嘲的意味。微生畝說孔子：你整天淒淒惶惶、忙忙碌碌，有什麼效用？是要顯逞你的口才嗎？孔子不暇辯解，而是這樣帶點自嘲來應對：倒也不是顯逞什麼口才，是我自己的毛病改不了啊！當然，這也委婉地申明了孔子的態度：你們看穿了世事，懶得說什麼、做什麼，要當隱士儘管當；而我還是要幹我的。大家各行其事可也。

兩相比較，南懷瑾先生的解釋似乎更合情理。

該篇第三十三章，子曰：「驥不稱其力，稱其德也。」孔子說：稱良馬叫做驥，並不是讚美它的奔馳之力，而是讚美它的品德。《論語》的編纂者如此編排，應該不是隨意而為的。或者，孔子談到良馬云云，原本就是和微生畝對話精神的一種繼續發揮。這是孔子對仁者本質品格的贊許。也不妨說，這是孔子對自己「棲棲」獻身仁者事業的一種自我認定。

作為入世的仁者，立身當世，弘毅精進，欲要匡扶天下。即或事無必成，依然矢志不渝。這樣的情懷，好似千里馬的內在品格。孔子並不排拒隱者，對隱士們的毅然避世有著充分理解，並且懷著某種敬意。而微生畝這樣的隱士，反過來對孔子的仁者品格、儒家精神卻不能有起碼的理解。這時，孔子是感到一點落寞，有一點寂寞了。

第三十五章，應該看做是孔子為此發出的浩歎。子曰：「莫我知也夫！」子貢曰：「何為其莫知子也？」子曰：「不怨天，不尤人，下學而上達。知我者其天乎！」孔子歎道：沒有人知道我呀！子貢疑問道：為什麼會沒有人知道你呢？孔子道：不怨恨上天，不責怪別人，像普通人一樣求學，終於通達了高深的道理。知道我的，只有上天吧！

即便是世外高人，即便是身邊的得意高徒，都不能正確而充分理解孔子的精神世界，不能有知音一般的共鳴。

仰呼蒼天，聲聞九皋。

然後是空曠的寂靜，是深沉的寂寞。

「以直報怨」歸來兮

或曰：「以德報怨，何如？」子曰：「何以報德？以直報怨，以德報德。」

——憲問篇・第三十四章

《論語・憲問》篇第三十四章，或曰：「以德報怨，何如？」子曰：「何以報德？以直報怨，以德報德。」有人說：用恩德來回報怨恨，怎麼樣？孔子說：那用什麼來回報恩德呢？應該是用正直不阿來回報怨恨，用恩德來回報恩德。

「報怨以德」，是《老子》上的話。以德報怨，則是我們耳熟能詳的成語。以德報怨，作為成語，我們經常在文章中使用；作為一種具體行為，多數人大概也有過身體力行的經驗。總是這樣說，總是這樣做，我們就對這個成語失去了敏感，失去了任何疑問。對於德和怨，我們到底該如何報答？難道就不應該有所區分嗎？

以德報德，多半是常人常情。道理明白不過，毋庸贅言。以怨報德，這樣的人和事也並不少見。可謂小人難養，小人稟性難移。以德報怨，一般說來，屬於高姿態，是強者、心理強大的人往往而有的處事法則。希望用恩德來化解仇怨，倒也不失為一種合乎情理的考慮。但是，還有一種情況，甚至是多見常有的情況，那就是弱勢者受到欺凌，有了怨仇的情況。這個時候，說什麼「以德報怨」，只是一種無奈，掩蓋的是一種卑怯。

面對一種相當堂皇的說法，甚至是人們認可度極高的話語，孔子發出了強烈的反問：何以報德？一句反詰，力有千鈞。對於德和怨的報答，難道不應該有所區分嗎？總是以德報怨，固然可以高揚風度，某些情況下可以化解仇怨；但確實也存在惡無所懲、鼓勵助長惡行的副作用。況且，這非常可能解除被欺凌者的武裝，進而剝奪弱勢者要求懲戒惡行的天賦人權。

究竟應該如何區分報德、報怨？孔子明確而響亮地提出：以直報怨，以德報德。以直報怨，對於孔子這樣重要的話語我們竟然相對陌生，初次聽來，真是振聾發聵、撼人心旌。

以直報怨，其中的兩個字，「直」和「報」，具有著非凡的意義。這兒的「報」，不是報德之報，不是報答的釋義。而是報應、報復、報仇的意思。這兒的「直」，有直截了當、正直不曲、理直氣壯、正道直行等等意思。特別是這個「直」，就是值得，就是要讓惡行受到值當的懲戒。

孔子並沒有說以怨報怨，而是說以直報怨，措辭極為精當。以暴易暴，怨怨相報，冤冤相報，那不是孔子希望的。

以直報怨，在個人的層面上，應該是一種態度，一個立場，一條原則。具體如何以直報怨？個人多半要借助有司和律法。即便是殺父之仇，事實上也不可以任由孝子直接手刃仇人。所以，孔子的倡言，除了是宜於個人採取的態度立場，也是對後世的立法執法者提出的要求。在法律層面上保障以直報怨，才能體現出社會的公平與正義。

相比於以德報怨、以怨報怨，以直報怨，正是得其中者也。

以直報怨歸來兮！

擊磬於衛末之難

子擊磬於衛，有荷蕢而過孔氏之門者，曰：「有心哉，擊磬乎！」既而曰：「鄙哉，硜硜乎！莫己知也，斯己而已矣。深則厲，淺則揭。」

子曰：「果哉！末之難矣。」

——憲問篇・第三十九章

孔子是主張並且厲行入世的。但孔子並不鄙夷那些避世遁世的隱者。隱者看似有點麻木不仁，彷彿是在明哲保身。但他們照樣關注社會，對天下大勢保持清醒的認識，只是看穿了世道，覺得無可救藥，只能隱居起來。南懷瑾先生認為隱者多屬道家，懂得順勢而為，將會因時而動。當天下大勢允許有所作為，再出來撥亂反正。當然，隱者也不可一概而論。孔子一位著名的弟子原憲，在孔子死後「亡在草澤」，其實也就是變成了隱者。原憲顯然不能歸入道家。

整部《論語》中，記載孔子曾經遇到過隱者的次數不少。他們有的隱於山野，有的隱於市朝。倏忽往來，有如自由的精靈。通過這些記載，我們可以看出隱者多是頗有思想的。極有個性，形象鮮明。

僅在《論語‧憲問》篇出現的，如果微生畝算一位，那麼晨門和荷蕢者也是隱者。

第三十八章，子路宿於石門。晨門曰：「奚自？」子路曰：「自孔氏。」曰：「是知其不可而為之者與？」子路在石門過夜。負責清晨開城門的人說：從哪兒來的？子路說：從孔家那裡來。守門者說：孔氏？就是那位明知行不通卻還是要去做的人嗎？

負責開關城門的人，是個底層小人物。但他不僅知道孔子，而且對孔子有著準確精當的評價。知其不可而為之，一語中的，真是孔子形象的準確表述。單從他評價孔子的水準看，這應該是一位隱者，有如後來的燕市狗屠。

緊接著第三十九章。子擊磬於衛，有荷蕢而過孔氏之門者，曰：「有心哉，擊磬乎！」既而曰：「鄙哉，硜硜乎！莫己知也，斯已而已矣。深則厲，淺則揭。」子曰：「果哉！末之難矣。」孔子在衛國，一天正奏磬。有個挑著草筐的漢子恰從門前路過，便說道：聽得磬聲，是有深意的呀！又聽了一會兒，這漢子說：磬聲硜硜的，真是固執啊！沒有人瞭解你，就專守己志罷了。不知道《詩經》上的話嗎？河深，索性連衣裳走過去；水淺，無妨撩起衣裳走過去。孔子說道：好堅決啊！沒有辦法說服他了。

這位挑著草筐子的漢子，不尋常。能夠聽出孔子擊磬傳達出的精神取向，是位知音。或者，他在借題發揮，言語中大有深意。他評價說，孔子是個有心人；但太執著啦！他勸導說，沒有人知道孔子你的大道，就這樣甘休便了，何必那麼耿耿在心呢？他甚至發佈自己的清醒觀點：社會如此黑暗渾濁，入世太深，豈不是蹚渾水嗎？避世而居，像是涉過小河，不是還能保持自身高潔嗎？

話說得真是不錯。這位荷蕢者該是隱者中的高人。對之，孔子怎樣回答呢？孔子說：果哉！末之難矣。楊伯峻先生這樣翻譯：好堅決！沒有辦法說服他了。

如果說，原文有些費解，這樣來翻譯，就愈加費解。中國歷代解經家，往往都有抬高孔子、貶低隱者的傾向。孔子擊磬，聲音硜硜，本來是傳達個人的心聲；難道是專門敲給荷蕢者來聽，希望以此說服荷蕢者的嗎？事實上，是那位荷蕢者聽了孔子擊磬，發表了對孔子的看法，孔子對之發出了回應。設問，孔子是那樣聽不得一點不同聲音的嗎？

南懷瑾先生認為，後世庸儒為自己的出仕居官、求取俸祿多所粉飾，而往往會極力貶低那些隱者們的不合作選擇。所以，南先生對他們一貫的注釋表示懷疑。

對於果哉、末之難矣。南先生是這樣來解說的：果哉！荷蕢者果然說的是啊。可是，我還堅持我的。好比樂曲結尾「曲終奏雅」之難，做人做事做到最後，之死靡它，更難啊！

南懷瑾先生自謙，說這樣的解釋只是個人的一點體會，大家都是在「各說各的」罷了。作為讀者，我們參照多家翻譯注釋，也只能是根據個人體悟，擇其善者而從之罷了。

我個人認為，孔子的話有顯在的針對性，是針對荷蕢者深則厲，淺則揭而發的。荷蕢者認為：社會如此黑暗渾濁，入世太深，豈不是蹚渾水嗎？避世而居，像是涉過小河，不是還能保持自身高潔嗎？果然是的，這話說得是不錯。可是，潔身自好，涉過小河淺水的人，怎麼會有處在深水中的體驗？你是瀟灑，然而你可理解我欲罷不能的心境？末之難矣。事非經過不知難啊！

「三年不言」可信否

子張曰：「《書》云：『高宗諒陰，三年不言。』何謂也？」子曰：「何必高宗，古之人皆然。君薨，百官總己以聽於塚宰三年。」

——憲問篇‧第四十章

《論語‧憲問》篇第四十章，子張曰：「《書》云：『高宗諒陰，三年不言。』何謂也？」子曰：「何必高宗，古之人皆然。君薨，百官總己以聽於塚宰三年。」子張向孔子請教《尚書》上的一句話：「殷高宗守孝，居於凶廬，三年沒有言語。」這是怎麼回事呢？孔子的回答顯示出對古禮的熟知：豈止高宗？古人都是這樣，古禮就是這樣：國君死了，繼位者三年不問政事，百官各守其職，聽命於宰相。

看閒書、聽戲劇，我們都熟知「國不可一日無君」這句話。國君逝世，儲君太子會即刻登基，主持國政。那麼，對於新君而言，「三年守孝」就只能是一種禮儀形式。三年不問政事，不發佈各種政令，幾乎是不可想像的。三年不言，是可能的嗎？史書記載的是真實的嗎？子張讀書到這一節，所以向孔子發問；不妨說，他的疑問正是我們的疑問。

但孔子的回答，非常肯定，不容置疑。孔子當然不可能信口開河，在他的知識領域，就他所掌握的史料，歷史的真實就是那樣的。

閱讀《論語》到這一章節，我的體會有這樣幾點。

「守孝三年」，曾經是人人必須謹守的古禮。天子諸侯，概莫能外。作為天子，尤其要以身作則。在上古時代，國君的權力是有限的。三年不問政事，並不影響政權體制的正常運作。君臣共治天下的格局是可行的，並且是曾經的事實。君臣之間的互信，或曰權力制衡是可能的。這是以孝治天下或曰以禮治天下的曾經的實例。君主三年不問政事，無為而治，天下不會大亂。即便暫時出現「諸夏之無君」的情況，沒有關係，因為有禮制在。

我想，孔子的時代比我們早兩千多年，他比我們看到的上古史料一定會更多一些。在孔子的眼中，歷史的真實就是那樣的。在孔子的理想中，克己復禮之後的禮治社會就應該是那樣的。

緊接著的《論語・憲問》篇第四十一章，與此有關。

子曰：「上好禮，則民易使也。」孔子說：居上位者依禮行事，就容易使民眾聽從指揮。

孔子念念不忘的是恢復禮治，念念不忘的是對居上位者的耳提面命。下面第四十二章，說的是君子，但這兒的君子還是指居上位者。

子路問君子。子曰：「修己以敬。」子路問怎樣才能算得上是君子。孔子說：修養自己，嚴肅認真為政。

曰：「如斯而已乎？」曰：「修己以安人。」子路又問：這樣就夠了嗎？孔子答：修養自己，以安撫眾人。

曰：「如斯而已乎？」曰：「修己以安百姓。修己以安百姓，堯舜其猶病諸？」子路再問：這樣就夠了嗎？孔子答：修養自己，以安撫百姓。修養自己以安撫百姓，堯舜恐怕也還沒有完全做到哩！

上文的「百姓」，釋義應該還是指百官氏族，不是今天的老百姓。至於整段話論述的主體「君子」，無疑說的是居上位者。否則，普通的君子士人儒生，莫說子貢子張，便是修養達到極高程度的顏淵，修己就可以安人安百姓嗎？

身為一國之君的殷高宗，恪守禮法，以身作則，三年不言。正是勉力奉行修己以敬、修己以安人、修己以安百姓。

禮治社會可行嗎？難道不可行嗎？

「一以貫之」者何也

子曰：「賜也，女以予為多學而識之者與？」對曰：「然，非與？」曰：「非也，予一以貫之。」

——衛靈公篇・第三章

《論語・衛靈公》篇第三章，子曰：「賜也，女以予為多學而識之者與？」對曰：「然，非與？」曰：「非也，予一以貫之。」孔子說：賜呀，你以為我是多方面學習並且把內容都記下來的人嗎？子貢回答說：對的，難道不是這樣的嗎？孔子說：不是的，我用一個中心觀念貫穿下來。

孔子和他的得意高足、聰明過人的子貢對談。孔子的發問是有意味的。他要向學生闡明一點：所謂學問，和知識是兩碼事。不出孔子所料，子貢認為夫子博學多才，當然離不開多學強記。但子貢也有一點狐疑：如果僅僅是這樣，夫子又何必發此一問呢？所以，子貢接下來小心詢問：難道不是這樣的？這時，孔子明確告訴子貢：不是的。你所認為的，不過是知識的層面。上升到學問的層面，我是一以貫之。有一個中心，有一個核心，有一個貫穿始終的觀念。

孔子所言的「一」，是否等同於基本觀念？我們不必苛求。這個一，實在是簡單不過，而又確乎難以界說。孔子的言說，嘎然而止。那麼，問話的當事人子貢，他理解了嗎？不得而知。孔子於此也沒有作進一步的自我解說。

按照原文，彷彿孔子並不承認自己是多多學習博聞強記的。但在下面的第三十一章，孔子的話卻又不然。子曰：「吾嘗終日不食，終夜不寢，以思，無益，不如學也。」孔子說：我曾經整天不吃，整晚不眠，去思考，沒有長進，不如去學習。

由此得知，孔子何嘗看輕過學習。只是，孔子的學習應該不僅僅是知識的積累，不是把自己變成一本百科知識辭典、變成一個「無所不知先生」；而應該始終有一個中心來統領學習過程，學習的過程同時也是貫穿那一個中心的過程。在《論語・述而》篇第二十章，夫子明確聲稱，自己不是生而知之者。子曰：我非生而知之者，好古，敏以求之者也。我不是生來就有知識、就知曉大道的人，而是愛好古代文化，勤奮敏捷求取來的人。這兒，孔子敏而好學，最終求取到的是什麼呢？或者，就是那個「一」。

讓我們回到《論語・里仁》篇第十五章，孔子對曾子也曾經說過吾道一以貫之的話。在當時，曾子用自己的理解說：夫子之道，忠恕而已矣。筆者曾經就此發過議論。我認為曾子的理解依然是狹窄的。忠恕，依然不足以涵蓋孔子學說的根本核心。

孔子所說的「一」，或者正如《老子》的「道」。「道可道，非常道」。道，一，不可言說。「一」，有如不可界說的「仁」。也許，孔子所說的「一」，它指的就是「仁」。

它不可言說，需要體悟。對於我們這些兩千年下的後學，或者那需要我們畢生一以貫之的追逐攀援與體悟踐行。

「有馬借人」說

子曰：「吾猶及史之闕文也。有馬者借人乘之，今亡矣夫！」
——衛靈公篇．第二十六章

《論語．衛靈公》篇第二十六章，子曰：「吾猶及史之闕文也。有馬者借人乘之，今亡矣夫！」孔子說：我還能夠看得到史書存在疑問就空缺不記的情況。有馬而不能駕馭的人，借給別人使用，如今則沒有這種情況了。

這段《論語》，相當費解。即便譯注家們努力索解，依然很難明白。史之闕文和有馬者借人乘之，其間究竟有什麼關聯？令人困惑。所以，也有人認為這段《論語》本身就有「闕文」的可能。

有的譯注家盡量去尋求兩句話之間的關聯。史書上由於存在疑問而空缺不記，留待明白的人來記載，屬於「不必強不知以為知」；有馬的人自己不能駕馭馬，借給別人來訓練駕馭，這是「不必強不能以為能」。這樣的注釋，可謂煞費苦心。但這樣的解釋，使我們對「闕文」二字就會生出疑問。既然闕文是沒有記載的文字，史書上沒有記載，孔子怎麼會知道這兒短缺了文字呢？是孔子弄明白了古史存在的疑問？還是孔子看到了衍缺的文字？

看來，不僅是我們讀《論語》等古代經典，便是孔夫子閱讀在他之前的古代經典，同樣遇到過障礙和困難。遙想孔子所處的時代，戰亂頻仍、傳媒單一，他遇到的困難可想而知。前面，在《論語・八佾》篇第九章，孔子就說過由於「文獻不足」，杞、宋「不足徵」的問題。孔子「祖述堯舜，憲章文武」，對於堯舜之前的更為久遠的歷史，只好付之闕如。

對於這段文字，南懷瑾先生則有另外的理解。他將有馬者借人乘之當做一句孔子曾經看到過的古代闕文。他認為孔子是隨口舉例，以說明古代的人感情篤實仁厚，不那麼自利。而到了今天，這句闕文卻已經看不到了，人們之間的關係也不如古時那樣仁愛了。孔子舉出一個例子，說明古代文獻佚失的遺憾狀況，也有可能。不過，南先生此說畢竟也是無可佐證。只能看做是南先生的揣測。

我以為，這段《論語》的上下句應該有關聯。其中的關鍵，我的理解在於「闕文」二字。

孔子立志刪定六經，一定是盡量搜求各種文獻。對於史書上有的存疑之處，孔子曾經看到過、或是借閱過所謂的「闕文」。闕文，不應該解作「史書中因為存在疑問而空缺不記」，不應該是有所空缺的版本；它恰恰是有所空缺的史書所「空缺的那段文字」，應該是史書上短缺的片段。吾猶及史之闕文也。我還是比較幸運啊！我曾經有機會看到了若干闕文，這才解決了史書上的若干存疑。我能夠看到那些闕文，別人給了我解決存疑的方便，就像是有馬者借人乘之一樣啊！今亡矣夫！時過境遷，史料亡佚，今天這樣的闕文、這樣的情況已經沒有了呀！

——如此作解，不知是否可備一說？

謀道、憂道思慮深

子曰：「君子謀道不謀食。耕也，餒在其中矣；學也，祿在其中矣。君子憂道不憂貧。」

——衛靈公篇‧第三十二章

《論語‧衛靈公》篇第三十二章，子曰：「君子謀道不謀食。耕也，餒在其中矣；學也，祿在其中矣。君子憂道不憂貧。」

上面這段《論語》，就字面來翻譯，沒有太大的難度。參看多家譯注本，譯文大同小異。比如張燕嬰先生的譯文，是這樣的——孔子說：「君子追求道義而不追求飯食。耕田，也常常忍受饑餓；學習，從中得到的是俸祿。君子擔心學不到道義，而不擔心會貧窮。」

君子謀道不謀食，君子憂道不憂貧。千百年來，這兩句話幾乎已經成了士子們立身的格言、箴言，讀書後學對之耳熟能詳。

在《論語・里仁》篇第九章，孔子說過：「士志於道，而恥惡衣惡食者，未足與議也。」讀書士子有志於仁義大道，而又以吃粗糧、穿破衣為恥辱，早已不值得同這種人議論什麼大道了。矢志追求大道，不計個人得失，視富貴如浮雲，孔子是這麼說的，也是這樣踐行的。他的許多學生，如顏淵、如原憲，也是這麼做的。顏淵貧居陋巷，不改其樂；孔子歿後，原憲亡於草澤，不求干祿。他們踐行了謀道不謀食的諾言，成為了憂道不憂貧的輝煌榜樣。

但在這章《論語》中，在上述兩句格言之間，孔子的話，耕也，餒在其中矣；學也，祿在其中矣，讀來比較費解。如果僅僅是簡單地依文解經，極其可能造成誤讀，而曲解了孔子的本意。

這句話，就字面理解，彷彿儼然是以「耕」和「學」兩相作比，其中有褒貶之義在。謀食而耕，偏偏難免凍餒；謀道而學，自然而然就能得到官位俸祿。比較的結果，優劣不言而喻。讀書求道，原來是那樣一件前途無量的美事；辛勤耕作而求溫飽，則是那樣充滿風險。這樣的說法，這樣的思想，停留在簡單鼓勵士子青少年讀書求學的層面；不過是「書中自有黃金屋、書中自有千鐘粟、書中自有顏如玉」的勸學說教。多家譯注本，對本章文字，不僅簡單地就字面依文解經，抑且都主張與「樊遲學稼」一章文字互看。分明是在進一步曲解孔子，認定孔子鄙夷稼穡，無形間落入了批孔家所污蔑的「孔子看不起勞動人民」的窠臼之中。

試問，這果然是孔子的原意嗎？孔子所終身矢志不移的大道，就是這樣鄙夷耕種、貶低勞苦大眾的嗎？如果是這樣，有人倡狂批孔，又何足為怪。注釋家們依文解經，授人以柄，只好放任批孔家大放厥詞，而不能理直氣壯予以一詞辯駁。這樣的結果，令人十分遺憾。

那麼，孔子的原意究竟是什麼？筆者反覆揣摩，覺得孔子的原話另有深意。至少，它不是簡單依文解經的那點表層意思。下面，筆者願捧出自己的一得之見，以就教於大方之家。

君子謀道不謀食，身為士君子，士志於道，那麼這句話說的就是君子的本分。通過謀道、求道、學道、證道的過程，最後達到君子憂道不憂貧，這是君子追求的境界。既然謀道為本分，君子所憂慮的就只會是大道不行，豈有他哉。君子志於道，原本就不謀食，那麼最終也將不憂貧。不恥惡衣惡食，貧居陋巷而能不改其樂矣。

從謀道不謀食，到憂道不憂貧，從立志、踐行，到達相當境界，一定有一個過程。士志於道，一定會遇到種種艱難坎坷與世俗誘惑。那麼，士君子應該怎麼辦呢？孔夫子慮及於此，舉例加以闡述。夫子看似隨口舉例，但決不是隨便說說的。他舉凡「耕」與「學」兩種情況，所謂耕讀，並非特例，恰恰是人們最普遍的社會行為。

如果我們就字面作解，耕也，餒在其中矣；學也，祿在其中矣，彷彿耕與學，是對立作比的。耕，是那樣不可靠；學，是那樣輕易就能得到官位俸祿。這樣作解，我們依然會落入前人解經的窠臼。君子謀道，竟然是那樣的一個方便法門。既無須謀食，也不必憂貧。俸祿自然就在其中，黃金屋會不期而至。如果事實真的是這樣，士君子對讀書求道當是趨之若鶩，又何必孔夫子不厭其煩諄諄教誨呢？

所以，我們不能依文解經，就字面簡單作解。孔子舉凡耕與學，並非對立作比；而是並列舉例，其中沒有褒貶高下之意。

耕者，一定就不學嗎？他們一定就是不讀書、不悟道的群氓嗎？恐怕不一定。陶淵明高唱「歸去來」，「種豆南山下」，何嘗不耕。諸葛亮躬耕壟畝，何嘗不學。所以，君子有耕者、有學者。偏於耕者，同樣可以謀道。那麼，辛勤耕作，仍然難免餒在其中，這時怎麼辦？不應該輟而不耕，也不應該輟而不學。這裡，舉耕而言，餒在其中，孔子說的是貧賤不能移的問題。

學者，一定人人都有出仕為官、得到俸祿的機會嗎？事實遠非如此。為了做官得俸祿，方才求學，恐怕在出發點上已經錯了。這原本就是「謀食」，早已違背了君子謀道不謀食的本旨。如果志在求道，學而未達，即便有出仕的機會、官職俸祿送上門來，士君子也將不會迫不及待去當官。這兒，舉學而言，祿在其中，孔子說的是富貴不能淫的問題。

《論語・公冶長》篇第六章，子使漆雕開仕。對曰：「吾斯之未能信。」孔子叫漆雕開去出仕做官。他答道：「我對這個還沒有信心。」孔子聽了很歡喜。漆雕開得到了孔子的贊許，他對於祿在其中的態度，應該成為後學者的一個榜樣。《論語・泰伯》篇第十二章，子曰：「三年學，不至于谷，不易得也。」孔子說：「讀書三年（多年），還沒有當官受祿的念頭，真是難得。」

貧賤不能移、富貴不能淫，這才是孔子主張宣導的求道的正確態度。這樣的君子，才能不謀食而不憂貧。

耕者，餒在其中而不懼；學者，祿在其中而不惑。君子者，所謀者始終在道，所憂者始終在道。孔子思慮甚深，需要我們潛心領悟。其間哪裡扯得上什麼鄙夷稼穡、貶低勞動人民？

就這一話題引申開來，還能引發我們的一點有關思考。

——遙想孔子所處的時代，那時的所謂君子們，一定是一個相對特殊的群體，是有特定身分的若干人。

士農工商，處於首位的是士君子。士人、士，或是世家庶子、或是諸侯子遺，當然也有部分從底層冒出來的優秀分子。他們有相當的社會地位，有文化，讀書識字；有家產，有土地。按照土地政策，可以擁有百畝之田，耕種納稅；再不濟，也有私產五畝之宅。因而可以保障生存，保障最低生活。然後，能夠讀書求道，充實自己進而關注天下興亡。

否則，陶淵明憑什麼可以掛冠而去？憑什麼能夠高歌〈歸去來辭〉？

陶淵明們擁有屬於自己的土地。在這樣的所有制基礎之上，他們才可能擁有屬於自己的權利和尊嚴。

有句話說：有恆產才有恆心。是不是這樣？沒有恆產的人，恐怕難有切身的體會。事實上，在公有制、國有制以及集體所有制的條件下，當代的士子，知識分子們，每個人的腳下確實沒有了屬於自己的一寸土地。大家沒有恆產，幾乎統統變成了受雇於國家政府的打工者。

在這樣的情況下，知識分子如何保有自己的尊嚴和獨立人格，值得探討。

文人士子，不謀食則不得食，大家還能謀道不謀食嗎？讀書人不去打一份工，起碼的生存將失去保障，他們還能憂道不憂貧嗎？他們遇到了陶淵明們不曾遇到的嚴酷狀況，他們無法高唱「歸去來」。

此誠數千年以來未有之變局。

時下的中國，正不知還有幾人謀道、幾人憂道？

道之所存，岌岌乎殆哉！

不知偉大的孔子思慮深沉，慮及此否？

「仁也甚於水火」析

子曰：「人能弘道，非道弘人。」

——衛靈公篇．第二十九章

子曰：「民之於仁也，甚於水火。水火，吾見蹈而死者矣，未見蹈仁而死者也。」

——衛靈公篇．第三十五章

子曰：「道之以政，齊之以刑，民免而無恥；道之以德，齊之以禮，有恥且格。」

——為政篇．第三章

《論語．衛靈公》篇第二十九章，子曰：「人能弘道，非道弘人。」孔子說：「人能發揚光大道，不是道能光大人。」

某些語錄式的、格言式的《論語》章節，或者微言大義、或者缺少與上下章節的聯繫，常常造成後人索解的困難。上面所舉，應該屬於其中典型一例。我們只能盡量去理解孔子的原意，認為此章文字強調的不過是人的主觀能動性。修行仁道，取決於人的主觀努力，從而習得道的博大容涵；反之，自身不去努力、缺乏自覺，宏大的道也不能使這樣的人偉大起來。

對於類似的格言式的《論語》，恐怕譯注家只能就字面來翻譯，研讀者也只能自行體悟。假如我們把孔子的原話改動一回，說成「道能弘人，非人弘道」，大概解經家和一般讀者也能作出相應的解釋而自圓其說。

我們應當相信：孔子講的某句話，除了外在語境，一定有這句話具體的能指所指。天地間的大道，如果是客觀存在的，那麼只有在人發現認識這個道之後，對人才有意義。具體到仁道，建立之、廓大之、弘揚之，離不開人的主觀能動。人能弘道是也。非道弘人，只能在上述「強調人的主觀能動」這一限定下來理解。人缺乏自覺，對道並不孜孜以求，道如何能夠建造、廓大了人呢？

對於微言大義而又缺乏定解的孔子語錄，我們唯有盡力用心體悟。即便我們的盡力體悟，仍然難免是一種強解，這也比人云亦云要好，比不求甚解要好。大而言之，這或者正是對人能弘道的一種踐行吧。

《論語・衛靈公》篇第三十五章，子曰：「民之於仁也，甚於水火。水火，吾見蹈而死者矣，未見蹈仁而死者也。」也是在注解上多生歧義的一章文字。

一種注解，把民之於仁解為老百姓喜歡仁、需要仁。楊伯峻先生的《論語譯注》本這樣翻譯：百姓需要仁德，更急於需要水火。往水火裡去，我看見因而死了的，卻從沒有看見踐履仁德因而死了的。

一句話中的水火，這裡作了兩種理解。孟子曰：民非水火不生活。楊先生前半段對水火的注釋中沿用這層意思。到後半段，水火卻是採用俗語「水火無情」的意思。這樣的翻譯注釋，欠缺是顯而易見的。當然，整體意思未受影響。說的還是老百姓格外需要仁德、仁德無害有益的意思。

另一種注解，則把「民之於仁」解為老百姓恐懼仁、推拒仁。其中，南懷瑾先生在他的《論語別裁》中的解釋比較典型。水火二字，這兒只用「水火無情」的意思。民眾百姓，對於仁德的不解、推拒，有時勝過對無情水火的恐懼。

南先生發揮道：社會真實中，教人學壞很容易，教人仁德很難；聖人賢哲為什麼一再強調仁德仁道仁義？就是不仁的人和事太多。仁德仁道是那樣好，老百姓卻不理解、不接受；不乏有人蹈水火而死，偏偏不肯踐行仁道。足見傳道、弘道，任重而道遠。

南先生的說法自成一說。可謂一家之言。

我想：孔子的這段語錄中，如果把「民」改成「居上位者」，恐怕才更恰當。最最害怕仁德仁道的，恰恰是皇帝君上和權勢者們。

商紂拒絕仁道而迷信暴政，最終蹈火而死，偏偏不肯實行仁道。

老百姓怎麼會怕仁道呢？

我們有必要溫故知新，重讀一下《論語・為政》篇第三章。

子曰：「道之以政，齊之以刑，民免而無恥；道之以德，齊之以禮，有恥且格。」

國家政府，整個社會，推行仁政德政，實行禮治，老百姓求之不得，大家怎麼會恐懼仁德仁道呢？

即便回到服膺仁道以修身的範疇，老百姓又何嘗恐懼和拒絕過仁道呢？上有所好，下必效之。君子之德風，小人之德草。政者，正也。子帥以正，孰敢不正？

所以，總括而言之，我更傾向於第一種解釋。孔夫子的這段話，堂堂正正，大氣磅礴，從正面來闡述仁對於普通民眾的不可或缺。人民日用生存，對於水火是那樣需要；水火卻難免有傷及人類的情況。人民對於仁的需求，該是超乎水火的吧；但仁是那樣的有益無害，誰曾見過仁傷及生命的呢？

老百姓恐懼的，是名義上的仁政、實質上的暴政；老百姓拒絕的，是上層統治者口是心非，暴虐不仁、為所欲為，仁義道德只是用來裝點門面，甚而只是用來約束統治底層民眾。

這樣的所謂仁，虛假欺騙，只成為暴虐百姓的道德棍棒。對於這樣的仁，老百姓的恐懼才是甚於水火。老百姓寧可蹈赴水火而死，也堅決拒絕蹈赴這樣的仁。

「釣魚執法」，臭名昭著。預設陷阱、誘捕無辜，強行定罪、罰款謀利，老百姓深受其害，避之唯恐不及。有些人骨子裡實施暴政，表面上還要偽裝仁道、號稱實施仁政。爾等倡言道德者，只是陰險編織道德樊籬為牢籠陷阱。這是更為險惡的更大格局下的「釣魚執法」。這就無怪乎老百姓對其漠然置之、敬而遠之了。

——還有一說。民之於仁也，甚於水火。說的是仁道遠離老百姓的情況。民之遠於仁，甚於遠水火。老百姓知曉水火無情，避之唯恐不遠，尚且有蹈於水火受害者。孔子所處時代，禮崩樂壞，老百姓不見仁政仁道久矣遠矣，大家迫切需要仁道，哪怕蹈赴仁道就會死，也甘心情願；然而，他們連觸及仁道的任何機會都沒有啊！孔子所說的，也許正是仁道不行的嚴酷狀況。

這樣的狀況，孔夫子莫非是言過其實、聳人聽聞乎？看看周邊發生的種種不平，聽聽弱勢群體的悲鳴哭喊，孔子之言，何嘗過之。

不憂不懼何來三畏

孔子曰：「君子有三畏：畏天命，畏大人，畏聖人之言。小人不知天命而不畏也，狎大人，侮聖人之言。」

——季氏篇・第八章

司馬牛問君子。子曰：「君子不憂不懼。」曰：「不憂不懼，斯謂之君子已乎？」子曰：「內省不疚，夫何憂何懼？」

——顏淵篇・第四章

《論語・季氏》篇第八章，孔子曰：「君子有三畏：畏天命，畏大人，畏聖人之言。小人不知天命而不畏也，狎大人，侮聖人之言。」孔子說：「君子有三種敬畏：敬畏天命，敬畏居高位的人，敬畏聖人的話。小人不知天命不可違抗而不敬畏，不尊重居高位的人，輕侮聖人的話。」

我們首先會注意到：本章文字，起言是「孔子曰」，而不是通常的「子曰」。在整部《論語》中，凡記錄孔子的言論，都是「子曰」；只有《論語・季氏》篇，每章文字都是「孔子曰」。整部《論語》的編輯體例，為什麼出現了這樣的變化，原因不明。有人猜測，《論語》在編撰之初，可能面對過不同的情況。曾經聆聽孔子某段話語的人，如果還在世，那麼記錄這段話語的體例就是「子曰」；假如講話的孔子與當時的聽者都已不在人世，孔子的話是經轉述而來的，記錄的時候就區別為「孔子曰」。也許是這樣的吧。好在這樣的一點區分或者變化，無傷大雅。

本章之所以引發讀者疑問的，是它的內容。

我們先來回頭翻看《論語・顏淵》篇第四章，司馬牛問君子。子曰：「君子不憂不懼。」曰：「不憂不懼，斯謂之君子已乎？」子曰：「內省不疚，夫何憂何懼？」

司馬牛問什麼是君子。孔子說：「君子不憂愁不恐懼。」

司馬牛又問：「不憂愁不恐懼，這就能叫做君子了嗎？」孔子說：「反省自身問心無愧，那有什麼可憂愁可恐懼的呢？」

君子不憂不懼。儘管這是孔子對司馬牛的回答，有特定語境和特定對象，但司馬牛所問、夫子所答，都是針對「君子」的。孔子的回答，毫不含糊。身為君子，自己問心無愧，有什麼可以憂愁和恐懼的呢？

於是，我們難免會向夫子發問了：既然你說過君子問心無愧，就能不憂不懼；你老人家怎麼又鄭重其事地聲稱君子有三畏呢？

夫子不言。

孔子的話，為什麼會出現前後不一？讀書至此，我們唯有反求諸己。

孔子前面所說的君子不憂不懼，儘管具有普適的意義，但那畢竟是針對特定的司馬牛一人講的，抑且強調的是內省不疚。而孔子後面所講的君子有三畏，則是原則上泛指，具有更寬泛的普遍性指導意義。

而且，我們細摳字眼的話，夫子前面用字是「懼」，後面用字是「畏」。恐懼與敬畏，到底是大有區別的。

敬畏，是啊，人難道可以沒有任何敬畏嗎？

君子有三畏，是孔子的歸納總結，有宣導的意味；同時講出的是實際狀況，是君子日常的操持。

君子者，首先敬畏天命。天命，或者是指天道，或者是指客觀規律，或者就是講「天命即民命」、是廣大民眾的呼聲；對這個，不應該有所敬畏嗎？至於畏大人，這兒的「大人」恐怕不一定專指官居高位的人。君子對於高官，禮儀上的恭敬是應該的，有什麼必須敬畏的呢？道德高深、學問深淵者，才是君子心目中的大人物，才應該對之有所敬畏。而聖人之言，先知先覺，可以明心見性，又安可輕侮不生敬畏。

君子的三畏，是孔夫子的歸納，不妨說也是讀書求道者的日常操持。我們內省諸己，當有會心。

與君子相反，對什麼都無所敬畏的人是有的。那就是孔子在這兒對舉的小人。

立國為政者，歷來公然宣導聲稱的恰恰就是「無所畏懼」。於是，對什麼都無所敬畏者比比皆是，世道人心每況愈下。

他們不知天命，根本就不承認有什麼天命；他們踐踏道德，批判批鬥乃至肉體消滅知識分子、學問大家；他們對聖人之言，特別是孔夫子的話、包括我們本章所舉的君子有三畏，肆意詆毀、痛加撻伐。小人不知天命而不畏也，狎大人，侮聖人之言。他們的所作所為，他們的猖獗行徑，針鋒相對「三不畏」，只是對上面孔子的話作了最好的形象注釋：小人和君子相反；小人就是這個樣兒。

那麼，他們果然是什麼都不怕，真個如他們聲稱的是「無所畏懼」嗎？卻又不然。

至少從抗日戰爭初期，誅神拆廟就已開始；從土改運動到「文化大革命」，又是「大破四舊」，這種暴烈的號稱「破除迷信」的瘋狂行徑遍及全國，橫行了幾十年。幾十年下來，不僅文物古建被毀壞殆盡，國人數千年敬奉的人文初祖、歷代前賢塑像被搗毀，國人數千年尊崇的道德也遭到了極大摧毀。

好在這樣的瘋狂破壞終於停止。輕侮聖人、一點不要聽聖人的話，服膺當代迷信的瘋狂夢囈，早已破產。無視自然大道，鼓吹「人定勝天」，也早已破產。

無政府主義，是對極權統治的一種反動。領袖崇拜、當代迷信破產之後，民眾變得對什麼都不再相信。這時，簡單抱怨民眾，是沒有道理的。

重建中華文明，重新匡正世風，重新審視理解孔夫子的這段文字，重建人們心目中應有的敬畏，艱巨的使命擺在我們面前。

「生而知之」有之乎

孔子曰：「生而知之者上也，學而知之者次也；困而學之，又其次也；困而不學，民斯為下矣。」

——季氏篇・第九章

《論語・季氏》篇第九章，孔子曰：「生而知之者上也，學而知之者次也；困而學之，又其次也；困而不學，民斯為下矣。」

這段《論語》，楊伯峻先生的譯注本翻譯如下——孔子說：「生來就知道的是上等，學習然後知道的是次一等；實踐中遇見困難，再去學它，又是再次一等；遇見困難而不學，老百姓就是這種最下等的了。」

原文所列舉的最後一種情況，困而不學，民斯為下矣。我感覺楊先生的翻譯，不盡妥當。這兒的「民」，如果定解為老百姓，那麼他們的困而不學，就不應該列舉在此、加以貶抑。下等的老百姓，生活困頓，求溫飽而不得，哪有機會條件求學？孔子在前面曾經講過，對民眾應當富而教之的話。民眾不富，沒有條件讀書求學，如何可以責備他們「困而不學」呢？

我認為，困而不學，是相對於前面一種情況困而學之來說的。這兒的「困」字，講得應該是同等情況。應該都是指「實踐中遇見困難」，或者「困於學術之不明」。無論是有條件的讀書人、還是條件受限的老百姓，困而學之，總是好一些。困而不學，無論是什麼人，一定都說不過去，都是最下等的了。

如此一來，最後一種情況，民斯為下矣，這個「民」字或也應有別解。民者泯也，泯者盲也。實踐中遇到困難、學習中有所不明，困而不學，只能是不進步，停留在群氓、文盲的低水準。這樣解釋，也許更加接近孔子的原意。他說的本來是正常讀書人學習求知的幾種情況，何必拿沒有機會讀書的老百姓來奚落墊底呢？

而這段語錄，最讓人困惑的是第一句。

生而知之者上也。

生活中，人群中，果然有生而知之的人嗎？

《論語・述而》篇第二十章，子曰：「我非生而知之者，好古，敏以求之也。」孔子坦承，自己不是生來就有知識的人。而是喜好古代文化，勤奮敏捷去求得來的人。

我們品讀孔子的話語，領略其語義，孔子並不否認「生而知之」。生而知之者，這樣的情況一定是有的，而且被孔子推崇為最上等。

那麼，孔子所說的這樣的人，就是所謂天才嗎？

即便人群中真的有天才式的人物，他們記憶力驚人、智商超常，包括天性趨於仁義良善多些，這樣的說法，我們都可以接受。但是，斷然肯定有人「生而知之」，這樣的情況，多半超出了一般人的生活閱歷範圍。至少，筆者一生，不曾見到過這樣的人。

也許，對於「生而知之」，應該有更加合乎孔子本意的理解。

這兒的「知」，可以是知識，也可以是智慧；當然更應該包括詩書禮儀。老百姓口語所說的「知書識禮」是也。那麼，孔子所言「生而知之」，這個「生」字指的可能是一個人與生俱來的先天環境。

假定一個人，生在詩禮之家，自幼有機會接觸書籍典章，又有禮儀規矩的日常薰陶，這是完全可能的。那麼，及至其成人，到了走向社會、出現在公眾場合的時候，他已經什麼都懂得了、知曉了。在這樣的意義上，就可以說這個人是一位生而知之者。

當然，孔子循循善誘，在這段語錄中強調的，分明不是讓人巴望、希冀「生而知之」；夫子一再宣導的，是學而再學。

《論語・衛靈公》篇第三十一章，子曰：「吾嘗終日不食，終夜不寢，以思，無益，不如學也。」孔子現身說法，以他那樣的聖賢，廢寢忘食去思考，都未嘗得益，都不如努力學習。

孔夫子強調學習，身體力行學而時習之，勸導我們學習再學習，此誠〈勸學篇〉之先聲宏論也。

「其斯之謂」說景公

齊景公有馬千駟，死之日，民無德而稱焉。伯夷叔齊餓於首陽之下，民到於今稱之。其斯之謂與？

——季氏篇・第十二章

上文為《論語・季氏》篇第十二章的一段文字，大意是「齊景公有馬四千匹，死的時候，老百姓誰都沒有覺得他有什麼德行值得稱許。伯夷、叔齊餓死在首陽山下，老百姓直到現在都稱頌。那就是這個意思吧？」

這一章文字載於《論語》，口氣也是孔子的話。但前面沒有「子曰」、「孔子曰」的字樣，末尾的其斯之謂與一句話也上無所承。後來的譯注家們多有猜測。有人比如朱熹認為：「此章文勢或有斷續，或有闕文，或非一章，皆不可考。」有人比如程頤則認為，《論語・顏淵》篇第十章所引《詩經》中的誠不以富，亦只以異，這兩句引文可能屬於錯簡。放在該章，非常難解。這兩句引文，應該放置於《論語・季氏》篇第十二章，擺在其斯之謂與之上。

按照程頤的說法，將錯簡重作調整，則文意相當貫通——伯夷、叔齊餓死在首陽山下，老百姓直到現在都稱頌。《詩經》裡說的「真的不是因為什麼富足，只是因為品德卓異」，那就是這個意思吧？

程頤的猜想，可謂有過嚴密謹慎的思考。可惜沒有其他證據，再嚴謹的猜想也只能還是猜想。《論語・季氏》篇的此章文字或有闕文，甚或不是孔子所說的，但絲毫不影響它的文義指向，不影響我們的閱讀體味。

伯夷、叔齊，做了點什麼呢？他們有什麼驚天動地的功業呢？他們為了心目中的更高原則，為了道德追求，竟至餓死。千百年來他們卻被人稱頌，成為志士仁人守死善道的輝煌榜樣。齊景公一朝諸侯，地位曾經何等煊赫。民眾對前者，至今稱讚；對後者，對不起，沒什麼稱許的。

齊景公如果有心當君子，哪怕僅僅奉行君子有三畏；敬畏天命，敬畏道德學人，敬畏古代聖賢的教誨，那他將會為政以德、依禮治國；老百姓怎麼會不稱許他？

不幸的是他像所有的獨裁者、權勢者一樣，無所敬畏。單單作為一個諸侯國君，就要瘋狂聚斂財富，僅駿馬就有四千匹。只相信權力、武力、勢力。我掌刀，我就要吃肉，我甚至要隨便殺人，誰奈我何？

誠然，民眾百姓，包括文人士子，處在無權的地位，對暴君暴政往往是無可奈何。

但對於各種人物，民眾老百姓會有自己的評價，士子文人會書之竹帛。

歷史無情。

歷史是由後來者敘述的。

防民之口甚於防川；民眾的口碑比任何碑碣更強固。

孔子著《春秋》，亂臣賊子懼；筆比刀更永恆。

「問一得三」何足喜

陳亢問於伯魚曰：「子亦有異聞乎？」對曰：「未也。嘗獨立，鯉趨而過庭。曰：『學詩乎？』對曰：『未也。』『不學詩，無以言。』鯉退而學詩。他日，又獨立，鯉趨而過庭。曰：『學禮乎？』對曰：『未也。』『不學禮，無以立。』鯉退而學禮。聞斯二者。」

陳亢退而喜曰：「問一得三，聞詩，聞禮，又聞君子之遠其子也。」

——季氏篇・第十三章

《論語・季氏》篇第十三章，記錄了陳亢和孔子的兒子孔鯉的一段對話。

陳亢問於伯魚曰：「子亦有異聞乎？」

對曰：「未也。嘗獨立，鯉趨而過庭。曰：『學詩乎？』對曰：『未也。』『不學詩，無以言。』鯉退而學詩。他日，又獨立，鯉趨而過庭。曰：『學禮乎？』對曰：『未也。』『不學禮，無以立。』鯉退而學禮。聞斯二者。」

陳亢退而喜曰：「問一得三，聞詩，聞禮，又聞君子之遠其子也。」

翻譯成白話，全文如下——

陳亢詢問伯魚說：「你從你父親那裡聽到過與眾不同的講授嗎？」

伯魚回答說：「沒有。他曾經獨自站在庭中，我恭敬地快走而過。他問我道：『學過《詩經》了嗎？』我回答說：『沒有。』他說道：『不學《詩經》，沒法講話。』我退下來就學習《詩經》。另一天，他又獨自立在庭中，我還是恭敬地快走而過。他問道：『學過禮儀了嗎？』我回答說：『沒有。』他說道：『不學禮儀，沒法立身。』我退下來就學習禮儀。我就聽到這麼兩點。」

陳亢回去高興地說：「我問一件事，得知了三件事。得知讀《詩經》很重要，得知學禮儀很重要，還得知君子嚴格教育自己的兒子（並無偏私）的態度。」

陳亢，字子禽。對陳亢其人，歷來有說是孔門弟子的，有說不是的。

早在《論語・學而》篇第十章，陳亢就曾經出現過。子禽問於子貢曰：「夫子至於是邦也，必聞其政，求之與？抑與之與？」

這個陳亢，陳子禽，在這兒尊稱孔子為「夫子」。他非常可能是孔子的弟子。但從他所問的問題能夠看出：即便他是孔子的弟子，也不曾親隨孔子周遊列國；至少，他不是特別接近孔子的人，他對孔子的瞭解，並不全面。

到了後面《論語》十九篇，即《論語・子張》篇的第二十五章，記載了陳亢與子貢的一段對話。對話的開頭，陳子禽謂子貢曰：「子為恭也，仲尼豈賢於子乎？」陳亢對子貢這樣說：「你是刻意謙恭的吧？仲尼難道真的比你強嗎？」

在這兒，陳亢直呼孔子為「仲尼」，其口吻則又不像是孔子的弟子。而且，他懷疑孔子是否賢於子貢。我們至少可以判定：對於孔子和孔子的學說，陳亢屬於一位懷疑論者。當然，這也可能是他看到子貢的賢名大著，他的發問是對子貢的一種試探，來一點旁敲側擊，搞一番帶有乖戾性質的品格考驗。

有人根據《史記・仲尼弟子列傳》不載子禽的事實，特別是上面這句話中透露出的口吻用意，定論子禽不是孔門弟子。

下面，我們回到《論語・季氏》篇第十三章。

陳子禽向伯魚發問：子亦有異聞乎？

這樣的發問，帶有一種刺探他人隱私之嫌。而且基於深深的懷疑：懷疑孔子和孔鯉父子之間，有什麼秘密傳授；懷疑學道求仁，可以通過私相授受，得到什麼私密鎖鑰。足見子禽其人，見識頗低。

孔夫子教育弟子，可能藏私嗎？他開壇講學、弘揚仁道，會私藏什麼家傳秘方、獨門技術和可以立至千金的把戲嗎？

學道求仁之難，又豈在私相授受。即或是書法等小道，哪個書法家能夠保證教會自家子弟成為書法家？能夠私相傳授的，只能是工匠技法，而不可能是人間大道。

事實證明，夫子教導兒子孔鯉的，無異於教導弟子們的。依然不過是學詩學禮。事實上，連孔子自己都認為：孔鯉並不賢於顏淵。

經過詢問，子禽相信了孔子教學不藏私，確實沒有什麼特別的秘訣私下傳給孔鯉。

這個陳亢陳子禽方才退而喜。

對於傳道，夫子不會藏私；對於學道，私相授受也沒用。這是孔門弟子應有的識見。

子禽識見不及此，其所以喜者，適足悲夫悲哉。

或曰，這也正可證明：陳亢其人非夫子入室弟子也。

子如不言，小子何述

子曰：「予欲無言。」子貢曰：「子如不言，則小子何述焉？」子曰：「天何言哉？四時行焉，百物生焉，天何言哉？」

——陽貨篇．第十九章

《論語．陽貨》第十九章，子曰：「予欲無言。」子貢曰：「子如不言，則小子何述焉？」子曰：「天何言哉？四時行焉，百物生焉，天何言哉？」孔子說：「我不想說話了。」子貢說：「老師如果不說話，那麼弟子們傳述什麼呢？」孔子說：「上天說了什麼呢？四季照樣運行，眾物照樣生長，上天說了什麼呢？」

孔子聲稱，自己不想說活了。一則，孔子奉行的教育方法，向來重視身教；仁道更強調踐行，而不是言辭滔滔、辯才無礙。二則，其間透露出了孔子對語言功能的深刻認識；言以載道，但語言並不是萬能的。

聽到老師如此聲稱，孔子的得意高足子貢，反應強烈。夫子你要是不說話，你的博大思想、精深思考，我們何從而得之、又怎樣傳述呢？子貢當然是希望孔子繼續言說，以便弟子們口口相傳、包括書之竹帛，以利傳播大道。子貢們的這點希望、這點祈求，發生作用了嗎？

當初更為具體的情形，我們不得而知。也許，子貢等有心的弟子，就是從那個時候開始，確實已經在注意記錄夫子的若干話語。《論語》，已經初步具備了它的雛形。

《論語．季氏》篇，透露出了若干個中資訊。

這篇文字，凡孔子說活，都是「孔子曰」，而不是慣常的「子曰」。而且，該篇許多章節所記錄的孔子的話，不像是日常會話；多半具有格言的性質，彷彿有過精心的思考與歸納。

《論語．季氏》篇第四章，總結歸納出了益者三友，損者三友；

第五章，則彙總出了益者三樂，損者三樂；

第六章，講到侍於君子有三衍；

第七章，講到君子有三戒；

下面第十章，講到君子有九思。

到《論語・陽貨》篇第六章，子張問仁於孔子，孔子歸納出了恭、寬、信、敏、惠五條，告訴子張說能行五者於天下為仁矣。

到《論語・陽貨》篇第八章，孔子甚至是主動向學生子路介紹自己歸納出的「六言六蔽」。

我們閱讀上述章節，與其他章節進行比照，應該承認它們確實都是格言式的。有過精心的思考與歸納，不大像是夫子日常話語，也不大像是隨口應答。

它們非常像是夫子閒居，自己歸納總結出來的多方面的體會。甚至不排除夫子曾經將其親自錄於書簡。至少，它們極像是夫子口述，身邊侍者做了準確的筆錄。

也許，夫子年邁，身邊弟子尤為感到夫子教導的珍貴，採取了這樣的猶如記載帝王日常言行的「起居注」的辦法，終於記錄下來孔子這位聖賢的許多寶貴言說。

我們感謝我們的偉大民族，在所謂軸心期時代，誕生了孔子這樣的偉大聖賢。

我們也應該感謝孔子的許多入室弟子與再傳弟子，他們記錄下了孔子的許多言論，最終編纂出了偉大的經典——《論語》。

是啊，子如不言，小子何述焉？我們這些後學者，又哪裡能夠讀到這樣的經典呢？

上智下愚不移

子曰：「唯上知與下愚不移。」

——陽貨篇・第三章

《論語・陽貨》篇第三章，子曰：「唯上知與下愚不移。」孔子說：「只有上等的智者和下等的愚人是改變不了的。」

對於這句簡短而又易生歧義的論語，慣常的翻譯大略如上。楊伯峻先生和張燕嬰先生的翻譯則完全一樣，一字不差。

楊伯峻先生在注釋中，舉了若干關於「上知」、「下愚」的古今異說。說法之一，「可與為善，不可與為惡，是謂上智；可與為惡，不可與為善，是謂下愚。」是以人的品質言。說法之二，「上知謂生而知之，下愚謂困而不學。」則是兼以其知識與品質而言。

慣常的翻譯，包括楊先生舉出的古今異說，首先將「上知」圈定為智者，或曰仁而智者。其實，「上知」和「下愚」並不一定專指人，也可以解釋為「上等的智慧」和「下等的愚昧」。還有「不移」，解釋成「改變不了」、「不可更移」。除了上知不移、下愚不移，還可以生發出進一步的含義：上知與下愚，兩者之間的高低比照關係，也是無可更移的。

好在，慣常而平易的翻譯無傷本旨。普通讀者，結合翻譯，結合自身的人生體驗，能夠理解孔子這句話的本意。上等的智慧，生而知之，為仁為善；下等的愚人，困而不學，為惡不仁；這樣的情況是改變不了的，兩者上與下這樣的比照關係也是無可更移的。

但過來人當是記憶猶新，孔子的這句話，曾經遭到批孔家們瘋狂的口誅筆伐。

批孔家們秉承上意，猖獗批孔，貌似氣勢洶洶，實質是色厲內荏；其把戲極其拙陋淺陋，偏要作出一副真理在手的醜惡嘴臉。他們的把戲，擇其要者，一是有罪推定，二是拉大旗作虎皮。

既然他們的批孔是秉持上意，首先對孔子作了有罪推定。把孔子定性為反動文人，是反動腐朽文化的代言人，是為貴族奴隸主服務的。而他們自己，早已站定了革命立場，堅定地擁護運動發起者的偉大革命路線；然後肆意詆毀攻擊不在場的孔子，無所不用其極，而能不受任何反駁，永遠立於不敗之地。

其次，最拿手的把戲就是拉大旗作虎皮。他們往往會祭起一件法寶，拿出某些領袖偉人的某句話，即所謂的「最高指示」來壓服人、嚇唬人。

他們批判孔子所說唯上知與下愚不移這條語錄，最為得意沾沾的就是當場舉出毛澤東所說的一句話：卑賤者最聰明，高貴者最愚蠢。是為所謂毛主席語錄一條，最高指示一則是也。

批孔家手捧尚方寶劍，即刻開始批判。義形於色，一副與孔夫子不共戴天的模樣。

——毛主席教導我們說：卑賤者最聰明，高貴者最愚蠢。萬惡的孔老二喪心病狂，竟然鼓吹「唯上知與下愚不移」；無恥吹捧罪惡的奴隸主，是什麼「上知」；肆意貶低污蔑偉大的勞動人民、貧下中農，屬於什麼「下愚」。其用心何其毒也，是可忍孰不可忍？

諸如此類、如是云云，高舉毛澤東語錄小本本所謂「紅寶書」揮舞一回，念過最高指示，就已經宣告勝利、得勝還朝。

讓我們拋開那些批孔家、馬屁家，心平氣和來研討。毛澤東說的「卑賤者最聰明，高貴者最愚蠢」，有沒有一些道理？在一定的情況下，當然有其道理。但它決不是什麼真理，並不能像御用文人所鼓吹的，能夠放之四海而皆準。

回到孔子的語錄唯上知與下愚不移，我們可以在此小作發揮。

仁，仁道，這是中華文明的核心價值。相信仁道，相信仁者無敵，就是上知。

相信暴力，實行暴政，以暴易暴，以力勝人，在孔子、老子、墨子等先哲的心目中，就是下愚。

中國的整部歷史證明：封建帝王從來沒有真正採信實行過孔子的思想。士君子文化和帝王文化之間的緊張關係，從來沒有改變過。

唯上知與下愚不移。

誠哉斯言；信哉斯言。

「割雞焉用牛刀」之戲

子之武城，聞弦歌之聲。夫子莞爾而笑，曰：「割雞焉用牛刀？」子游對曰：「昔者偃也聞諸夫子曰：『君子學道則愛人，小人學道則易使也。』」子曰：「二三子！偃之言是也。前言戲之耳。」

——陽貨篇・第四章

《論語・陽貨》篇第四章，是一段對話，又像一段小故事。甚至其中還有一點戲劇性。

子之武城，聞弦歌之聲。夫子莞爾而笑，曰：「割雞焉用牛刀？」

子游對曰：「昔者偃也聞諸夫子曰：『君子學道則愛人，小人學道則易使也。』」

子曰：「二三子！偃之言是也。前言戲之耳。」

孔子到了武城，聽見彈琴瑟唱詩歌的聲音。孔子微微一笑，說道：「殺雞何必用宰牛的刀呢？」

子游答道：「以前我聽老師說過：『君子學了禮樂之道會懂得愛人，小人學了禮樂之道就容易指使。』」

孔子說：「弟子們！言偃的話是對的。我剛才那句話不過是跟他開玩笑罷了。」

言偃即子游，曾經在武城地面任職，當過地方長官。按楊伯峻先生注釋說成是縣長，當然也滿可以。孔子來到這裡，聽到了彈奏琴瑟、吟唱詩歌的聲音。儘管是縣城，小地方，學生子游在此施行禮樂教化，並且看樣子幹得還不錯。孔夫子卻冒了一句：割雞焉用牛刀？

楊先生在他的譯文中加注說，孔子這句話有「治理這個小地方，用得著教育嗎」的意思。如果我們認同這樣的翻譯，孔子這回說話，確實是有點隨便、有些率性，屬於未經思慮脫口而出了。

於是，子游即刻進行申辯。申辯的道理是充分的，站得住腳的。既然老師說過：君子學道則愛人，小人學道則易使也。傳道，施行教化，難道還應該分對象之優劣、分地域之大小嗎？此刻的子游，正氣堂堂，可謂當仁、不讓於師。

於是，才有夫子的當場及時改錯之言。這裡當然可以看出夫子和弟子之間的良好關係，可以看出孔子身體力行宣導的優良學風。孔子坦誠地說：學生們啊，言偃說得對！我前面的話，不過是開了個玩笑罷了。

這樣分析下來，我們可以認為：《論語》的編輯者，堪稱直筆。即便是夫子有錯，也決不粉飾避諱。

當然，過而不改，是謂過矣。孔子有錯，當場當眾認錯並且改正，這也同時證明了孔子的偉大。《論語・子張》篇第二十一章，子貢曰：「君子之過也，如日月之食焉：過也，人皆見之；更也，人皆仰之。」子貢說：「君子的過錯好像日食、月食那樣：犯了過錯，人人都能看到；改了過錯，人人都會敬仰。」

這話用在這兒說孔子，簡直就是恰如其分啊。

——不過，對這段文字，我看還可以有別樣的理解。

楊伯峻先生的翻譯，我感覺有臆測的成分。割雞焉用牛刀有「治理這個小地方，用得著教育嗎」的意思，是根據後文的文意，反推出來的解釋。而這樣的解釋，恐怕不盡準確。設問，孔夫子重視教化，奉行有教無類，甚至曾經準備到九夷那樣的邊鄙之地去行道，他怎麼會認為武城屬於小地方、所以用不著禮儀教化呢？

以下，筆者試著來作一番別解。

孔子來到武城，聽到弦歌之聲，對這樣的狀況是滿意的，對他的得意高足子游是滿意的。子游在這裡當地方長官，對這裡的民眾「富而教之」，施行禮樂教化，幹得相當不錯嘛！所以，夫子才會莞爾而笑。

至於割雞焉用牛刀，夫子也許是說：子游這樣的人才，斬蛟殺虎都綽綽有餘，卻只是治理一個小小的縣城，在幹一點殺鴨割雞的小事情，這實在是大材小用啦！

聽了老師的話，子游能怎麼說呢？能承認武城這樣的小地方委屈了自己、確實是大材小用了嗎？他只能說：地方雖小，人眾水準是差；但施行教化的工作總歸是要做的。

聽到弟子這樣表態，孔子更加滿意。施行教化，本是大道；才大才小，都要盡力而為；都會小城，都要詩禮教化。弟子們，你們都看見了，言偃說得對、說得好啊！你們給我聽好了：剛剛我講的「大材小用」的話，就算是一句戲言好啦！

孔子武城之行，如果看做一段小故事，孔子和子游師徒二人的對話，是為話中有話。心理活動在表面會話中，時隱時現。說是有點戲劇性，諒不為過。

——況且，說不定夫子在一開始，對武城的狀況早已有所預聞，對子游治理此地、施行禮樂教化，原本就是滿意的。特別開個玩笑，正話反說，要引出子游的話來。而子游不負所望，治理一地，兢兢業業；論及自身，深自謙抑。夫子帶領二三子前來視察，結果非常圓滿。

如此說來，這就更是夫子臨場編導的一段戲文啦。

子欲往何必之之

公山弗擾以費畔，召，子欲往。

子路不說，曰：「末之也，已，何必公山氏之之也？」

子曰：「夫召我者，而豈徒哉？如有用我者，吾其為東周乎？」

——陽貨篇・第五章

佛肸召，子欲往。

子路曰：「昔者由也聞諸夫子曰：『親於其身為不善者，君子不入也。』佛肸以中牟畔，子之往也，如之何？」

子曰：「然，有是言也。不曰堅乎，磨而不磷；不曰白乎，涅而不緇。吾豈匏瓜也哉？焉能繫而不食？」

——陽貨篇・第七章

《論語・陽貨》篇，兩番記錄了孔子要應召去叛亂之地的情形。我們先看第五章。

公山弗擾以費畔，召，子欲往。

子路不說，曰：「末之也，已，何必公山氏之之也？」

子曰：「夫召我者，而豈徒哉？如有用我者，吾其為東周乎？」

公山弗擾在費邑反叛季氏，召孔子前往，孔子準備去。

子路不高興，說道：「沒有地方去也就算了，何必非要去公山氏那裡呢？」

孔子說：「那個召我去的人，難道是平白無故的嗎？假如有人能任用我，我將在東方復興周的世道！」

參看楊伯峻先生在這段《論語》譯文後所加的注釋，古人歷來對這段文字多有爭議。有說《論語》所記敘的事情，在《左傳》中不見記載，所以疑心這段文字不可信。也有說不該偏信《左傳》而懷疑《論語》的。上述種種，我們只能存疑。

我認為，我們不妨就文字來談文字。在文字記錄的層面，公山弗擾是叛變造反了；其人召孔子，而孔子「欲往」；孔子準備應召而往，有過這樣的動議。

當然，就歷史的真實，就整部《論語》提供的資訊，事實上孔子並沒有前往費邑，沒有真個去投奔公山氏。那麼，這章文字，只剩下孔子與子路的會話是有意義的。

孔子說想去公山氏那裡，也許只是說說而已。那兒召我去，請我出山，是否可以試試看呢？但子路認真而性急。你老人家這般身分名頭，沒有地方去也就罷了，何必要去那樣一個小地方？而且是一處叛亂之地？

於是，學生子路的不高興，他的不贊同，引出了夫子下面的話來。一個地方，召我去，真正任用我，放手讓我去治理，我一定會施展抱負；將那裡治理成文武周公時代一樣的道德之邦！

再看第七章。

佛肸召，子欲往。

子路曰：「昔者由也聞諸夫子曰：『親於其身為不善者，君子不入也。』佛肸以中牟畔，子之往也，如之何？」

子曰：「然，有是言也。不曰堅乎，磨而不磷；不曰白乎，涅而不緇。吾豈匏瓜也哉？焉能繫而不食？」

這一章的情況和第五章差不多。佛肸盤踞中牟對抗趙簡子，來召孔子前去，孔子打算應召。

按照子路的認識，佛肸作為范中行的家臣，佔據中牟抵抗趙簡子，也算是以下犯上的一種反叛。老師你曾經教導我們說，親自幹壞事的人那裡，君子是不去的。現在你卻要去那裡，怎麼能說得過去呢？

孔子說道：「是的，我是說過這話。但是，你不知道嗎？堅硬的東西，磨也磨不薄；白質的東西，染也染不黑。我難道是一隻匏瓜嗎？怎麼能只是懸掛在那裡不給人食用呢？」

孔子的這段話，我認為和上面第五章孔子的話一樣，都大有深意在。

第一點：孔子譬喻而言，堅固之物，磨不薄；潔白之品，染不黑。說的是君子的品格。好比孔夫子當初說欲居九夷，君子居之、何陋之有。我們無論去什麼地方，外在環境難道能夠改變我們的道德行為準則嗎？

第二點：孔子還是運用比喻來講說道理。難道我是一隻匏瓜，光是吊起來供人看，丟棄了它的食用功能嗎？我們不禁會想起前面學過的《論語・子路》篇第十章，子曰：「苟有用我者，期月而已可也，三年有成。」一空懷治國安邦的志向本領，卻沒有諸侯國來請孔子執掌政事，孔子的治國理念竟然始終沒有得到實際施展的機會。對此，我們的夫子是耿耿於懷啊！

第三點：儘管孔子講過危邦不入、亂邦不居的話，當費邑和中牟這兩個所謂叛亂之地有人召請孔子的時候，孔子並沒有拒絕前往。一方面，如有用我者，吾其為東周乎！孔子有著那樣的自信，能將危邦、亂邦，治理成為周道復興的禮儀之邦。另一方面，孔子並不拘泥於所謂正統秩序，簡單地貶斥公山弗擾和佛肸。既然季氏已經篡奪了魯國的政權，季氏的家臣公山弗擾進而叛變了季氏，這又何足為奇。孔子看到了天下大亂的局面，準備勇敢地出面擔當。哪裡能夠復興仁道仁政，就勇於到哪裡去！

出於我們無法探知的原因，事實上，孔子沒有去公山氏那裡，也沒有去佛肸那裡。

孔子周遊列國，直到他的晚年，也沒有得到參與治理任何一個諸侯國的機會。這是遺憾的。

但孔子的積極態度，關注時局、隨時準備介入當前政治的入世情懷，卻躍然紙上。正是子欲往，何必之之？

他沒有親自前往某些地方，沒有展示才能的機會，但絲毫無損於他的入世取向和偉大的擔當精神。

後學者，宜於深思：我們讀書習禮，到底為著什麼？

對此，孔子始終是清醒的、現實的、入世的。他的道，關乎現實，關注天下，從來就不是封鎖在書齋裡的高頭講章。

把孔子和孔子的道，書齋化、宗教化、形而上化，就是遠離了夫子之道。

子欲往，何必真的之之？

而子欲之者，恰是我等後學者宜於之之也。

守孝三年的錯位討論

宰我問：「三年之喪，期已久矣。君子三年不為禮，禮必壞；三年不為樂，樂必崩。舊穀既沒，新穀既升，鑽燧改火，期可已矣。」

子曰：「食夫稻，衣夫錦，於女安乎？」

曰：「安。」

「女安，則為之！夫君子之居喪，食旨不甘，聞樂不樂，居處不安，故不為也。今女安，則為之！」

宰我出。子曰：「予之不仁也！子生三年，然後免於父母之懷。夫三年之喪，天下之通喪也，予也有三年之愛於其父母乎？」

——陽貨篇・第二十一章

《論語・陽貨》篇第二十一章，記錄的是宰我和孔子的對話。師生之間談論到了「三年之喪」的話題。

宰我，是孔子門下極有個性的一名學生。和子路的直率慷爽有一比，樊遲有時難免鑽牛角，宰我則總是會思索一些另類問題。

《論語》第五篇即《論語・公冶長》篇第十章，記錄過宰予晝寢的事件。這位公然在大白天睡覺的學生，到《論語》第六篇即《論語・雍也》篇第二十六章，又和孔子探討過井有仁焉的問題。那個問題，多少超越了語言的表層語義，指向了某種程度的抽象思辨意味。應該承認，宰我的思維確乎有些與眾不同。

且看這一章。宰我問：「三年之喪，期已久矣。君子三年不為禮，禮必壞；三年不為樂，樂必崩。舊穀既沒，新穀既升，鑽燧改火，期可已矣。」

子曰：「食夫稻，衣夫錦，於女安乎？」

曰：「安。」

「女安，則為之！夫君子之居喪，食旨不甘，聞樂不樂，居處不安，故不為也。今女安，則為之！」

宰我出。子曰：「予之不仁也！子生三年，然後免於父母之懷。夫三年之喪，天下之通喪也，予也有三年之愛於其父母乎？」

三年之喪，由來已久。孔子認為，乃是天下之通喪。我們前面研討過的《論語・憲問》篇第四十章，高宗諒陰，三年不言，是《尚書》上的記載。孔子則進一步聲明：何必高宗，古之人皆然。

看來在孔子所處的時代，三年之喪，已經成為社會風習，載於禮儀典章制度。兩千餘年之下，華夏國人對「守孝三年」至少是耳熟能詳。

但從古至今，人們對於這個話題以及相關話題的爭議始終沒有消失過。人死了，是厚葬、還是薄葬？喪禮，是從簡、還是由繁？包括守孝，三年是不是太長？守孝，如果堅持三年的時段不改，守孝期間的吃住言行如果禮儀太繁，對活人的生活和事業造成過大的影響是必然的。

而且，凡事必有兩面。過分推崇孝道，過分強調形式上的守孝，一定會有「過猶不及」的問題出現。眾所周知的漢代童謠民諺「舉秀才，不知書；舉孝廉，父別居」，挖苦諷刺的就是這類現象。

宰我或者已經看到了若干守孝三年帶來的問題，或者見微知著已經預見了未來的種種可能。所以，他向師尊提出這個問題。希望有所改變，至少可以就此問題進行討論。三年之喪，時間太長了，守喪一年，是不是就可以了？

但我們閱讀《論語》至此，感覺宰我提出問題其立論欠缺嚴謹。

他提出問題的依據理由，還停留在考慮禮樂的層面。君子三年不為禮，禮必壞；三年不為樂，樂必崩。如果三年之喪本身就是禮制規定的禮儀，人們居喪，就是盡禮，而並非「不為禮」。恰恰是不執行三年之喪，已經是在違禮。

再者，宰予這兒說的「君子」是單指居上位者嗎？不然何必擔心其人守孝三年，就會導致禮崩樂壞那樣嚴重的後果呢？況且，前面的例子所舉，即便是貴為天子的高宗，居喪三年、三年不言，有塚宰負責管理百官。國家朝廷禮樂尚在，不會崩毀。

如果宰我說的是普通士子、尋常百姓的守孝，更不會造成那樣嚴重的後果。國人不可能在同一時段遭遇「三年之喪」。即便某人奉守三年之喪，頂多是個別人「不為禮、不為樂」，怎麼會造成整個社會的禮崩樂壞呢？

所以，我們可以這樣認為：宰我提出問題，哪怕是關乎禮儀制度的重大問題，提出問題加以討論，並沒有錯。其欠缺是立論不夠嚴謹，論據並不充分。

下面是孔子的回答。從文本的字面上來看，孔子沒有正面回答宰我提出的問題。孔子認為，三年之喪，是天下之通喪。對此，是不可懷疑、不能進行討論的。作為人子，覺得三年之喪時間太長，本身就是不仁不孝。當然，在宰我退出後，孔子講明了自己認可三年之喪的道理。每個人，出生之後的最初三年，父母的呵護愛養，是最為辛苦的。發乎人的天性本能，那是最無私的人間至愛。為父母守孝三年，以多少表達我們的還報之情，這也完全應該屬於我們的道德本能，應該上升到孝道人倫的層面。

然而，孔子沒有正面回答宰我的問題，而是歸結到宰我的個人取捨上來說話。不要三年之喪，吃細糧、穿綢緞，你心裡對父母覺得過得去，你就隨便好啦！君子居喪，食不甘味、居不安寢，聽到音樂不快樂；你既然吃得香甜、睡得安穩、聞樂而喜，你就那麼辦好啦！

平心而論，宰我說的三年之喪這一話題，原本不是宰我自己個人的問題；而是就這種社會現象、禮儀制度，發出一點個人的疑問，試圖進行一點學術研討。然而話趕話，孔夫子直接批評宰我，宰我也乾脆就賭氣自承。「三年之喪」，時間是否太長？原本可能是關乎禮儀制度、社會問題的討論，變成了宰我的個人行為與道德取向。宰我為之受到了孔子的嚴厲批評。

師徒之間對某一問題的討論，從一開始就發生了莫名的錯位。

因學術研討而挨批，宰我未免有些冤枉啊。

然而，在孔子的立場，「三年之喪」作為自古皆然的天下通喪，是不可懷疑而討論的。在孔子看來，如果宰我本人沒有這一背離孝道的念頭，就不會提出這有違禮制的話題。所以，話語的鋒芒直指宰我的本心。

宰我之挨批，卻又並不冤枉。

女子小人誰難養

子曰：唯女子與小人為難養也，近之則不遜，遠之則怨。

——陽貨篇・第二十五章

《論語・陽貨》篇第二十五章，子曰：唯女子與小人為難養也，近之則不遜，遠之則怨。孔子說：「只有女子和小人是難以養用的。親近了，就不會恭順；疏遠了，就會生怨恨。」

這段文字，成為最受後人詬病的一章文字。

唯女子與小人為難養，成了男權為中心的傳統社會一句經常引用的名言。近一百多年來，則被批孔家指斥為孔夫子鄙視婦女和勞動人民的證據。據說，連海外尊崇孔子的漢學家也百口莫辯，只好說：孔夫子只有這句話「說錯了」。

出於維護孔子，替老夫子打圓場的好心，有不少專家學者以及教授們，對這句話盡量去作各種利於孔子的解讀。

比方，對於孔子的這句名言，北師大女教授于丹曾這樣解釋：孔子在這兒所說的「小人」，是指小孩子；這句話的意思是說，女人就跟小孩子一樣，過於寵溺，她會恃寵而驕；不予理睬，她又會心生怨氣。作為和君子對應的小人，是一個寬泛概念，但也有著基本的能指所指、外延與內涵。把小人解釋成小孩子，堪稱一絕。說是信口開河，也不為過。

把女人比成小孩子，不再比成傳統意義上的小人，對女人就尊重了嗎？這樣的解讀，照顧了「女權主義者」的情緒，就不考慮《未成年人保護法》了嗎？

還有更加離譜的解讀。說「女子」，特指女兒；「與小人」，這兒是講嫁與小人。我們的女兒，嫁給小人的話，那是最難相處的了。近之則不遜，遠之則怨。

並不一味因循前人的解讀，打開思路，別出心裁，未嘗不可。但信馬由韁，把解讀經典搞到沒邊沒沿的程度，也就太不嚴肅了。

其實，對孔子的這段論述，慣常的翻譯解釋並沒有什麼錯。只是我們解讀的過程，閱讀應該由表及裡一點，理解需要稍許深入一點。

孔子的言語往往是面對具體情況的特定話語。他從來都沒有把自己的話語當成「放之四海而皆準」的真理。唯女子與小人為難養也，是一句針對特定情況的話語。這句話當中有一個關鍵字語是「難養」。或者乾脆就是那個「養」字。

在《論語・子路》篇第二十五章，孔子說過君子易事而難說也、小人難事而易說也。這裡說的是人際關係，強調的是居於下位的人，面對居上位的服事對象的不同情況。如果小人居於上位，我們不幸服事的是這樣的頂頭上司，結果就是「難事而易說」。

唯女子與小人為難養，說的也是人際關係，強調的則是居於上位的人，「養用」他人時的情況。身分低下者，自己還在打工，尚且需要別人養用自己，當然就不會有養用他人的問題。所以，孔子這句話，確實就是一句面對具體情景的特定話語。

錢穆在他的《論語新解》中，有過很好的解讀——「先生說：只有家裡的妾侍和僕人最難養。你若和他們近了，他將不知有遜讓。你若和他們遠了，他便會怨恨你。」

一般人，窮書生，誰能養得起妾僕呢？只有那些有地位的士族人家，才有這樣的排場。也才會有養用妾僕所遇到的種種問題。

那麼，孔子的這句話對現今的普通人就沒有指導意義了嗎？《論語》所載的這句名言，就只剩下被人詬病問難的命運了嗎？

卻又不然。修身齊家，對於現代人而言，依然是個需要終生面對的話題。

在當代社會，婦女解放、男女平等。女性只要自強自立，不甘為人之妾僕被人養用，誰還能把她們硬性當做妾僕呢？孔夫子說的本來不是女權主義者，女權主義者大可不必和孔子糾纏不休。

孔子無法超越時代。孔子的原話放置於當今，必然會脫離開當時的語境，孔子對此無可奈何。老先生的這句話，容易被一般讀者誤讀，包括被後人而復後人繼續詬病，這恐怕將會是一個長久不易消除的閱讀現象。

鳳不與鳥獸同群

楚狂接輿歌而過孔子曰：「鳳兮鳳兮！何德之衰？往者不可諫，來者猶可追。已而已而！今之從政者殆而！」孔子下，欲與之言。趨而避之，不得與之言。

——微子篇・第五章

長沮、桀溺耦而耕，孔子過之，使子路問津焉。

長沮曰：「夫執輿者為誰？」

子路曰：「為孔丘。」

曰：「是魯孔丘與？」

曰：「是也。」

曰：「是知津矣。」

問於桀溺。

桀溺曰：「子為誰？」

曰：「為仲由。」

曰：「是魯孔丘之徒與？」

對曰：「然。」

曰：「滔滔者天下皆是也，而誰以易之？且而與其從辟人之士也，豈若從辟世之士哉？」耰而不輟。

子路行以告。

夫子憮然曰：「鳥獸不可與同群，吾非斯人之徒與而誰與？天下有道，丘不與易也。」

——微子篇・第六章

《論語・微子》篇第五章，楚狂接輿歌而過孔子曰：「鳳兮鳳兮！何德之衰？往者不可諫，來者猶可追。已而已而！今之從政者殆而！」

孔子下，欲與之言。趨而避之，不得與之言。

這段《論語》，楊伯峻先生的譯文如下：

楚國的狂人接輿一邊走過孔子的車子，一邊唱著歌，道：「鳳凰呀，鳳凰呀！為什麼這麼倒楣？過去的不能再挽回，未來的還可不再著迷。算了吧，算了吧！現在的執政諸公危乎其危！」

孔子下車，想同他談談。他卻趕快避開，孔子沒法同他談。

楊先生在譯文之後，另外加了注釋。注釋介紹稱，《論語》所記隱士皆以其事名之。門者謂之「晨門」，杖者謂之「丈人」，津者謂之「沮、溺」。同樣，接孔子之輿者謂之「接輿」。

這位接輿，隨口而歌。歌子的水準相當高。是孔子周遊列國途中遇到過的一位隱者，屬於世外高人。對當今時局、天下狀況，看得很清。現在整個天下，危乎其殆，已經無可救藥。所以，往者不可諫，來者猶可追，不是說世道還有希望、還可以加以救治；而是勸導孔子說，你為了救世已經幹過的就算過去了，往後不要再幹這類傻事了。楊伯峻先生的譯文，盡量依從了原歌的韻律。

接輿歌子中的「鳳兮」，或有雙關。指代理想的世道，指代胸懷天下的賢哲，都講得通。

下面第六章，孔子使子路問津於一塊耕田的長沮和桀溺。長沮和桀溺，也是避世的隱者。這章文字，記敘比較詳盡。先是記錄了兩人和子路的對話。在對話的後半部分，桀溺所說的一番話比較關鍵。

當桀溺問明白子路是孔子的弟子後，說道：滔滔者天下皆是也，而誰以易之？且而與其從辟人之士也，豈若從辟世之士哉？整個天下到處都是動亂不安的樣子，跟誰能改變得了它呢？況且，你與其跟隨（孔丘這樣的）避開惡人的志士，難道能比得上跟隨乾脆就避開亂世的隱士嗎？

桀溺對子路所說的這段話，可以看做是隱士們的避世宣言，其間透露出了對孔子所作所為的不以為然。孔子離開魯國，離開齊國，所謂「孔子行」，不過是避人罷了；周遊列國，以為天下尚有明主賢君；其實，普天下都是洪水滔滔，整個世道已經壞了。與其避人，何如乾脆避世？這話是在說子路，毋寧認為也是在說孔子。

聽了子路的轉述，孔子憮然曰：「鳥獸不可與同群，吾非斯人之徒與而誰與？天下有道，丘不與易也。」

這是孔子極其重要的一段語錄。說它重要，一者，聽了子路轉述之後，儘管孔子沒有直接面對隱者，這卻是孔子對於隱者宣言的一種正面回應；二者，對於孔子的這段語錄，後來的歷代解經家眾說紛紜，卻多數解釋錯誤，大大背離了孔子的原意。

鳥獸不可與同群，幾乎自古以來的注釋都高度統一。都把隱者長沮、桀溺比作了鳥獸。這首先與孔子尊重隱士的一貫態度不合。這是對孔子話語的極大誤讀。

按照這樣的解釋，孔子以及他的追隨者們，所以僅僅避人、而不避世，就是拒絕與避世的隱士長沮、桀溺等為伍。孔子自比為「人」，是不能和隱士即「鳥獸之輩」同群的。

退開一步，孔子在這兒並非將隱士比作鳥獸，隱士們隱逸山林，也不過是盡日與鳥獸同群。但注釋家接下來的解釋，依然殊為不通。

鳥獸不可與同群，吾非斯人之徒與而誰與？「斯人之徒」，歷代注釋家都解為「天下人」。他們將整句話這樣來解釋：既然不能與鳥獸同群，那麼我們不和天下人打交道，和誰打交道呢？

這是注釋家們對自己的誤會錯解，硬性自圓其說。文理不通，文意澀滯。孔子在現場，在當時現實的語境，和子路所說的「斯人」，就是「此人」、「這些人」，說的正是長沮、桀溺這類隱者。天下人此刻在哪裡？何以「斯」之？

這段話，是孔子的真誠而坦率的表白。天下無道，多是暴君昏君，這才是孔子口中的鳥獸。「夫子行」，就是避開這些東西。就辟人而言，不能與暴君昏君那些獨裁的鳥獸同群，孔子與「斯人」即隱者本來就是同道。在辟人的立場取向方面，大家是高度一致的。吾非斯人之徒與而誰與？我不和這些隱者同道，還和什麼人同道呢？

至於避世，孔子與隱者們的志向卻大有不同。因為天下無道，隱者因而避世；而正因為天下無道，孔子所以才要努力入世，爭取去改變它。如果天下有道，孔子何必要去改變它呢？

天下無道，並不隱居山林、潔身自好；而是積極入世，希望通過自己的努力去改變這種狀況，這正是孔子所以為聖人的根本所在。

對於孔子的追求，知不可為而為之，世人多不理解。「夫子憮然」者，是自己的行為不能被隱者高士理解的一點遺憾吧。

——《論語・微子》篇第六章，鳥獸不可與同群，林鵬先生的《蒙齋讀書記》當中有專章文字論及。林先生說得極好。筆者深受啟發，多次研讀，領而悟之，自以為林先生的思想已經化作了自己的思想。於是，拙作《教你讀論語》也寫出如上一章文字，以呼應林先生的大作，俾能糾正對本章《論語》自古而然的錯解。

「遇丈人」的批評與反批評

子路從而後，遇丈人，以杖荷蓧。
子路問曰：「子見夫子乎？」
丈人曰：「四體不勤，五穀不分。孰為夫子？」植其杖而芸。
子路拱而立。
止子路宿，殺雞為黍而食之，見其二子焉。
明日，子路行以告。
子曰：「隱者也。」使子路反見之。至，則行矣。
子路曰：「不仕無義。長幼之節，不可廢也；君臣之義，如之何其廢之？欲潔其身，而亂大倫。君子之仕也，行其義也。道之不行，已知之矣。」

——微子篇・第七章

《論語・微子》篇第七章，記載了子路遇見荷蓧丈人的一段故事。

子路從而後，遇丈人，以杖荷蓧。

子路問曰：「子見夫子乎？」

丈人曰：「四體不勤，五穀不分。孰為夫子？」植其杖而芸。

子路拱而立。

止子路宿，殺雞為黍而食之，見其二子焉。

明日，子路行以告。

子曰：「隱者也。」使子路反見之。至，則行矣。

子路曰：「不仕無義。長幼之節，不可廢也；君臣之義，如之何其廢之？欲潔其身，而亂大倫。君子之仕也，行其義也。道之不行，已知之矣。」

這章文字，詳細記載了子路隨孔子出行、落在後面遇見一位老者的前後過程。有動作、有會話，畫面歷歷在目。

丈人，由於老者拿著一根拐杖，或者是肩扛一根擔杖，故爾名之曰「丈人」。這也是一位隱者。面對子路，對孔子提出了率直的批評。原文並不特別難解，楊伯峻先生以及張燕嬰先生的譯注本，翻譯大同小異，都比較詳盡。筆者就不再抄錄譯文，只是對譯文有不同見解之處，提出自己的一點看法。

以杖荷蓧，這兒的「杖」，多家譯注本都翻譯成拐杖。丈人既然是以杖荷蓧，那麼這個「杖」分明就不是當拐杖來用的。非常可能是農夫常用的挑東西的擔杖。鋤草之後，擔了雜草回去做燃料或者餵牲畜，也未可知。「荷」，則是負荷之荷。陶淵明詩中有「戴月荷鋤歸」的句子。山西方言，老百姓口語中依然在使用這個「荷」字。

植其杖而芸，楊伯峻先生翻譯成「扶著拐杖去鋤草」。這樣的翻譯令人相當困惑。哪個農民能夠這樣幹活呢？懷疑翻譯家沒有田間勞作的經驗，屬於「四體不勤，五穀不分」了。植，有栽種之義。分明是丈人將手杖拐杖或擔杖，插在地頭，然後開始用「蓧」來鋤草。這樣講符合田間勞作的常識，畫面感也極強。

四體不勤，五穀不分。孰為夫子？在「文化大革命」年代批孔家經常借用這個現成詞兒來貶抑孔子。顯得勞動人民對孔子多麼反感鄙夷似的。

楊伯峻先生的注譯本，包括許多前人注譯，都把這八個字加到子路頭上。說這個話是丈人用來批評子路的。「你這個人，四體不勤，五穀不分，誰曉得你的老師是什麼人？」子路問的是夫子，丈人答的也是夫子。問話者並無失禮，丈人何來對子路的莫名批評。

還有少數注譯，竟然說這個話是丈人自述。不知是回護還是尊重聖人，乃至這樣斷章取義、信口而出。丈人分明在田間勞作，描述自己「四體不勤、五穀不分」，豈不是太矯情了嗎？

吾少也賤，故多能鄙事。孔子並不一定是四體不勤、五穀不分。但孔子辦學授徒、乘車周遊，沒有像這位丈人一般親自種田，也是事實。沒有親自種田，也無可非議吧！大學教授被強迫勞改，種地間苗、餵豬牧牛，那只是「文革」暴政罷了。

但丈人就是這樣批評孔子了。四體不勤，五穀不分，妄稱什麼先生？其中，有不屑，不滿，不以為然。

而子路拱而立，執禮愈恭。

那丈人原也知禮。對子路留宿用飯，還叫出兩個兒子來相見。

所以，孔子斷定這是一位隱者。還要子路返回去拜見。

讓子路返回去拜見，孔子的意圖何在？僅僅是禮節性回訪嗎？我們已經很難揣測。

但丈人分明料到了孔子的這步棋子，竟然提前躲開了。

在繼續周遊列國、不懈傳道的程途上，沒有同路人。只有夫子毅然行進的孤獨背影。

本章文字的末尾，記載了子路的一段言說。作為孔門弟子，可以說義正詞嚴，對丈人這樣的隱者提出了尖銳的反批評：

大道不行，我們早就知道。但君子所以入世、所以仕任，就是要爭取濟世行義。身為君子，只為著個人高潔，避世而居，不出來做事，不合乎道義。

而我們應該注意到，在整部《論語》中，孔子從來沒有對隱者表達過任何不滿。多次遇到隱者，屢屢受到非議批評，孔子始終保持了對隱者的尊重，包括對其辟人、避世的處世態度的尊重。

孔子從來沒有把自己的入世主張強加於人。有的卻是對隱者的尊重和理解。隱者不能理解孔子，孔子卻能理解對方。聖人情懷，盡在不言。

「無可無不可」的夫子

逸民：伯夷、叔齊、虞仲、夷逸、朱張、柳下惠、少連。子曰：「不降其志，不辱其身，伯夷、叔齊與！」謂：「柳下惠、少連，降志辱身矣，言中倫，行中慮，其斯而已矣。」謂：「虞仲、夷逸，隱居放言，身中清，廢中權。我則異於是，無可無不可。」

——微子篇・第八章

《論語・微子》篇第八章，列舉了若干「逸民」的名字。然後孔子對這些逸民分別作出了簡捷率直的評價。

逸民：伯夷、叔齊、虞仲、夷逸、朱張、柳下惠、少連。子曰：「不降其志，不辱其身，伯夷、叔齊與！」謂：「柳下惠、少連，降志辱身矣，言中倫，行中慮，其斯而已矣。」謂：「虞仲、夷逸，隱居放言，身中清，廢中權。我則異於是，無可無不可。」

「逸民」，楊伯峻先生的譯本譯成「被遺落的人才」，張燕嬰先生的譯本譯成「遺落在民間的賢者」。感覺都不很貼切。比方，伯夷、叔齊先前放棄王位，後來自己寧肯餓死也不食周粟，很難說他們是「被遺落」的。比方，本篇第二章，專章講述柳下惠的事蹟，他是曾經出來當官做事的，並且「三黜而不去」，也不好說他「遺落在民間」。

我認為，「逸民」如果譯成「隱逸者」，雖意會的成分大一點，卻較為合適。

對這幾位隱逸者，孔子分門別類給出了自己的直率評價。

伯夷、叔齊的事蹟人所共知。孔子對之評價相當高：不降其志，不辱其身。不降低自己的志向，也不屈辱自己的身分。那是非常高潔的形象。

柳下惠和少連，參考前面有關柳下惠的事蹟，可見柳下惠是出來做官做事的，曾經三黜而不去。在孔子看來，屬於降低了自己的志向，有所屈辱自身。但能夠「言語合於法度，行為經過思慮」，也就如此罷了。可以看出，孔子並不十分讚賞，但也認為還算說得過去。

至於虞仲、夷逸，逃世隱居、放肆直言，立身而能持守清廉，廢而不作也是做到了合乎權變。

列舉過上述各位隱逸者，並且分頭有所評價之後，孔子說：我則異於是，無可無不可。

孔子並不貶低、也不鄙視這些隱逸者。他們高尚其志，潔身自好；有所放言，抨擊時弊，正說明還在關注現實；即便降志辱身，也沒有什麼卑俗的動機。

但他們不能成為孔子的榜樣。

孔子用自己獨特的行為，樹立起了一個光耀千古的形象。

他不當隱逸者，他沒有避世隱居。

他投身當世，知不可為而為之。

但他又決不降志辱身，始終保有著自己的人格尊嚴和精神自由。

因為極度難能，故爾十分可貴。

《論語‧里仁》篇第十章，子曰：「君子之於天下也，無適也，無莫也，義之與比。」君子對於天下，沒有必須怎樣的定見，也沒有必不能怎樣的固執，一切都按照道義行事，唯義是從。

《論語‧雍也》篇第二十九章，子曰：「中庸之為德也，其至矣乎！民鮮久矣。」中庸這種道德，該是最高尚的了。人們缺少它已經太久了。

無可無不可，或正是孔子入世有為所崇尚的中庸之道吧。

三仁三黜孔子行

微子去之，箕子為之奴，比干諫而死。孔子曰：「殷有三仁焉。」

——微子篇・第一章

柳下惠為士師，三黜。人曰：「子未可以去乎？」曰：「直道而事人，焉往而不三黜？枉道而事人，何必去父母之邦？」

——微子篇・第二章

齊景公待孔子曰：「若季氏，則吾不能；以季、孟之間待之。」曰：「吾老矣，不能用也。」孔子行。

——微子篇・第三章

齊人歸女樂，季桓子受之，三日不朝，孔子行。

——微子篇・第四章

《論語・微子》篇全部十一章文字，談論的幾乎都是有關避世隱者話題。各個章節的內在統一性尤為突出，讀者於此更能體會到：語錄式的片段呈現的《論語》，確乎是一個有機的整體。

第一章。微子去之，箕子為之奴，比干諫而死。孔子曰：「殷有三仁焉。」商紂王無道，微子離開他出走，箕子成了他的奴隸，比干因為進諫而死。孔子說：「殷商有三位仁人。」

孔子在這兒所說的「殷有三仁」之「殷」，當然是特指殷商末年紂王時代。箕子，箕，就是棋、萁、綦、碁，圍棋。圍棋，黑白兩色；與八卦的陰陽符號該是同宗同源。箕子，或者是殷商末年主持蓍著籌策的人。後來箕子封於古朝鮮，成為朝鮮的人文初祖。韓國將太極和天地水火四種卦象標於國旗之上，應該說其來有自。

殷有三仁，作為王室宗族的仁人，對於暴君暴政卻是無可奈何。

到春秋時期，儒學興起，士子精神的覺醒，成為必然。他們以天下為己任，具備了高度的覺悟。從此，士文化，成為與王權文化相對抗的文化，與帝王獨裁鬥爭、對集權乃至極權形成某種制約，這種情形一直延續了兩千多年。

第二章。柳下惠為士師，三黜，也就是多次被罷黜。但柳下惠堅持直道，不離開父母之邦。作為從政的士子，柳下惠的做法，也應該是一種可供選擇的榜樣。而接下來的第三章、第四章，連續記錄了兩番孔子行。

齊景公聲言不能真正重用孔子，孔子行，即刻離開齊國。魯國執政的季桓子接受了齊國送來的歌姬舞女，多天不問政事，孔子行，毅然離開了父母之邦魯國。這幾章文字，順序編排。非常顯然，孔子的所作所為特立獨行，與別人不同。

比干諫諍而死。對於商紂，比干的身分親則諸父、官則少師，忠報之心，在於宗廟社稷。以死而諫，故其宜矣。但孔子有過「比干不通」的評價。貴戚重臣，對屢諫不聽的昏君，有「易位」的權責。可以考慮換一個人來當君上。一味諫諍，乃至被剖心而死。是為不通。

或者，紂王不僅暴虐，其權力壟斷也到了不受制約的地步。那麼，此時諫諍還有用嗎？微子箕子的選擇，儘管不得已，但也不妨說有保全自身、存留文明的意義。

至於柳下惠，身為士子，與君王並無骨肉之親，已被三黜而不去。也許他並不是戀棧官位俸祿，倒是希望堅持直道事人。但孔子在後面第八章中對其有直率的評價，柳下惠所為，屬於降志辱身。

孔子行，相比上述例證，孔夫子選擇的、以身示範的做法是「合則留、不合則去」。士志於道，天下己任；既不避世隱居，又不降志辱身；孔夫子保持了士人高度的清醒與偉大的尊嚴。

廉者不食嗟來之食。寧可餓死，其尊嚴不辱。

用之則行，舍之則藏。取捨進退，其自由無價。

文武之道，未墜於地

衛公孫朝問於子貢曰：「仲尼焉學？」子貢曰：「文武之道，未墜於地，在人。賢者識其大者，不賢者識其小者。莫不有文武之道焉。夫子焉不學？而亦何常師之有？」

——子張篇・第二十二章

《論語・子張》篇第二十二章，衛公孫朝問於子貢曰：「仲尼焉學？」子貢曰：「文武之道，未墜於地，在人。賢者識其大者，不賢者識其小者。莫不有文武之道焉。夫子焉不學？而亦何常師之有？」

衛國大夫公孫朝詢問子貢道：「仲尼的學問是從哪兒學來的？」子貢答道：「周文王、周武王之道，並沒有失傳，散落在民間。賢能者瞭解大的要旨，不賢能者也知道些細小末節。到處都有文武之道的存在。夫子何處不學，為什麼一定得有專門的教師傳授呢？」

孔子自認為是文武之道的承擔者。事實上在文武周公之後，孔子也確乎是中國古代文明的集大成者。

孔子刪《詩》、《書》，正《禮》、《樂》，著《春秋》，晚年讀《易》、韋編三絕。如果說，將重新整合上古文明典籍的功勞全部歸於孔子，後人尚有爭議，那麼孔子在其中做過大量有益的奠基性工作，該是我們的共識。孔子興辦私學，開千古風氣，將文明典籍的學習傳承，從官府擴大到整個民間社會士君子團體，使得傳習六藝不再是少數貴族私有的專利，孔子功莫大焉。

《論語•子張》篇第二十二章所說的文武之道的傳承，當然首先離不開典籍的傳承。但從本章文字的文意理解，公孫朝所問與子貢所答的仲尼焉學，問答雙方所言，並不在典籍的整理傳承。如果孔子有心並且有機會搜集到古代典籍加以整理刪定，那麼其他有心人同樣能夠獲得同等的機會。典籍散佚而重新予以摭拾整合者，必然不會僅僅只是孔子一人。那樣的話，文明的傳承就成了一件寄望於偶然的事件。

首先，從子貢對公孫朝的回答，我們可以看出，文武之道、未墜於地，是孔子所處時代的一種客觀存在。賢者識其大、不賢者識其小，是一種歷史的真實。由此可知，文武之道所代表的上古文明，從來就不是束之高閣的高頭講章，而是教化於人的活的傳承，所謂「在人」。

其次，公孫朝所問的仲尼焉學，指的就是文武之道。孔子是怎樣把握了文武之道的？通過子貢的回答，我們能夠得知，正因為文武之道的大小碎片「在人」，孔子才得到了學習的機會。在禮崩樂壞的時代，天降大任於斯人，文王既歿，文不在茲乎，孔子服膺天命，毅然肩起了重新整合與傳承中華上古文明的重任。

縱觀歷史，古代的秦始皇「偶語詩書者棄市，以古非今者族」，喪心病狂，焚書坑儒，但中國的古代典籍「六經」，並沒有完全散佚；傳承經典的儒學士子，並沒有被殺絕。魯迅曾經有言，秦始皇沒有焚燒的書，倒是沒有留傳下來。彷彿頗為不解，甚或還有一點遺憾。因為魯迅便是主張「少讀乃至不讀」中國古書的。又彷彿是認為，秦始皇的焚書坑儒，反倒起了使經典得以留傳的好作用。魯迅看不到，或者不願意看到，中國的古代經典為什麼焚而不絕、毀而不亡。是千萬士君子的堅守傳承，億萬民眾的喜好崇仰，使任何狂悖瘋癲的暴君的倒行逆施最終破產。

結合當今，一百年來中華民族的不肖子孫、混跡華夏族群的假洋鬼子，瘋狂詆毀顛覆中華道統；以「文化大革命」為代表的改治運動對傳統文明的摧殘，堪稱空前，實乃千百年來未有之大變，此誠危急存亡之秋也。

但讀了《論語・子張》篇第二十二章，筆者生出了巨大的信心。

筆者在為本書《教你讀論語》所寫的後記中，說過如下一些話，引用在此，作為本篇文字之結。文武之道，未墜於地，在人。這個，給了孔夫子和他的學生以信心，同樣給了我們整個民族普察社會，儒家倡言的仁義道德，不啻成為了絕大多數中國人遵循的道德律令。儒學教化浸潤，潤物細無聲。

……迷信暴力暴政，迷信焚書坑儒，事實證明沒有用。歷史證明，焚不盡古來經書、坑不絕天下士子。更其無奈何有教無類、教書育人的孔子。

孔子尚仁；仁者無敵。

何況，文武之道，未墜於地。華夏文明，道統不滅。即或是文明的碎片吧，碎片中富含著文明傳承的所有DNA。

何況，仁者二人也。仁，肇端乎夫婦。只要社會還由家庭構成，那就是仁得以生發的土壤。

何況，仁者人也。仁，是我們的赤子之心。仁學仁道連同血脈，流淌在我們的血液中。我們和孔老夫子的心相通，我們和孔子與仁永生。

「諸」解

夫子之求之也，其諸異乎人之求之與？

——學而篇‧第十章

孔子對曰：舉直錯諸枉，則民服；舉枉錯諸直，則民不服。

——為政篇‧第十九章

子貢曰：我不欲人之加諸我也，吾亦欲無加諸人。

——公冶長篇‧第十二章

何事於仁！必也聖乎！堯舜其猶病諸！

——雍也篇・第三十章

聞斯行諸？

——先進篇・第二十二章

《論語・學而》篇第十章，結尾一句有：夫子之求之也，其諸異乎人之求之與？《論語・為政》篇第十九章，回答哀公問，孔子對曰：舉直錯諸枉，則民服；舉枉錯諸直，則民不服。《論語・公冶長》篇第十二章，子貢曰：我不欲人之加諸我也，吾亦欲無加諸人。《論語・雍也》篇第三十章，孔子答子貢問話中有：何事於仁！必也聖乎！堯舜其猶病諸！《論語・先進》篇第二十二章，子路請教孔子的問話中有：聞斯行諸？

大略如上，恕不一一。整部《論語》中，多處出現過例舉中的「諸」字。這個「諸」字，在肯定語氣行文中，可以當「之於」來解。比方子貢的話：我不欲人之加諸我也，可以當做「我不欲人之加之於我也」。

而在疑問語氣行文中，則可以當做「之乎」來解。比如子路發問：聞斯行諸？可以當做「聞斯行之乎」？

無論這個「諸」字，當「之於」還是「之乎」來講，成為大家認可的通解。但是，對於《論語・學而》篇第十章，即上列第一個例句中出現的「其諸」，古來的解經家卻特別判定「是齊魯間語」。

這樣的判定，難免讓人頓生疑竇。

《論語・述而》篇第十八章，子所雅言，《詩》、《書》、執禮，皆雅言也。孔子解讀《詩》、《書》，主持禮儀的正規場合，都用普通話，而不是使用方言。那麼，孔子的弟子們整理編纂《論語》，就可以隨便使用方言土語嗎？這是講不通的。

夫子之求之也，其諸異乎人之求之與？這同樣是一個疑問句式，「其諸」在這兒同樣表示的是不肯定的語氣。「其諸」，依然當做「其之乎」來講，也可以講得通。

——文字的誕生，一定是在人們的語言之後。語言的發展定型，在發音上有一個演變的過程。當代人們使用的語言，依然可以看出那一過程的若干蛛絲馬跡。

就說孔子的「孔」，作為「孔洞」來講，也可以說成「窟窿」；而後者「窟窿」的急讀、省讀或曰反切，恰是前者「孔」。

「什麼」，急讀為「啥」；「怎麼」，急讀為「咋」。象聲詞「嘶嘍」，急讀為「嗖」；會意詞「囫圇」，急讀為「圈」。這樣的例子，在老百姓日常口語中多不勝舉。

同樣的道理，「之於」和「之乎」，急讀便是「諸」。作為官話雅言，特別是作為文字記錄，將「之於」、「之乎」省讀標記為「諸」，這是太正常了。

語言本身發展，從口頭語言到文字記錄，有著將兩個字急讀為一個字、最終記錄為一個字的大量例證。這不妨說是語言文字學中的一個小規律。

如上所舉，《論語》中若干「諸」字的出現，我們發現同樣驗證了這一規律。在閱讀經典中，有這樣一點小小發現，不亦樂乎？

「攻乎異端」，止於「也已」

子曰：「攻乎異端，斯害也已。」

——為政篇・第十六章

《論語・為政》篇第十六章，子曰：「攻乎異端，斯害也已。」

這段語錄，相當精短。然而歷來的注釋，卻大相徑庭。

楊伯峻先生的譯注本這樣翻譯——孔子說：「批判那些不正確的言論，禍害就可以消滅了。」

張燕嬰先生的翻譯則是這樣——孔子說：「攻治兩極的學說，這是一種禍害啊！」

這段《論語》的原文，出現了兩個關鍵字。一個是「攻」，一個是「異端」。

我們先來談論「異端」。後來雖有「異端邪說」的成語，但據考證，漢以前的古書沒有以「邪說」為「異端」的記載。孔子之時，尚沒有諸子百家，「異端」，不宜譯作「不同的學說」、「相異的學說」。

楊先生認為，當時與孔子相異的主張，未必沒有；所以將「異端」譯作「不正確的議論」。

張先生認為，「異端」應該相當於《論語・子罕》篇第八章所說的我叩其兩端而竭焉；這「兩端」也就是「過猶不及」中的「過」與「不及」。所以，他將「異端」譯作「兩極的學說」。

兩位先生的翻譯，雖有區別，但取向其實是一致的。「異端」，總之是與孔子的學說相異的主張。

而「攻」字，可以取「攻治」之意，也可以取「攻擊」之意。

對於異端，有人竟然去攻讀、攻治，這當然是有害的；有人對之進行批判、攻擊，異端的禍害就可以消滅了。

結果，兩種翻譯都能夠自圓其說，都講得通。

孔子的一段語錄，一句話，僅僅八個字，竟然出現大相徑庭的文意完全相左的兩種翻譯，而兩種翻譯竟然都通達，這樣的情況讓讀者極為困惑。所謂首鼠兩端，無所適從。

對此，我有一點小小的想法。當「依文解經」不能達於對經典的準確理解把握，我們就不得不借助自身的體悟來解讀經典。但這樣的體悟，不能過分隨意，不能變成無所依傍的天馬行空。我們到底還應該盡量做到「有章可循」。

如果，攻乎異端之中的「攻」和「異端」兩個關鍵字，都不能讓我們解惑；或者，我們只有從斯害也已中的「也已」這個虛詞來著手。

《論語・泰伯》篇第一章，子曰：「泰伯，其可謂至德也已矣！」

《論語・顏淵》篇第六章，有這樣的句式：可謂明也已矣，可謂遠也已矣。

《論語・衛靈公》篇第十六章，也有這樣的句式：吾末如之何也已矣。

上面所舉的例子，「也已」都是用在肯定句式中，而且都是當強調語氣的虛詞來使用的。但在整部《論語》中，還有「也已」連用中的「已」字當動詞使用的情況。

《論語・陽貨》篇第五章，子路的話中有末之也已；

第二十六章，子曰：「年四十而見惡焉，其終也已。」

在以上兩例中，「也已」連用中的「已」字，是當動詞「結束」來使用的。可以解作「算了、完了、止了、結束了」等。

這樣，我們就發現了其間的區別。「也已矣」，三字連用，其中的「也已」是當作強調意味的語氣詞使用的。僅是「也已」兩字連用，那麼「已」字便是當做動詞來使用。

通過以上兩種例證的對比，我們可以作出一點小小的結論。斯害也已，類比於末之也已、其終也已，「也已」連用，這兒的「已」字，應該做動詞用。那麼，我們最終可以判定，楊伯峻先生的譯文，是合於整部《論語》的編輯體例的，因而也是一種相對嚴謹的翻譯。

攻乎異端，斯害也已。叩其兩端而竭焉，那麼，這段《論語》翻譯閱讀中的困惑也就可以消除了。

「不足徵也」，何能言之

子曰：「夏禮，吾能言之，杞不足徵也；殷禮，吾能言之，宋不足徵也。文獻不足故也。足，則吾能徵之矣。」

——八佾篇・第九章

子張問：「十世可知也？」子曰：「殷因於夏禮，所損益，可知也；周因於殷禮，所損益，可知也。其或繼周者，雖百世，可知也。」

——為政篇・第二十三章

《論語・八佾》篇第九章，子曰：「夏禮，吾能言之，杞不足徵也；殷禮，吾能言之，宋不足徵也。文獻不足故也。足，則吾能徵之矣。」孔子說：「夏代的禮，我能說得出，它的後代杞國不足以為證；殷代的禮，我能說得出，它的後代宋國不足以為證。這是因為兩國的文籍和賢才不夠的緣故。如果足夠，那麼我就能引以為證了。」

這段《論語》，原文並不難解；一般譯注本的譯文，也文通字順。這段《論語》帶給讀者的困惑，是文意方面的。

前三代夏、商、周，華夏文明是一脈相承的。正如孔子在《論語・子張》第二十三章中說的，殷因於夏禮、周因於殷禮。但同時孔子也指出，這樣的傳承因襲，必然會有所損益。所損益，可知也。孔子生活在周代，周代之禮，結合所損益的部分，往前推到殷代，孔子也就知道了殷禮。殷代之禮，再結合所損益的部分，也就知道了夏禮。

我們知道，興滅國、繼絕世是華夏文明的一項偉大傳統。夏朝滅亡之後，夏禹的後代儘管屢經遷移，一直到周朝，歷經數百年，依然保有封國杞國。而商湯的後代，則保有封國宋國。我們單以杞國為例來分析，按照我們的普通理解，杞國比之於別國，它保存夏禮應該是相對完備的。但孔子說到夏禮，卻特別點明：杞不足徵也。原因講得也非常明白，就是文獻不足的緣故。文，典籍也；獻，賢也。文籍和賢者都短缺，就杞國來徵證夏禮，便顯得不足了。

於是，我們難免就產生出這樣的困惑疑問：夏禹的後代封國杞國，理應是保全夏禮最全面最豐富的國度，由於年代更替等種種原因，文籍已然短缺、懂禮的賢人也不多了，就連杞國都無法徵證原始的夏禮是什麼樣子了。那麼，孔子前面所說的「夏禮，吾能言之」是怎麼回事？既然典籍和賢才都短缺，杞國無法徵證夏禮，孔子是怎樣掌握了夏禮的？述而不作、學問嚴謹的孔夫子，難道僅僅是對夏禮一知半解，就敢大言不慚地說「夏禮，吾能言之」嗎？

換一個角度來講話，孔子能言夏禮，他是怎樣獲得了關於夏禮的全部知識的？

杞不足徵、宋不足徵，是孔子告訴我們的實際客觀情況。而孔子如何掌握了夏禮以及殷禮，本段文字語焉不詳。也許，我們還得回到《論語‧為政》篇第二十三章，進行連帶思考。子張問：「十世可知也？」子曰：「殷因於夏禮，所損益，可知也；周因於殷禮，所損益，可知也。其或繼周者，雖百世，可知也。」正因為殷因於夏禮、周因於殷禮，即便其間有所損益，禮儀文明的傳承是有章可循的。而且，孔子一定是在杞國之外，獲得了關於夏禮相對充足的文籍、拜識了相對足夠的賢者。於是，孔子全面掌握了夏禮；於是，這才放言說「夏禮，吾能言之」。孔子是在能言夏禮的前提下，回頭指出了杞不足徵。

當然，杞不足徵夏禮、宋不足徵殷禮，也許還給我們透露出了文明傳承的一些教訓。從悲觀的意義上說，文明的傳承總會有遺落、減損和衰變；從樂觀的意義上說，文明的傳承也總會有撿拾、增益和發展。而一脈相承、滔滔不絕是我們華夏文明最偉大的生命力所在。

禘之不知指其掌

子曰：「禘自既灌而往者，吾不欲觀之矣。」

——八佾篇・第十章

或問禘之說。子曰：「不知也；知其說者之於天下也，其如示諸斯乎！」指其掌。

——八佾篇・第十一章

《論語・八佾》篇第十一章，或問禘之說。子曰：「不知也；知其說者之於天下也，其如示諸斯乎！」指其掌。

這章文字，楊伯峻先生的翻譯如下——有人向孔子請教關於禘祭的理論。孔子說：「我不知道。知道的人，對於治理天下，會好像把東西擺在這裡一樣容易罷！」一面說，一面指著手掌。

之於天下，如何就能翻譯成「對於治理天下」？「治理」二字從何而來？令人困惑。禘祭是一種祭禮，即便是天子才有資格舉行的重大祭禮，知道、懂得這樣的祭禮，怎麼就能治理天下易如反掌？這樣翻譯，確乎有些隨意了。或者說，對原文缺乏一種更好的體悟。

這段文字，本來是非常生動的一段文字。有場面的描寫，或曰簡直就是一個人體動作的特寫鏡頭。我認為，正確的翻譯應該是這樣的——有人向孔子請教關於禘祭的理論。孔子說：「我不知道。知道的人，對於天下人（來介紹這一理論），簡直是瞭若指掌吧！」一邊說，一邊指著自己的手掌。

孔子這樣熟知三代之禮的人物，怎麼會真個不知道禘祭呢？他只是不願意說，不想說，或者不方便說。雖然孔子自己不想說，卻又現身說法、外帶比劃，告訴問話者：禘祭的事兒需要說嗎？它不是明擺著的嗎？那麼，這段文字就有了一點言外之意。孔子為什麼會這樣表現呢？

此前《論語・八佾》第十章，子曰：「禘自既灌而往者，吾不欲觀之矣。」孔子說：「禘祭之禮，從第一次獻酒之後，我就不想看了。」

對於禘祭這樣重要的大祭之禮，孔子不想看，並且不想說，這當然是有緣故的。歷代注釋家都介紹說，禘祭是只有天子才能舉行的一種祭祀「其祖所自出」的隆重祭禮。周公旦對周朝有過莫大的功勳，所以周成王特許周公舉行禘祭。但在周公之後，他的子嗣封於魯國，魯國之君一直沿此慣例而舉行禘祭這種天子之禮，便成了一種僭越行為。很顯然，對於這樣的僭禮行為，孔子是不贊成的。所以，孔子自承對禘祭不知也，首先曲折傳達出的是自己的不滿。

這段文字，或者還能引發我們的一點深思。儒學正氣堂堂，孔子正道直行，對於魯君僭禮，孔子既然不贊成，為什麼不直接指出、痛加鞭撻？為什麼偏偏要採用那樣一種隱晦的、甚至有些彎彎繞的辦法來暗指呢？

後代解經家和孔子的追隨者，都有一種高推聖境的傾向。在大家的心目中，孔子大仁大義、大忠大勇，簡直是無往而不勝。大家近乎本能地不願意看到一個更加真實的孔子。質言之，孔子真實的生活處境，不僅是艱難的，有時甚至是充滿兇險的。結合我們的生活經驗，統治者、獨裁者，何嘗對自由的人格、獨立的精神放棄過禁錮和屠戮？

國家最高統治者在僭禮，事情很嚴重。這是政治，而且是卑鄙骯髒的政治！對於這樣明目張膽的卑劣，與其認為孔子「不想說」、「不想看」，其實不妨認為孔子和我們這些普通人一樣，他沒有「聖人豁免權」，他也是敢怒而不敢言。他只能像打暗號一樣，彷彿向求教者比比劃劃打啞語，藉以傳達自己的不滿與憤懣。

這是在一個歷史的瞬間，被《論語》的編纂者捕捉到的特寫鏡頭。通過這個鏡頭，我們看到了孔子存在的真實一瞬。

「不知所以裁之」的無頭案

子曰：「不得中行而與之，必也狂狷乎！狂者進取，狷者有所不為也。」

——子路篇・第二十一章

子在陳，曰：「歸與！歸與！吾黨之小子狂簡，斐然成章，不知所以裁之。」

——公冶長篇・第二十二章

上文有《論語・公冶長》篇第二十二章中的一段文字。

這段文字，按說並不難解，但對於結末一句不知所以裁之的翻譯，卻大有相左者。

楊伯峻先生譯為——孔子在陳國，說：「回去吧！回去吧！我們那裡的學生們志向高大得很，文采又都斐然可觀，我不知道怎樣去指導他們。」裁，取剪裁之意。布要剪裁才能成衣，人要教育才能成才，所以譯為「指導」。末尾一句，說的是孔子不知道如何指導那些學生。

張燕嬰先生的翻譯，結末一句是這樣——可是還不懂得怎樣來約束自身。裁，取節制之意。學生們志向高大、文采斐然，但還不懂得自我約束。

不知所以裁之，這句話省略了主語。到底是省略了孔子、還是省略了吾黨小子？兩種翻譯，在意思上都能說得通，這就容易讓當代讀者無所適從。孔子的原話，省略的主語一定是唯一的。這句話儘管省略了主語，孔子在講話的當初，聽者一定是聽得懂的；《論語》編纂者在記錄夫子言語的當初，認為讀者也一定是讀得明白的。一句話沒有主語，「無頭」，不應該成為一件「無頭案」。

下面，讓我們試著來破解這件無頭案。

《論語・子路》篇第二十一章，子曰：「不得中行而與之，必也狂狷乎！狂者進取，狷者有所不為也。」孔子說：「得不到言行合乎中庸的人與之交往，非要交往的話，就是狂者和狷者了吧！狂者激進，一意向前；狷者狷介，潔身自好。」

吾黨之小子狂簡，這兒的「狂」，應是狂狷之狂。說的是小子們狂傲進取、志向高大。孔子原話的原意，截至這兒，諒無疑義。

那麼，學生們狂傲激進、志向高大，並且文采勃發，到底是他們自己不懂約束、裁取，還是孔子不知道如何加以裁量指導？我們僅僅簡單地「依文解經」，已經束手無策；只能盡量領悟原文的含義，體察當時孔子講話的語境，庶幾近之。

孔子講這句話的背景，原文說得分明。孔子周遊列國，到了準備回到魯國的時候。孔子回魯國，準備幹什麼？將要刪定《詩》、《書》，修正《禮》、《樂》，當然還要集中精力，投身教育。就在這句話當中，孔子所說的「歸與」，更有特定的動因，便是吾黨之小子狂簡。孔子周遊列國，在魯國地面，孔子的學生們儘管老師不在跟前，依然在努力學習，積極進取。孔子決心回國，甚至是幾分欣喜、幾分急迫地要回國，顯然有儘快見到學生們、對之加以教育輔導的意思。

作為一名偉大的教育家，孔子能不知道如何教育、輔導學生嗎？他是「不知道如何去指導學生」，才積極要回國的嗎？這樣翻譯、這樣理解，顯然說不通。

所以，我以為，孔子這句不知所以裁之，說的是學生們。這句話省略的主語，正是吾黨之小子。學生們志向高大、文采斐然，但確實還沒有自我約束的覺悟修養、缺乏自我裁量的能力。他們確乎需要一位師尊來約束教誨、剪裁斧正啊！

下面《論語・公冶長》篇第二十七章，子曰：「已矣乎，吾未見能見其過而內自訟者也。」

孔子說：「得了吧，我沒有見過那些能夠看到自己的錯誤而作自我批評的人哩！」自訟，自我責備，自我批評，是一種人格素養。這樣的素養，不僅僅需要自覺的態度和願望，尤其需要一種自省的能力。狂簡小子，能夠自見其過嗎？能夠自見其過並且自我修正嗎？恐怕未必。

對自身的缺點不足，特別是狂傲激進的毛病，不知所以裁之者，恰恰正是「吾黨之小子」也已矣！

人之生存靠正直乎

子曰：「人之生也直，罔之生也幸而免。」

——雍也篇・第十九章

《論語・雍也》篇第十九章，子曰：「人之生也直，罔之生也幸而免。」這章文字，一般的翻譯都是這樣的——孔子說：「人的生存由於（依靠）正直，不正直的人也能生存，是由於他僥倖免於禍害。」

本章文字，首先令人困惑的是句讀。人之生也，與罔之生也對舉，感覺不倫。直與罔，是相對的概念；那麼「人之生也直」，如果對舉的話，應該是「人之生也罔」。

其次，慣常的翻譯，在文意方面也值得商榷。人之生也直，為什麼就能譯為「人的生存由於

（依靠）正直」？人之生，就是說人的生存嗎？「由於、依靠」之意，從何而來？

再者，從我們的生活經驗推論，人的稟性正直，足可稱道；而活得正直，則往往不易。倒是性格圓曲、罔而不直者，活得更容易一些。孔子主張人格正大，但也並不排斥人的通達權變。把人之生也直斷然解為「人的生存由於正直」，正直成為人生存的必須條件，屬於擅自作解；將孔子的原話，變成了淺薄的道德說教，則難免有些「高推聖境」之嫌了。

仔細體悟本章文字，或許我們還有別樣的解讀。

首先，讓我們嘗試重新句讀。「人之生也，直、罔之生也，幸而免。」這樣句讀，不一定好，但至少是句讀的一種可能。人的生存，不外直與罔兩種方式。直者，那是幸運的；罔者，也能夠免於禍殃。

其次，即便我們按照慣常的句讀，在文意的翻譯上也可以有所別解。所謂人之初，性本善，人之生也直，人們與生俱來的天性是趨於正直的。但迫於客觀生存環境，人們多半只能罔曲圓滑來生存，只是以圖僥倖免於禍害罷了。

在孔子生存的年代，乃至通古觀今社會環境有那樣美好嗎？人們所在的是格外利於正直的人生存的君子國嗎？這樣的國度反而是特別不利於不正直的人生存的嗎？強權統治，利益集團竊國專權，絕大多數無權的弱勢者苟全性命，不敢言而敢怒，人們是由於正直才得以生存的嗎？大家活得委屈、憋屈，沒有尊嚴，罔而不直，這當然不是我們的錯。可我們只能這樣，方才僥倖免於禍害。生活的真實難道不是這樣的嗎？

《論語‧公冶長》篇第二十一章，子曰：「寧武子，邦有道，則知；邦無道，則愚。其知可及也，其愚不可及也。」孔子說：「寧武子在國家政治清明的時候就聰明，在國家政治昏暗的時候就裝傻。他的聰明是我們可以達到的，他的裝傻我們做不到啊。」

黃鐘毀棄、瓦釜雷鳴，滔滔者天下皆是。孔子正道直行，而他不得不離邦去國。正直的人，其人生何嘗容易過。

人之生也直，解作「人的生存是由於（依靠）正直」，屬於錯解。

人之生也直，有志者，只是寧願艱難也要正直地生存罷了。

「人而不仁」，不可疾之耶？

子曰：「好勇疾貧，亂也。人而不仁，疾之已甚，亂也。」

——泰伯篇·第十章

《論語·泰伯》篇第十章，子曰：「好勇疾貧，亂也。人而不仁，疾之已甚，亂也。」這章文字，楊伯峻先生的翻譯是這樣的——孔子說：「以勇敢自喜卻厭惡貧困，是一種禍害；對於不仁的人，痛恨太甚，也是一種禍害。」

張燕嬰先生的翻譯，遣詞略有區分，大意並無相左。就這樣的譯文來理解孔子的本段語錄，難免會生出一點疑問。

先說好勇疾貧。勇而無禮，那肯定不好。一般而言，勇敢是一種好的品格。喜好勇敢，有何不可呢？至於疾貧，從主觀感受的意義上講，恐怕是多數人的正常心理。一般老百姓，誰喜歡貧窮貧困呢？能夠憂道不憂貧的，從來都只是有著極高修養的君子。對於廣大民眾，孔子宣導的是「富而教之」，並沒有許諾人民以什麼空想的烏托邦天堂，也沒有放言什麼「越窮越光榮」。

我們打開思路，孔子說的是社會風氣呢？還是指個人修為？如果從對待客觀的意義上講，貧富不均，往往首先會造成貧苦大眾的「仇富」心理。那麼，是誰才可能「疾貧」呢？是誰在骨子裡看不起窮人、厭惡和鄙視貧寒呢？倒是竊國者侯的所謂貴族、富埒王侯的新貴才會疾貧的吧。

如果說，稟性好勇鬥狠，又痛恨自己的貧困狀況，或有鋌而走險的趨勢；在這樣的意義上講，好勇疾貧，才可能造成禍亂。

與好勇疾貧，亂也。並列，第二句話說人而不仁，疾之已甚，亂也。我們熟知的箴言有「從善如流，嫉惡如仇」，對於不仁，為什麼不可以疾之已甚？孔子在《論語・季氏》篇第十一章，還有過見善如不及，見不善如探湯的教誨。見到不善、不仁，好比用手接觸到滾油沸水一般，飛速躲開，這難道不是疾之已甚嗎？

有人說，對於不仁的人，也要給予出路；不然，沒有其容身退步的地方，疾之已甚，這些人也會作亂。這樣的道理是不錯，可惜彼一道理並不能幫助我們解決此一疑惑。人之不仁，不仁到什麼程度，是可以容忍的？疾之已甚，「疾之」在什麼分寸上，才是合適的？

以上的翻譯解經，只會讓人們放鬆對「不仁」的警覺和戰鬥，適足姑息養奸而已。《論語・先進》篇第十七章，冉求所為不仁，引起夫子的震怒，號召學生們對冉求鳴鼓而攻之。孔子對不仁，豈不正是疾之已甚？造成什麼禍亂了嗎？

綜上所述，慣常的依文解經，不能幫助我們解惑，倒是增添了我們的困惑。

以下，筆者試作一點自己的解釋。

這章文字中的「疾」字，我以為可以當「疾於、病於」來講。好勇疾貧，好勇鬥狠之人，如果病於貧困，非常可能起而作亂。與之並列的情況，人之不仁、疾之已甚，不仁的人，如果其人病於不仁的情況到了極其嚴重的程度，是會造成禍亂的。兩句話雖然並列，但原話語氣推進的重點在後者。

本章文字，在《論語・泰伯》篇。這一篇文字，前舉泰伯、中說周公，最後說的是堯、舜、禹三王。那麼，本章說的是什麼人呢？顯然，孔子說的還是居上位者。居上位的統治者，甚至就是君臨天下的人主帝王，他們的種種毛病，好勇、疾貧，尤其是為君不仁、為政不仁，這才是天下禍亂的根本原因。

許多暴君，總是疾之已甚。怙惡不悛，病入膏肓，暴虐昏亂，禍國殃民。即便按慣常的翻譯注釋，我們對這樣的暴君，難道不可以疾之已甚嗎？疾之又疾之，已甚複已甚，有何不可？

「空空如也」知乎哉

子曰：「吾有知乎哉？無知也。有鄙夫問於我，空空如也。我叩其兩端而竭焉。」

——子罕篇・第八章

《論語・子罕》篇第八章，子曰：「吾有知乎哉？無知也。有鄙夫問於我，空空如也。我叩其兩端而竭焉。」孔子說：「我有知識嗎？沒有哩。有一個莊稼漢問我，我本是一點也不知道的。我從他那個問題的首尾兩頭去盤問（才得到很多意思），然後盡量地告訴他。」

以上楊伯峻先生的譯文，應屬差強人意。

《論語》中多處出現的「知」字，有時當動詞「知道」講，有時當名詞「知識」講，還有相當多的情況下當「智慧、智識」來講。領會本章文字的文意，「知」在這兒應該作「知識」來講。孔子說：「我有知識嗎？沒有啊。」首先是孔子的謙沖。堂堂孔夫子，在他的時代，比他知識更多的人恐怕沒有幾個。但孔子的知識愈廣博，修養就愈高深。孔子平生，學而不厭、誨人不倦，怎麼會沒有知識？要是翻譯成「我沒有智慧」，就更說不過去。

其次，坦誠的孔子說的是一種真實情況。誰敢說自己是無所不知的「大百科全書」呢？樊遲學稼，孔子就坦言自己不如老農。

於是，當一個鄙夫，一個憨實的粗人，提出某一問題的時候，孔子非常可能真的是空空如也，對那問題一無所知。空空如也，有的譯注家認為「空空」通「悾悾」，形容誠懇的樣子，形容的是那個「鄙夫」。彷彿也說得通，但不太切合題旨。空空如也，具體印證上面孔子自承的「無知」，較為切題。

往下，面對鄙夫提出的問題，孔子承認自己不知道，但並沒有束手無策。老夫子捧出了自己解答應對的一點重要心得，就是叩其兩端而竭。楊伯峻先生把「竭」字解為「盡量告訴他」，恐怕不很準確。叩其兩端，是一種剖析思辨的方法，這一方法應該有窮盡事理的功能。窮盡，就是竭。這種方法的使用，多半也合於我們的生活經驗。

比方《論語・雍也》篇第十八章，子曰：「質勝文則野，文勝質則史。文質彬彬，然後君子。」關於質與文的問題，一端是「質勝文」，另一端便是「文勝質」。叩其兩端之後，取其中，便是文質彬彬。

還有「狂狷」問題，也是這樣。狂者進取，狷者有所不為；不狂不狷，便是言行合乎中庸了。

正因為空空如也，所以才能不存定見。才能傾聽別人的問題，弄清事情之原委、問題之端由；然後叩其兩端而竭，最終可能窮盡事理；窺見事物之本質，覓得解決問題之關竅。

《論語》，實在不僅有仁學的世界觀，抑且有儒家的方法論，不可不察也。

由是觀之，孔子有知（智）乎？其智之多，取之不盡、用之不竭焉。

「惡夫佞者」佞者誰

子路使子羔為費宰。子曰：「賊夫人之子。」

子路曰：「有民人焉，有社稷焉。何必讀書，然後為學？」

子曰：「是故惡夫佞者。」

——先進篇・第二十五章

《論語・先進》篇第二十五章，子路使子羔為費宰。子曰：「賊夫人之子。」

子路曰：「有民人焉，有社稷焉。何必讀書，然後為學？」

子曰：「是故惡夫佞者。」

子路讓子羔去當費邑的長官。孔子說：「這是坑害別人的兒子。」

子路說：「有老百姓在那裡，有土穀神在那裡。為什麼一定要讀書，然後才算是學習了呢？」

孔子說：「因為這我才討厭那些能言善辯的人。」

賊夫人之子。「賊」，除了作「戕害」來解，當然還可以有別樣的翻譯。可以直接當做「賊人、賊子、混帳」等罵人詞語。那麼孔夫子就是在直接罵人了：混帳東西你們這些小崽子！而「賊夫」說成「偷漢子」，這已經不能稱為翻譯，是惡作劇。

無論哪種翻譯，只有程度區分、沒有意思相左，總之是夫子對「子路讓子羔去當費邑的長官」這件事相當不滿。而結合上下文的文意來看，還是前解比較貼切。孔子的不滿，相當口語化，也更加生活化：你這不是坑害人家孩子嘛！

下面是子路的辯解。通過子路的辯解，可以看出：子羔的學業造就沒有達到可以從政的水準。這一點，子路也不否認。但子路認為：從政，治理一地，不一定非要通過讀書完全提前學好了，才去實踐；先幹起來，在實踐中學習，不也應該算做一種更好的學習嗎？

我們今人看來，子路的說法未必沒有一些道理。但古人強調先學而後仕，才好治民事神，在仕任中行其所學。那麼，子路的辯解就有強辯、狡辯之嫌。所以，夫子沒有反擊他的強辯之辭，而是直接批評他的這種辯解行為。原文的翻譯應該明之於此：

我討厭的就是你這種強嘴利舌！

這兒所說的「佞者」，不是泛指，說的就是當事人子路。

整部《論語》，記錄孔子當面批評學生的篇章不少。從中我們能夠確實地領略到夫子踐行誨人不倦的風采。

比如《論語・憲問》篇第二十九章，子貢方人。子曰：「賜也賢乎哉？夫我則不暇。」方者，一解謗也。子貢譏評別人，反而遭到了夫子的譏評。孔子說：「端木賜你就那麼好嗎？像我，可是沒有這樣的閒功夫。」

相比而言，孔夫子批評子路的次數是最多的，批評也往往是比較嚴厲的。而子路忠於夫子、尊敬夫子，追隨跟從，矢志不渝。孔子的誨人不倦，與子路的知錯能改；孔子的切責之嚴，與子路的聆教之恭；讓我們看到了那樣猶如父子般的師生關係。

讀書至此，我們眼前或就浮現出了一幅幅溫馨感人的畫面：

夫子可敬，子路可愛。

噫，微斯人吾誰與歸！

原憲問恥恥為何

憲問恥。子曰：「邦有道，穀；邦無道，穀，恥也。」「克、伐、怨、欲不行焉，可以為仁矣？」子曰：「可以為難矣，仁則吾不知也。」

——憲問篇・第一章

《論語・憲問》篇第一章，原憲提問，共有兩問。其中第一問的翻譯注釋，歷來頗為相左。

憲問恥。子曰：「邦有道，穀；邦無道，穀，恥也。」

現今的譯注本都是這樣來翻譯——原憲問什麼是恥辱。孔子說：「國家政治清明，可以做官得俸祿；如果國家政治昏亂，做官得俸祿，就是恥辱。」

這樣翻譯，文意完全講得通。國家政治清明，做官得俸祿，有何不可呢？但在語法句式上，有所不通。如果原文是這樣：「邦有道，穀，可也；邦無道，穀，恥也。」自然前面的翻譯就毫無問題。但原文的邦有道、穀與邦無道、穀是並舉的，最後才落腳於「恥」字。所以，古來另有注釋家這樣來翻譯——邦有道，做官得俸祿（不能有為）；邦無道，做官得俸祿（不能獨善）；（有道無道一概只知食祿）都是可恥的。

這樣翻譯，似乎更接近孔子的原意。但又必須添加許多另外的說明成分。

孔子逝世後，原憲亡在草澤。史書上有子貢拜訪原憲的一段著名記載，原憲的耿直狷介躍然紙上。以原憲的耿介，邦無道而做官得俸祿之可恥，他是知道的。在邦有道的情況下，只顧做官得俸祿，也是可恥的，這是孔夫子特別要向這位學生強調提醒的。

邦有道、邦無道，由誰來判斷呢？非常巨大的可能是：當人們感覺邦國無道的情況下，有些人卻會藉口邦國有道而欣欣然出仕做官，美滋滋安享官俸。這樣的讀書士子，成為規規焉的小人儒，蒼蠅蛆蟲一般麇集在權勢周圍，以托臀捧屁為能事，以維護能帶給其利益的極權統治為己任。他們得了俸祿，用自己手中的筆，將「哀鴻遍野」描述成「鶯歌燕舞」，這般景象，何嘗少見！這樣的所謂「邦有道，穀」豈不更加可恥！

由是觀之，孔夫子的這段語錄，對追求仕進者提出的要求，與其說是苛刻的，毋寧說是極其珍貴的。

極權統治，慣用軟硬兩手。或則就是屠殺鎮壓，焚書坑儒；或則就是高官厚祿，引誘收買。引誘收買一法，往往更加奏效。獨裁者因之竊喜暗笑：天下英才，盡入吾彀矣！

好在，我們的煌煌經典，沒有被徹底焚毀。四書五經在那裡，《論語》在那裡。閔子騫必在汶上，顏淵貧居陋巷，原憲亡在草澤；貧賤不能移、富貴不能淫、威武不能屈。古代聖賢的榜樣在焉，聖賢們的教誨在焉。

教導原憲的孔子，在教導我們。

我們追尋夫子的身形，夫子正瞠視著我們的背影。

為有為亡何所之

子張曰：「執德不弘，信道不篤，焉能為有？焉能為亡？」

——子張篇・第二章

《論語・子張》篇，是二十篇《論語》的第十九篇。該篇文字，記載了子張、子夏、子游、曾子、子貢等孔門高足的若干語錄。

《論語・子張》篇第二章，子張曰：「執德不弘，信道不篤，焉能為有？焉能為亡？」這段語錄，在翻譯上再次出現了大相徑庭的狀況。

張燕嬰先生這樣翻譯——子張說：「執守道德不能發揚光大，信仰道義不能堅定不移，這種人怎麼能算是有道德？又怎麼能算是沒有道德？」譯文將「為有」譯為「有道德」，「為亡」譯為「沒有道德」，不知有何依據。而且在文意上也令人困惑。譯文中所說的「這種人」，究竟是有道德還是沒有道德？我懷疑，譯者本人恐怕也沒有弄明白。

楊伯峻先生則這樣翻譯——子張說：「對於道德，行為不堅強，信仰不忠實，（這種人）有他不為多，沒他不為少。」楊先生另外添加注釋兩條。一條釋「弘」字，即是今之「強」字。一條釋「焉能為有，焉能為亡」，疑是當日成語。其義為「言無所輕重」。所以譯文也用今天的俗語來表達。為了準確地翻譯原文，楊先生可謂殫精竭慮。但讀者看了譯文，或能有所意會，但終究難免隔膜之感。

楊伯峻先生和張燕嬰先生，皆是今日譯注《論語》之大家，在某些章節的具體翻譯中，難免意見相左。這當然極為正常。但這樣的現象之存在，也足以客觀證明了古典譯注的難處。

執德不弘，信道不篤，這種狀況一定是有的，這樣的人也一定是有的。後面兩句焉能為有、焉能為亡，自然是針對前面而言的。那麼，後兩句話是針對這種狀況而批評的呢，還是針對這樣的人來指責的呢？

如果是針對這樣的人而言，那麼焉能為有、焉能為亡，說的應該是：這樣的人，他們不能正確對待「有」，也不能正確對待「亡」。處有處亡，都不能得體。

如果是針對狀況而言，那麼焉能為有、焉能為亡，在這兒提醒的倒是我們這些客觀評判者。執德「不弘」，通道「不篤」，這樣當然不好，我們怎麼能予以肯定？但「執德」、「通道」，這總是好的，畢竟可取，我們又怎麼可以一概否定呢？

筆者傾向於第一種解釋。子張這段語錄，面對的該是莘莘學子，而非不相干的人。身為士子，為學求道，執德而不能堅決，通道而不能誠篤，怎麼可以呢？這樣的人，不能「處有」，少有所得，得意忘形者是也；他們更不能「處亡」，學業無成，得不到承認，即刻灰心失意、怨天尤人。

《論語》，是那樣微言大義。記錄經典的文言，是那樣富有魔力。對於閱讀和翻譯而言，是那樣引人入勝，又是那樣具備挑戰性。通過以上《論語•子張》篇第二章，我們能夠對此有所真切的具體感受。

閱讀《論語》，需要對於文字的盡量準確的把握，更需要用我們的整個心智去體悟。僅僅就閱讀領悟的層面而言，執德不弘，信道不篤，也是絕對行不通的。堅執而篤信，應該成為每一個為學求道者秉持的圭臬。

《論語》，成書兩千年，作為儒家的原始經典，曾經在絕大多數時間內受到無以復加的推崇和極為廣泛的傳誦。經歷磨難，遭到焚毀批判，主要是兩次。一次，是古代秦始皇的焚書坑儒。一次，是近現代一百年來的反孔批孔，其中尤以「文革」中的批孔運動，最為瘋狂。

對於儒學，對於《論語》，對於偉大的孔子，在事實上也遇到了如何「處有」、「處亡」的問題。

從以胡適、魯迅為代表的革命知識分子，倡言「打倒孔家店」，到「文化大革命」中發動「批孔」，搞成舉國上下全黨全軍全國人民參與批判的政治運動，不在場的孔子和儒學經典《論語》經受了百年考驗。這是一場並不公平的大較量。所有全部任何先進的、革命的思想，無所顧忌、無所不用其極，放肆豪邁地、勝任愉快地，任意批判孔子和儒學。沖馳決蕩，摧毀踐踏，如入無人之境。我們生活在這樣一個歷史時段，較量的結果可謂有目共睹。儒學沒有消亡；《論語》沒有被拋棄；孔子依然矗立在東方。

這是人類思想史上無法規避的重大事件；這是人類思想史上無法視而不見的真實；這是人類思想史上的無以倫比的偉大收穫。

孔子無敵；《論語》無敵；仁者無敵。仁者仁學，寵辱不驚，可以處有，可以處亡；仁，仁者，從來沒有仗恃暴政、暴力去禁錮思想、誅滅異己；仁者，並非戰無不勝，而是根本就沒有敵人。

後記　文武之道，未墜於地

幸乎不幸，我生長於國人狂獗批孔的上個世紀。

上世紀五十年代初，學齡前，在鄉間，偶然讀到過一本早年農家子弟開蒙的《三字經》。「論語者，二十篇；群弟子，記善言」，那十二個字，成為我對《論語》的全部瞭解。

西元一九五四年，我開始讀小學，語文課都是簡單的白話。我和同齡人一樣，在往後的小學中學課堂上，幾乎沒有任何機會系統接觸傳統經典。到一九六六年高中畢業，適逢「文革」爆發，更被剝奪了繼續升學讀書的權利。那樣的年月，除了讀毛澤東的語錄本所謂紅寶書，不允許也讀不到任何其他書，遑論《論語》。「文化大革命」，暴虐禍亂整整十年，運動當中套著運動，其間特別有一個全黨全軍全民「批林批孔」的運動。孔子和《論語》，被粗暴地肆意詆毀、侮辱、批判、審判。

可以這樣說：二十世紀自前半個世紀某些學人如魯迅帶頭，到後半個世紀當局政令宣導發起運動，愈演愈烈的批孔，那是延續了幾十年的一場曠日持久的、極其徹底的「焚書坑儒」。

源自歐洲的殖民主義仗恃炮艦東來，要征服東方，必然要在同時踐踏摧毀東方文明。中國在兵戎相見中無疑是失敗了，推而及之在政治體制上落伍了，經濟發展方面也滯後了；那麼，我們的文化、我們的文明，也一定就是一無可取了嗎？中國人、中國的文化精英們，面對變局，進退失據。始而不能接受中央帝國的失敗，繼而遷怒於自身的傳統文明。不惟數典忘祖，乃至為虎作倀，甘為殖民主義之前驅，詆毀自己的文明、糟踐自己的聖賢。堡壘最容易從內部攻破，有人開門揖盜，歐洲中心主義獲此異軍突起無私襄助，其喜洋洋者矣！

殖民主義的炮艦侵略武力征服一時橫行，有如成吉思汗的鐵騎橫掃歐亞大陸，並不能證明當時歐亞文明的落後。清兵入關，嘉定三屠、揚州十日，明朝所代表的中國亡國，究竟關孔夫子何事？後封建時代的中國，乍然面對新興的資本主義歐洲列強，這是一場不在同一等級水準的較量。失敗的結局是必然的。滿清的腐敗，傳統體制的落伍，社會發展形態的滯後，失敗的原因是多方面的，簡單歸罪於孔子和他的儒學，沒有什麼說服力。文不對題，藥不對症。

辛亥革命，滿清被推翻，帝制已取消，中國走上師學西方建立民主制度的艱難轉型期。其時中國文化精英們對自身傳統文明進行反省批判的著力點，值得反省。科舉久已廢除，新式學校不再讀經，義形於色、仇恨滿腔的批孔因而顯得是那樣滑稽。他們身穿西服以及和服，痛打不會反抗的所謂落水狗，彷彿有萬夫不當之勇。那樣一副捨我其誰的嘴臉，除了「假洋鬼子」這一名堂，無可名狀。即或不必認定他們心懷叵測，對祖宗掘墓鞭屍是為了服膺西方教主；他們只是屬於「無知者無畏」，其動機還是為著國族的棄舊圖新；那麼，其暴民式的狂獗批孔也絲毫於事無補，恰恰是適得其反為害尤烈。面對失敗，恐懼亡國滅種，起而反思自身文明的缺失，這原本不錯；包括對孔子和儒學的重新認知批判揚棄，概無不可。但過猶不及，認定我們的傳統文明一無可取，對自己的祖先掘墓鞭屍，過頭比不及更具破壞性。

切闌尾，沒切淨，尚有可為；腸子五臟統統切掉，要不得。烤餅子，不太熟，加火可也；烤焦了，變成炭，何以堪？

當初，我不可能提出上述疑問。拋棄我們的古來經典，攻乎異端，早已變成了強大而真實的存在；貶斥古代賢哲，早已變成公然而流行的時髦。生於處於那樣一種既定的氛圍中，你隨波逐流而不自知。猶如我們時時呼吸於污染的大氣中習以為常。焚書坑儒，的確是取得了預期效果。

到「文革」結束，中國終於擺放下平靜的書桌，允許讀書，我的兩個孩子讀書到底讀到北大比較文學的博士、博士後。但據我所知，北大中文系的本科生、碩士生乃至博士生，至今並沒有通讀四書五經的課程安排。這就讓人有些驚詫。我們古來的煌煌經典，被不肖子孫棄之如敝屣。

這樣的狀況，已是令人不能不對之進行思索。

上個世紀初，激進分子們號召「打倒孔家店」，我還遠未出生，不曾躬逢其盛。「文化大革命」中，標榜為革命的「批孔」，則搞成了舉國上下的政治運動，「打倒孔老二」的口號甚囂塵上。在我的目擊和記憶裡，所謂的批判，屬於類似司法審判。首先對儒學、對《論語》作了「有罪推定」，然後對兩千多年前的孔子進行「缺席判決」。一邊倒的萬眾聲討，則是人云亦云，猶如群犬吠聲。絕大多數人並沒有讀過原典，斷然就坐定了革命派的交椅，義形於色，和四書五經不共戴天起來。

除了專門的研究家，中國究竟有多少人讀過《論語》？如果作一統計，那一定是一個令人心寒的數字。讀書種子多乎哉？不多也。少數研究《論語》的專門家，在高壓統治下，被迫違心作咬牙切齒咒罵孔夫子的模樣，那情狀更其令人心寒。

孔子到底是個什麼樣的人？他的存在究竟礙了誰的事？

《論語》到底是一本什麼樣的書？它究竟是不是那樣罪大惡極？

對於兩千多年前的一個人、一本書，不惜發起「運動」，全黨共誅之、全民共討之，這中間的意味值得深思。

如果說，當今時代，儘管中國的大學中文系並不大張旗鼓宣導讀經，那麼，事實上也沒有什麼部門嚴令不許讀經。於是，年過六旬，我第一次通讀了《論語》。所謂朝聞道，夕死可矣。

我先看過中國書店出版的《四書五經》中的朱熹所注《論語章句集注》，然後看了一本中華書局出版的由張燕嬰先生譯注的《論語》。開始記錄一點讀後感一類文字，我本的是中華書局出版發行的楊伯峻先生的《論語譯注》簡體字本。出版譯注，是一件功德事。簡體字本，更考慮到廣大普通讀者的需求。這一版本印數有十萬冊，對我們這樣一個大國而言，著實不能算多，但到底也是聊勝於無了。

所以讀簡體字本，是我願意從最普通的讀者角度來獲得閱讀體驗。當今的廣大普通讀者，借助這樣的譯注本，瞭解古來經典是否可能？

歐洲人讀他們的古典，那要經過幾重語言翻譯；中國當代人讀古典，則相對要容易得多。漢字「書同文」，認字首先沒有太大障礙。從古至今，漢字包括「形、音、義」三個方面，「從音求義」，讀音基本恆定。把握了單個漢字的音義，語法方面只要入門，漢語古文經典，所謂文言，也不是太難解。今人可以直接讀幾千年之前的經典，這真是中國人的幸運，讀書種子的福音。

詩三百篇，開頭是「關關雎鳩，在河之洲」；道德經，開篇文字「道可道，非常道」；幾乎用不著翻譯。著名的論語，開宗明義「學而時習之，不亦說乎」，著名的「三乎」之第一乎，簡直明白如話。

事實證明，只要我們願意讀，《論語》並不特別難讀難懂。閱讀的過程，可能帶來某種愉悅，甚至能夠有所會心。

筆者在讀書當中，竟漸漸生出若干心得。

些小心得，首先是片斷的。對原文或有一點個人體悟，對注釋或有若干不同見解，對孔老夫子或有自認為漸漸清晰的整體印象，片片段段，形成了一些並不連貫的文字。

我的文字，我的看法，我的心得，我的觀點，除了是片斷的，還非常可能是片面的。一孔之見，或者竟能發他人所未發，不敢專美；或者竟是錯解和偏解，偏激而片面，也概無掩藏之必要。片斷的，甚而是片面的若干心得，是為「片解」。

當然，《論語》屬於語錄體。編輯《論語》的孔門弟子，從來沒有像林彪吹捧毛主席語錄一樣，將之鼓吹到「句句是真理」、「一句頂一萬句」的神話高度。語錄體的《論語》，是一個整體，是一個系統。其中每一條語錄，即便有微言大義的品格，讀者也都應該將之放置於整個系統中來研讀領會。

筆者的《教你讀論語》，依循《論語》原本編排順序，寫出個人的心得體會近一百條。希望每一條，也盡量是一種放置於系統中的理解。

逐條寫出，願就教於方家。這點心情，恰如孔子講過的：願「無友不如己者，過則勿憚改」。言吾過者是吾師也。

基於自身經歷，我的讀《論語》，閱讀之先有一個預設期待。批孔家對儒學的詆毀，極而言之是說：孔子和他的儒學是歷代統治者的幫兇；儒生是為帝王統治出謀獻策的。究竟是不是這樣呢？我可以不讀《論語》，就追隨了批孔家的言論人云亦云嗎？

反覆讀過《論語》，我的結論正好相反。《論語》相當多的篇章，一以貫之的重心之一，是對居上位者、對諸侯國君提出了嚴格要求。要他們修身齊家，施行仁政，建立道德社會。即便百般搜求羅織，除非顛倒黑白，我沒有看到孔子有任何幫兇的罪證。

中國農耕文明數千載，朝代更替如走馬燈，某些朝代、某些年頭，相對的仁政是有的；但帝王們儘管可謂良莠不齊，他們中則幾乎沒有什麼仁君。這不該怪罪到孔子的頭上。孔子「祖述堯舜、憲章文武」，中國卻再也沒有回到堯舜禪讓的上古時代、沒有建立起類乎西方的民主政體。這同樣不能苛求孔子。

對於歷史上的所謂農民起義，對於秦朝二世而亡，對於巴黎公社失敗，對於東歐變局，我們都喜歡用「歷史的局限」、「偉大實驗允許失敗」來開脫；對於孔子，對於儒學理論，為什麼不能有起碼的公允評價和客觀評判？對前者，曲意開脫與呵護，對後者，刻意詆毀與抨擊，形成極其鮮明的對照。

焚書坑儒，血腥殘酷，最終卻是破產了。儒學仁道，順天應人，畢竟成為強大的、強韌的、持久的存在。

縱觀歷史，士君子所奉行的文化，和帝王文化勢不兩立。無論察舉、推舉還是科舉，讀經的士君子進入仕途；這樣的強大存在，形成了對帝王獨裁的制衡。可以說，中國幾千年就是這樣走過來的。將一九四九年之前的中國整部歷史胡亂描述成漆黑一團，那只是歷史虛無主義罷了。

中國的士文化，是我們值得珍視的一份傳統，是我們一筆寶貴的遺產。士子精神，與當代知識分子尊奉的「社會良心」並無過分扞格，乃至可以順利耦合。推進一步說，孔夫子所希望建立的道德社會，並不排斥民主。

孔子被後世尊為素王，不是偶然的。統治者的尊奉，並不能一定證明就是和民眾的服膺背道而馳。事情也許倒是恰恰相反：廣大民眾的信奉堅守，誰都無法視而不見。

孔子尚仁；仁者無敵。

何況，文武之道，未墜於地。華夏文明，道統不滅。即或是文明的碎片吧，碎片中富含著文明傳承的所有DNA。

何況，仁者二人也。仁，肇端乎夫婦。只要社會還由家庭構成，那就是仁得以生發的土壤。

何況，仁者人也。仁，是我們的赤子之心。仁學仁道連同血脈，流淌在我們的血液中。我們和孔老夫子的心相通，我們和孔子與仁永生。

在本篇後記的末尾，關於《教你讀論語》的幾點說明，筆者覺得有必要列舉如下。

其一，通讀《論語》，寫出將近一百條閱讀體會，自認為這些體會是相對個性化的。是個人發自內心的若干閱讀體認，不曾遵命寫作，也沒有什麼先驗的設定。在我一生的寫作經驗中，《教你讀論語》我寫得極其認真，乃至十分吃力。

開始，我對自己的寫作狀態非常詫異，因為這是從來沒有過的。後來，漸漸有些明白——或許，我找到的只是托詞而已——我在努力跨越數十年「批孔」造成的斷裂帶。綆短汲深，想要和古仁人的思想真髓有所接續，追索攀援的難度毋庸諱言。認真而吃力，正其宜也。

其二，僅從這篇後記來看，我對那些批孔家，用語非常不客氣，似乎是在為遭受到太多不公正待遇的孔子和儒學打抱不平。一針見血、直擊要害、痛加撻伐，多一些；平心靜氣、溫柔敦厚、苦口婆心，少一些。

自己靜靜想一想，就這樣也好。以直報怨，以其人之道還治其人之身，算是對批孔家、馬屁家粗暴回敬一把。

其三，仁者人也；仁者二人也；仁者無敵；等等思想觀念，出現在我的文章中，應該說所來有自。對孔子和儒學的重新評價與認知，前輩大家篳路藍縷，接火傳燈，功莫大焉。比如，從臺灣學者南懷瑾先生的著述中，從曾仕強先生的電視講座中，我都得益匪淺。

特別要說明的，從思想大家林鵬先生的著作中，我獲益最多。林先生的大作《蒙齋讀書記》和《平旦札》，成了我的案頭書。拜讀林先生的大作，成為啟示我決心通讀《論語》的最初動因。從閱讀的意義上，我從此打開了一架先秦諸子經典的書櫃，自覺讀經，樂此不疲。從思想傳承的意義上，林先生無疑是遙遙前行的一名拓荒者和開路人。

德不孤，必有鄰。由衷感喟，盡在不言。

夏曆辛卯孟春

西元二〇一一年四月中旬草定

新銳文學20 PA0063

新銳文創
INDEPENDENT & UNIQUE

教你讀論語

作　　者　張石山
主　　編　蔡登山
責任編輯　蔡曉雯
圖文排版　陳姿廷
封面設計　王嵩賀

出版策劃　新銳文創
發 行 人　宋政坤
法律顧問　毛國樑　律師
製作發行　秀威資訊科技股份有限公司
114 台北市內湖區瑞光路76巷65號1樓
電話：+886-2-2796-3638　傳真：+886-2-2796-1377
服務信箱：service@showwe.com.tw
http://www.showwe.com.tw
郵政劃撥　19563868　戶名：秀威資訊科技股份有限公司
展售門市　國家書店【松江門市】
104 台北市中山區松江路209號1樓
電話：+886-2-2518-0207　傳真：+886-2-2518-0778
網路訂購　秀威網路書店：http://www.bodbooks.com.tw
國家網路書店：http://www.govbooks.com.tw

出版日期　2013年2月　初版
定　　價　490元

Printed in Taiwan

國家圖書館出版品預行編目

教你讀論語 / 張石山著. -- 初版. -- 臺北市 : 新銳文創,
2013.02
面； 公分. --（新銳文學 ; PA0063）
ISBN 978-986-5915-45-2（平裝）

1. 論語 2. 通俗作品

121.22 101026434

讀者回函卡

感謝您購買本書，為提升服務品質，請填妥以下資料，將讀者回函卡直接寄回或傳真本公司，收到您的寶貴意見後，我們會收藏記錄及檢討，謝謝！如您需要了解本公司最新出版書目、購書優惠或企劃活動，歡迎您上網查詢或下載相關資料：http:// www.showwe.com.tw

您購買的書名：____________________

出生日期：________年________月________日

學歷：□高中（含）以下　□大專　□研究所（含）以上

職業：□製造業　□金融業　□資訊業　□軍警　□傳播業　□自由業
□服務業　□公務員　□教職　□學生　□家管　□其它_____

購書地點：□網路書店　□實體書店　□書展　□郵購　□贈閱　□其他

您從何得知本書的消息？

□網路書店　□實體書店　□網路搜尋　□電子報　□書訊　□雜誌
□傳播媒體　□親友推薦　□網站推薦　□部落格　□其他__________

您對本書的評價：（請填代號　1.非常滿意　2.滿意　3.尚可　4.再改進）

封面設計____　版面編排____　內容____　文／譯筆____　價格____

讀完書後您覺得：

□很有收穫　□有收穫　□收穫不多　□沒收穫

對我們的建議：____________________

____

____

____

請貼
郵票

11466
台北市內湖區瑞光路 76 巷 65 號 1 樓
秀威資訊科技股份有限公司 收
BOD 數位出版事業部

(請沿線對折寄回，謝謝！)

姓　　名：＿＿＿＿＿＿＿＿　年齡：＿＿＿＿　性別：□女　□男

郵遞區號：□□□□□

地　　址：＿＿＿＿＿＿＿＿＿＿＿＿＿＿＿＿＿＿

聯絡電話：(日) ＿＿＿＿＿＿＿＿＿＿ (夜) ＿＿＿＿＿＿＿＿＿＿

E-mail：＿＿＿＿＿＿＿＿＿＿＿＿＿＿＿＿＿＿